人力资源管理

蔡东宏　主编

中国财经出版传媒集团
中国财政经济出版社

图书在版编目（CIP）数据

人力资源管理／蔡东宏主编．—北京：中国财政经济出版社，2018.8
ISBN 978－7－5095－8459－0

Ⅰ.①人…　Ⅱ.①蔡…　Ⅲ.①人力资源管理　Ⅳ.①F241

中国版本图书馆 CIP 数据核字（2018）第 192611 号

责任编辑：卢元孝　　责任印制：刘春年
封面设计：孙俪铭　　责任校对：徐艳丽

中国财政经济出版社 出版

URL：http：//www. cfeph. cn
E－mail：cfeph @ cfeph. cn

社址：北京市海淀区阜成路甲 28 号　邮政编码：100142
营销中心电话：010－88191537　北京财经书店电话：64033436　84041336
北京财经印刷厂印装　各地新华书店经销
787×1092 毫米　16 开　15.5 印张　350 000 字
2018 年 8 月第 1 版　2020 年 5 月北京第 2 次印刷
定价：58.00 元
ISBN 978－7－5095－8459－0
（图书出现印装问题，本社负责调换）
本社质量投诉电话：010－88190744
打击盗版举报热线：010－88191661、QQ：2242791300

前言

本教材是兼具理论前沿、管理实战及职业资格考证实务的最佳典范。

在传统的理论教学模式中，教师是教学活动的中心和主动的知识传授者，学生则是被动的接受者，被要求专心倾听、详细记录和记忆有关理论知识和概念，缺乏师生之间、学生之间的交流，不利于学生的学习兴趣、独立思考能力以及企业人力资源管理实务能力的培养。尽管学生学习了人力资源管理相关专业课程，却不能在大学期间获得企业人力资源管理人员职业资格证书和实务实战能力，为顺利走向职业生涯发展快车道奠定坚实基础。

本教材聚焦企业人力资源管理理论前沿，以及管理实战能力和职业资格考证实务能力的培养和训练。

管理实战能力的培养和训练贯穿于案例教学，要求教师担当类似导演或教练的角色，课前提出学习要求，给出案例启发思考题，课中循循善诱，引导学生自学、争辩和讨论，让学生自己或集体做分析和判断，经过讨论后形成共识，老师只是启迪和辅导学生科学思辨，最后进行概括总结，不再是教学活动的中心。案例学习过程一般包括案例阅读、分析与准备、课堂讨论、心得与发现的记录、撰写书面报告等环节。老师要引导学生以管理者、决策者的身份参与案例剖析和讨论，调动起学生的积极性和创造性，锻炼其分析、决策能力，使课堂讨论成为汇聚集体智慧和经验，提高个人分析能力和水平的重要手段。课堂讨论后，学员要整理思路，理清脉络，撰写案例分析报告，形成见解。教师应在对学生的讨论、分析做中肯、简练的评价基础上有所升华，对分析的每一个案例做出总结，对没有定论的案例则提出值得大家共同再思考的问题，做到每学习一个案例都有所收获。学生通过个人主观能动性的发挥和团队互动讨论和分析，从案例情景中归纳出问题，找寻解决问题的备选方案和正确决策，逐步培育起辨证的思维方法和科学的逻辑推理能力，来观察、分析和解决实践问题，并随今后工作实践的持续进行而日趋成熟和完善。

人力资源管理师考试是获得人力资源管理师职业资格的途径，由国家人力资源和社会保障部统一组织考试。全国统考一年两次，分别为每年五月份和十一月份，考试合格后由国家人力资源和社会保障部颁发企业人力资源管理人员职业资格证书。全国统考是对其知识和能力的综合评定以及职业素质的检验，持有该资格证书者，表明其已具备了从事人力资源管理所必备的学识和技能，也是企业管理工作者向更高层次发展的新起点。

为了更好地推动人力资源管理案例教学和提高人力资源管理师考试成功率，我们编写了这本《人力资源管理》全新视角教材，专门开设了【案例分析】和【人力资源管理师应试真题范例】两个特色专栏，努力做到使每个案例具有趣味性、启示性和实战性，并精选近年人力资源管理师应试真题进行精准解析。

本书由蔡东宏教授担任主编，和冯颖教授一道负责编写大纲和统稿，由林銮珠教授、唐建荣教授、冯颖教授和梁宇飞总经理担任副主编，具体编写分工为：蔡东宏和冯颖：第一章人力资源管理概述、第八章职业生涯规划与管理、第九章劳动关系管理；林銮珠：第四章招聘与选拔、第六章绩效管理、第七章薪酬管理；唐建荣：第二章人力资源战略与规划、第三章工作分析、第五章培训与开发；梁宇飞总经理负责相关章节人力资源管理师考证知识内容。

本书既可作为高等院校或高职高专院校人力资源管理专业及相关专业的教材或相关学科的教学辅助资料和职业资格考证的辅导教材，也可作为成人教育、MBA 学员或其他在职人员培训使用的教科书和职业资格考证的辅导教材。

本教材借鉴和引用了同仁的一些成果和资料，在此一并表示衷心感谢。

由于编者水平能力有限，书中不足之处恳请各位读者批评指正。

作者

2018 年 7 月

目录

第一章　人力资源管理概述 …… 1

第一节　人力资源管理的内涵 …… 1
第二节　人力资源管理的内容 …… 2
第三节　人力资源管理机制 …… 4
第四节　人力资源管理人员的角色定位 …… 5
第五节　人力资源管理的基本原则 …… 6
第六节　现代人力资源管理的基本原理 …… 6
第七节　人力资源管理在现代企业中的作用 …… 7
【人力资源管理师应试真题范例】 …… 7

第二章　人力资源战略与规划 …… 10

第一节　人力资源战略 …… 10
第二节　人力资源规划 …… 13
第三节　人力资源规划的制定与实施 …… 16
第四节　人力资源规划的评价与控制 …… 30
第五节　常用组织结构形式及设计方法 …… 32
【人力资源管理师应试真题范例】 …… 37
【案例分析】 …… 39

第三章　工作岗位分析 …… 43

第一节　工作岗位分析概述 …… 43
第二节　工作岗位分析的内容与结果 …… 46
第三节　工作岗位分析的基本方法 …… 52
第四节　任务分析、人员分析和方法分析 …… 56
【人力资源管理师应试真题范例】 …… 62
【案例分析】 …… 65

第四章　招聘与选拔 …… 69
第一节　员工招聘概述 …… 69
第二节　员工招聘渠道 …… 70
第三节　人员甄选方法 …… 73
第四节　人员聘用与招聘评估 …… 81
第五节　人力资源的有效配置 …… 84
【人力资源管理师应试真题范例】 …… 86
【案例分析】 …… 88
第五章　培训与开发 …… 92
第一节　概述 …… 92
第二节　培训需求分析 …… 97
第三节　培训的组织与实施 …… 100
第四节　培训评估 …… 106
【人力资源管理师应试真题范例】 …… 108
【案例分析】 …… 111
第六章　绩效管理 …… 120
第一节　绩效管理概述 …… 120
第二节　绩效管理过程 …… 122
第三节　绩效考评体系 …… 125
第四节　绩效考评方法 …… 129
【人力资源管理师应试真题范例】 …… 135
【案例分析】 …… 138
第七章　薪酬管理 …… 143
第一节　薪酬管理概述 …… 143
第二节　薪酬水平与结构 …… 146
第三节　薪酬体系设计 …… 147
第四节　员工福利 …… 149
【人力资源管理师应试真题范例】 …… 152
【案例分析】 …… 154
第八章　职业生涯规划与管理 …… 162
第一节　概述 …… 162

第二节　个人职业生涯规划 …… 164
第三节　组织职业生涯规划 …… 166
第四节　职业生涯各阶段的管理 …… 168
【人力资源管理师应试真题范例】 …… 168
【案例分析】 …… 171

第九章　劳动关系管理 …… 201

第一节　劳动关系管理实务概述 …… 201
第二节　劳动合同管理 …… 202
第三节　企业用工管理 …… 207
第四节　集体协商与集体合同 …… 209
第五节　劳动争议处理 …… 211
第六节　《劳动合同法》修正案修改条文解读 …… 214
【人力资源管理师应试真题范例】 …… 216
【案例分析】 …… 219

参考文献 …… 239

第一章　人力资源管理概述

第一节　人力资源管理的内涵

人力资源是所有资源中最为重要、最具影响力和最富有潜力的资源，具有协调能力、整合能力、判断力和想象力等其他资源所没有的素质。人力资源又被称为第一资源，是构成国家、组织和企业核心竞争力的战略性资源。人力资源是指在一定区域内的人口总体所具有的劳动能力的总和，或者说是能够推动整个经济和社会发展的具有智力劳动和体力劳动能力的人的总和。

人力资源作为一种特殊的资源，与自然界的其他资源相比，具有以下几个特点：

1. 时间性。劳动者的体力、智力若不能及时合理地被使用，就会随着时间的推移而流失。

2. 消费性。人力资源作为一种“活”的资源，无论是存在还是被开发利用都离不开消费，因为劳动者具有生存、享受与发展的物质需要。

3. 创造性。人力资源区别于其他资源的最本质的特征，就在于它是“有意识的”，具有无限的创造力。

4. 主观能动性。人力资源区别于其他物质资源的一个最重要的特点，就在于它是一种具有主观能动性的资源。在一定条件下，劳动者对自身劳动能力开发程度和效果，取决于劳动者个人的主体条件、政治素养、价值观念、使命感、责任心、意志力、自我控制力等。这些因素越是接近最佳状态，人力资源开发的效果就越好。

人力资源管理旨在充分发挥人的主观能动性，使人尽其才，事得其人，人事相宜，以实现组织目标，实际上涉及人力资源量和质两方面的管理：

一是对人力资源外在因素量的管理。根据人力和物力及其变化，对人力进行恰当的培训、组织和协调，使两者经常保持最佳比例和有机的结合，使人和物都充分发挥出最佳效应。

二是对人力资源内在因素质的管理。对人的思想、心理和行为进行有效的管理（包括对个体和群体的思想、心理、行为的协调、控制与管理），充分发挥人的主观能动性，以达成组织目标。

本书针对组织内部人力资源的管理，属于微观人力资源管理，主要包括人力资源的开发与利用两个方面。

一方面，人力资源的开发，就是通过对人力资源的投资、培训、招聘、选拔以及保护等环节，提高人力资源的生产力，挖掘人力资源的潜力，保护人力资源的再开发能力。

另一方面，人力资源的利用，则是通过人力资源的计划、激励、绩效评估、沟通与核算等环节，使人力资源得到最充分有效的使用，并且形成健康向上的竞争氛围与组织文化。

因此，人力资源管理策略和方式强调沟通、协调等横向沟通与联系，注重人性化管理、情感管理和柔性化管理。

第二节　人力资源管理的内容

现代人力资源管理是为了完成管理工作中涉及人事方面的任务所需要掌握的各种需要掌握的概念和技术。主要包括人力资源战略与规划、工作岗位分析、招聘与选拔、培训与开发、绩效管理、报酬管理、员工素质管理、职业生涯管理、劳动关系管理等 9 个模块（见图 1－1）。

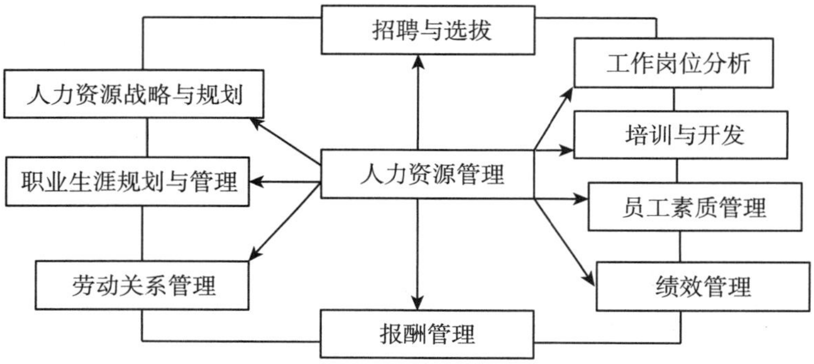

图 1－1　人力资源管理的主要内容

1. 人力资源战略与规划。

人力资源的战略与规划是人力资源管理的基础。人力资源战略是在企业总体战略指导下制定的企业人力资源发展的战略，包括企业人力资源的使命和价值观，人力资源发展的目标、方向、方针与政策等。人力资源规划是在人力资源战略基础上对企业未来人才的需要、供给，培养与选拔方式进行科学、整体的预测和规划，它是企业人力资源管理其他职能的基础。

2. 工作岗位分析。

工作岗位分析又称职位分析、岗位分析或职务分析。工作岗位分析是指系统全面的确认工作整体，以便为管理活动提供各种有关工作方面的信息所进行的一系列的工作信息收集、分析和综合的过程。工作岗位分析是人力资源管理工作的基础，其分析质量对其他人力资源管理模块具有举足轻重的影响。工作岗位分析的内容包含三个部分：对工作内容及岗位需求的分析；对岗位、部门和组织结构的分析；对工作主体员工的分析。

3. 招聘与选拔。

招聘与选拔是指企业采取一些科学的手段和方法，寻找和吸引对自身的发展前景有用的人到自己的组织中应聘，并从中选拔出合适的人员予以录用的管理过程。这一过程是企业实现人力资源战略，重新规划内部人力资源配置的重要环节。

4. 培训与开发。

组织通过学习、训导的手段，提高员工的工作能力、知识水平和潜能发挥，最大限度地使员工的个人素质与工作需求相匹配，进行促进员工现在和将来的工作绩效的提高。

5. 绩效管理。

绩效考核的目的在于借助一个有效的体系，通过对业绩的考核，肯定过去的业绩并期待未来绩效的不断提高。传统的绩效工作只是停留在绩效考核的层面，而现代绩效管理则更多地关注未来业绩的提高。

6. 薪酬管理。

广义的薪酬管理（compensation management）旨在让员工在工作中所获得的外在报酬和内在报酬效用之和最大化。狭义上的薪酬管理是指在组织发展战略指导下，对员工薪酬支付原则、薪酬策略、薪酬水平、薪酬结构、薪酬构成进行确定、分配和调整的动态管理过程。薪酬管理包括薪酬体系设计、薪酬日常管理两个方面：薪酬体系设计主要是薪酬水平设计、薪酬结构设计和薪酬构成设计；薪酬日常管理是由薪酬预算、薪酬支付、薪酬调整组成的循环，这个循环可以称为薪酬成本管理循环。

7. 员工素质管理。

素质管理是指在素质测评的基础上，通过构建基于企业战略、组织结构和工作岗位的素质模型，对员工进行素质增进的过程，即不断提高员工的工作胜任力和终身就业能力，形成适宜的员工素质组合，从而保证一方面建立起具有多项技能的员工队伍，满足企业战略的实现；另一方面能有效地控制人工成本，从而最终达到增强企业的竞争力的目的。

8. 职业生涯规划与管理。

职业生涯规划与管理是企业帮助员工制定职业生涯规划和帮助其职业生涯发展的一系列活动。职业生涯管理应看作是竭力满足管理者、员工、企业三者需要的一个动态过程。个人最终要对自己的职业发展计划负责；管理者则必须鼓励员工对自己的职业生涯负责，在员工进行个人工作反馈提供指导，并提供员工感兴趣的有关组织工作、职业发展机会等相关信息；企业则必须提供自身的发展目标、政策、计划等，还必须帮助员工作好自我评价、培训、发展等。

9. 劳动关系管理。

企业劳动关系主要指企业所有者、经营管理者、普通员工和工会组织之间在企业的生产经营活动中形成的各种责、权、利关系：所有者与全体员工的关系；经营管理者与普通员工的关系；经营管理者与工人组织的关系；工人组织与职工的关系。劳动关系管理是通过规范化、制度化的管理，使劳动关系双方（企业与员工）的行为得到规范，权益得以保障，维护稳定和谐的劳动关系，促使企业经营稳定运行。

第三节　人力资源管理机制

人力资源管理机制，在本质上就是要揭示人力资源管理系统的各要素通过什么样的机理来整合企业的人力资源，以及整合人力资源之后所达到的状态和效果。一般来说，可以将人力资源管理机制分为四种，即牵引机制、激励机制、约束监督机制和竞争淘汰机制。

这四大机制相互协同，从不同的角度来整合和激活组织的人力资源，提升人力资源管理的有效性。

1. 牵引机制。

所谓牵引机制，是指通过明确组织对员工的期望和要求，使员工能正确地选择自身行为，最终组织能将员工的努力和贡献纳入帮助企业完成其目标，提升其核心能力的轨道中来。牵引机制的关键在于向员工清晰地表达组织和工作对员工的行为和绩效期望。因此，牵引机制主要依靠职位说明书、关键绩效指标体系、企业的文化与价值观体系以及培训开发体系等人力资源管理模块来实现。

2. 激励机制。

根据现代组织行为学理论，激励的本质是员工去做某件事的意愿，这种意愿是以满足员工的个人需要为条件。因此激励的核心在于对员工的内在需求把握与满足。从人力资源管理的操作实践来看，根据需求理论、公平理论、赫茨伯格的双因素理论以及对知识型员工的激励因素分析，激励在企业的人力资源管理系统设计中，更多地体现为企业的薪酬体系设计、职业生涯管理和升迁异动制度。具体而言，企业的激励机制主要依靠薪酬体系设计、职业生涯管理与升迁异动制度和分权与授权机制等人力资源模块来完成。

3. 约束监督机制。

所谓约束监督机制，其本质是对员工行为进行引导和必要的限定，使其朝着组织要求的方向努力，同时，一定意义上还要尽量避免违背组织发展规范，避免其背离组织发展目标的“不良行为”，使员工的行为始终在预定的轨道上运行。约束监督机制的核心是企业以绩效考核体系和任职资格体系为核心的职业化行为评价体系。

4. 竞争淘汰机制。

企业不仅要有正向的牵引机制和激励机制，不断推动员工提升自己的能力和业绩，而且还必须有科学的竞争淘汰机制，将不适合组织要求和发展需要的员工释放于组织之外，同时将外部市场的压力传递到组织之中，从而实现对企业人力资源的激活，防止人力资本的沉淀或者缩水。企业的竞争淘汰机制在制度上主要体现为竞聘上岗与末位淘汰制度，一方面规范员工的组织行为；另一方面对员工形成激励和警示压力，防止和减缓员工违背组织利益的行为发生，提高人力资源管理效率。

人力资源管理的四大机制如表 1－1 所示。

表 1－1　　　　人力资源管理的四大机制

控制力 约束监督机制 ✓ 绩效管理体系 ✓ 职业行为评价	拉力 牵引机制 ✓ 职位说明书 ✓ KPI 指标体系 ✓ 文化与价值观 ✓ 培训与开发
推动力 激励机制 ✓ 薪酬体系 ✓ 生涯管理制度 ✓ 分权授权规则	压力 竞争淘汰机制 ✓ 竞争上岗制度 ✓ 末位淘汰制度 ✓ 员工退出制度

第四节　人力资源管理人员的角色定位

人力资源管理人员类型、角色定位及责任如表 1－2 所示。

表 1－2　　　　人力资源管理人员类型、角色定位及责任

类型	角色定位	责任	管理内容
高层管理者	人力资源战略的倡导者；政策的制定者；领导团队的建设者；HR 政策导向的把握者	从大局着眼把握人力资源发展方向，倡导企业各级人员都关心人力资源问题	制订人力资源管理战略，选拔高层管理人员
人力资源管理人员	人力资源开发与管理方案的制定者、人力资源政策和制度执行的监督者	实施人力资源管理的各项职能，对企业人力资源管理起决策支撑作用	制订人力资源战略规划，开展工作岗位分析、招聘、培训、考评、薪酬等管理活动
直线经理人员	人力资源政策和制度的执行者、人力资源管理具体措施的制定者	在直线职能管理体制下，是人力资源管理活动和企业文化最直接的体现者	在部门范围内，进行人力资源供需分析、实现合理分工与协作、培训员工的专业业务能力、对员工进行绩效评估和激励以及创造良好的工作氛围等

第五节 人力资源管理的基本原则

1. 选人：严把选人关原则；以工作和岗位需要为原则；坚持匹配原则；广开才路原则；客观公正原则；用人部门参与原则。

2. 用人：量才使用原则；挑战性工作原则；公平合理的报酬原则；精神激励与物质激励相结合原则。

3. 育人：长期原则；实用原则；因材施教原则；学以致用原则。

4. 留人：感情留人原则；事业留人原则；待遇留人原则；环境留人原则。

第六节 现代人力资源管理的基本原理

现代企业人力资源管理遵循以下基本原理：

1. 同素异构原理：总体组织系统的调控机制。

同素异构原理一般是指事物的成分因在空间组合关系和方式的不同，即在结构形式和排列次序上的不同，会产生不同的结果，引起不同的变化。例如，在生产过程中，同样人数和素质的劳动力因组合方式不同，其劳动效率高低也不同。

根据这一原理，企业必须建立有效的组织人事调控机制，根据企业生产经营的需要，重视组织内部各种信息的传递和反馈，不断地对组织与人员结构方式进行调整，以保证系统的正常运行。

2. 能位匹配原理：人员招聘、选拔与作用机制。

能位匹配原理是指根据岗位的要求和员工的能力，将员工安排到相应的工作岗位上，保证岗位的要求与员工的实际能力相一致、相对应。只有位得其人、人适其位、适才适所，才会带来高效率，促进员工能力得以提高和发展，反之亦然。

根据这一原理，企业必须建立以工作岗位分析与评价制度为基础，运用人员素质测评技术等科学方法甄选人才的招聘、选拔、作用机制，从根本上提高能位适合度，使企业人力资源得到充分开发和利用。

3. 互补增值、协调优化原理：员工配置运行与调节机制。

互补增值、协调优化原理是指充分发挥每个员工的特长，采用协调与优化的方法，通过人力、物力和财力的合理配置，扬长避短，实现“1 +1 >2”。

互补的形式是多层次、多样化的，如个性互补、体力互补、年龄互补、知识互补、技能互补、组织才干互补、主客观环境和条件互补等。

4. 效率优先、激励强化原理：员工酬劳与激励机制。

效率优先、激励强化原理是指将提高效率放在首要位置，通过有效激励，使员工明辨是非，保持持续的内在动力，“正确地做事”；通过有效强化，使其认清工作的目标和方向，“做正确的事”。

5. 公平竞争、相互促进原理：员工竞争与约束机制。

公平竞争、相互促进原理是指企业的人事活动中坚持“三公”原则，即待人处事、一切人事管理活动都必须坚持“公平、公正和公开”的原则。

6. 动态优势原理：员工培训开发、绩效考评与人事调整机制。

动态优势原理是指在动态中用好人、管好人，充分利用员工的聪明才智开发员工的潜能。从优化组织的角度看，企业员工要有上有下、有升有降、有进有出、不断调整、合理流动，才能充分发挥每个员工的优势、长处、潜力，使企业和员工个人都受益。

第七节 人力资源管理在现代企业中的作用

人力资源管理是现代企业管理的核心。它取决于：

1. 科学化的人力资源管理是推动企业发展的内在动力。

科学化的人力资源管理是以企业中的员工为对象的管理，它的中心任务就是有效地开发和利用企业各级员工的潜能。总而言之，以人力资源开发为主导的现代企业人力资源管理就是要通过有效的物质与精神鼓励，不断激发员工的主观能动性和聪明才智，为企业的发展提供持续不断的内在动力。

2. 现代化的人力资源管理能够使企业赢得人才的制高点。

在激烈的市场竞争中，企业为了赢得经营战略上的先机，至少要占领五个制高点，即人制高点、资本制高点、技术制高点、产品制高点、市场制高点，而人才制高点（或称智力资本的制高点）则是关键中的关键。在现代市场经济的发展中，跨国公司剧烈竞争的事实说明：企业之间的竞争实质上是高素质人才的竞争、智力资本的竞争。所谓高素质的人才包括三类：一是具有经营战略头脑的企业家人才；二是掌握并具有开发能力的管理和技术人才；三是一大批训练有素的，具有敬业、创业精神的员工队伍。

【人力资源管理师应试真题范例】

1. 人事测量是（　　）在人事管理领域的应用。

（A）行为测量　　（B）心理测量　　（C）物理测验　　（D）情商测验

【答案】 B

【解析】 北京大学王垒等人认为，人事测量是心理测量技术在人事管理领域的应用，它以心理测量为基础，针对特定的管理目的，如招聘、安置、考核、晋升、培训等，对人的素质进行多方面的系统评价，从而为人员管理和开发提供参考依据。

2. 在管理策略上，现代人力资源管理更注重（　　）。

（A）以人为中心与以事为中心相结合　　（B）静态管理与动态管理相结合

（C）主动管理与被动管理相结合　　（D）战术管理与战略管理相结合

【答案】D

【解析】在管理策略上，传统的劳动人事管理侧重于近期或当前人事工作，就事论事，只顾眼前，缺乏长远，属于战术性管理；现代人力资源管理，不仅注重近期或当前具体事宜的解决，更注重人力资源的整体开发、预测与规划。根据组织的长远目标，制定人力资源的开发战略措施，属于战术性与战略性相结合的管理。

3. SWOT 分析法中，O 表示（　　）。

（A）劣势　　（B）优势　　（C）威胁　　（D）机会

【答案】D

【解析】SWOT 分析法中，S 代表优势（Strength），W 代表劣势（Weakne. ss），O 代表机会（Opportunity），T 代表威胁（Threats）。SWOT 分析实际上是对企业内外部条件各方面内容进行综合概括，分析企业组织的优劣势、面临的机会和威胁的一种方法。

4. 两种劳动参与假说的前提，其观点是相同的，即（　　）的劳动力参与率与经济周期不存在敏感的反应性。

（A）男性成年人　　（B）老年人　　（C）女性成年人　　（D）青年人

【答案】A

【解析】两种劳动参与假说的前提观点是相同的，即男性成年人的劳动力参与率与经济周期不存在敏感的反应性。

5. 以下关于社会保险的说法不正确的是（　　）。

（A）社会保险不具有强制性

（B）社会保险当事人不能自行选择保险项目

（C）社会保险当事人不能自行选择是否参加保险

（D）对劳动者而言，物质帮助权主要通过社会保险来实现

【答案】A

【解析】物质帮助权作为公民的基本权利，就劳动者而言，主要通过社会保险来实现。故 D 项正确。社会保险作为一种强行性规范，决定了社会保险的当事人不得自行确定是否参加保险以及选择保险项目。故 B、C 项正确。被保险人和用人单位必须依据国家法律的规定承担缴费义务，而且不能自行选择缴费标准。社会保险的基本属性就是它的强制性。故 A 项不正确。

6. 福利的支付方式分为（　　）。

（A）当期支付　　（B）实物支付　　（C）延期支付　　（D）支票支付

（E）现金支付

【答案】BC

【解析】福利是工资的转换形式，是劳动力价格的重要构成部分。福利与基本工资之和构成了劳动报酬。福利的支付方式分为两类：实物支付和延期支付。

7. 以下关于劳动法基本原则的说法，正确的有（　　）。

（A）具有高度的权威性　　（B）具有高度的稳定性

（C）其稳定性低于劳动法　　（D）其权威性低于劳动法律制度

（E）反映了所调整劳动关系的特殊性

【答案】 ABE

【解析】 不同的法律部门有着不同的基本原则。劳动法的基本原则反映了所调整的劳动关系的特殊性，反映了劳动法律部门的本质和特点。E 项正确。劳动法的基本原则有着高度的稳定性，只要社会的基本经济制度、政治制度未发生根本性的变化，基本原则是不会改变的。劳动法对某一类行为的具体规定或标准可以随着经济社会发展而变动，但基本原则是相对稳定的。B 项说法正确。基本原则具有高度的权威性，对各项劳动法律制度均具有约束力。劳动法律制度中的各类具体规定不能与基本原则相抵触，基本原则适用于所有的劳动关系。A 项说法正确。

8. 企业的总体战略包括（　　）。

（A）进入战略　（B）发展战略　（C）稳定战略　（D）撤退战略

（E）人才战略

【答案】 ABCD

【解析】 企业的总体战略有进入战略、发展战略、稳定战略和撤退战略。其中，进入战略包括购并战略、内部创业战略和合资战略。发展战略包括单一产品或服务发展的战略、横向发展战略、纵向发展战略和稳定发展战略。

9. 影响企业销售渠道选择的因素有（　　）。

（A）产品因素　（B）市场因素　（C）国家法律约束　（D）企业因素

（E）中间商的特性

【答案】 ABCDE

【解析】 影响销售渠道选择的因素如下：产品因素；市场因素；企业因素。除上述因素之外，企业的营销意图、国家的法律约束、中间商的特性等，亦制约着企业销售渠道的选择与设计。

10. 我国劳动法律渊源的类别，主要包括（　　）。

（A）正式解释　　（B）劳动法律

（C）地方性劳动法规　　（D）劳动规章

（E）国务院劳动行政法规

【答案】 ABCDE

【解析】 我国劳动法律渊源的类别，主要包括宪法中关于劳动问题的规定、劳动法律、国务院劳动行政法规、劳动规章、地方性劳动法规、我国立法机关批准的相关国际公约、正式解释。

第二章　人力资源战略与规划

第一节　人力资源战略

一、人力资源战略的概念

人力资源战略是企业根据内部和外部环境分析，确定企业目标，从而制定出企业的人力资源管理目标，进而通过各种人力资源管理职能活动实现企业目标和人力资源目标的过程。

二、人力资源战略形成的影响因素

1. 外部影响因素。

包括经济环境、行业环境、制度和法律因素、技术因素、劳动力市场分析和工会因素等。

2. 内部影响因素。

包括企业战略、组织结构、企业发展阶段、企业文化等。

三、人力资源战略的分类

1. 按关注的重点不同分：利用战略、聚集战略、促进战略和投资战略（见表 2－1）。

表 2－1　　西方的四类人力资源战略

战略	重点关注
利用战略	怎样利用好每一个人，挖掘现有人才
聚集战略	通过现有人员实现人才积累
促进战略	企业对个人投资，促进其成长
投资战略	企业在员工身上大量投入，同时期望和要求也非常高

资料来源：孙健敏．MBA 全景教程之三：人力资源管理．北京大学出版社，2003.

2. 按实施条件不同分：美国为代表的劳动契约型、以日本为代表的资源开发型（也叫资历主义）、权变模式（见表2－2）。

表2－2　　西方人力资源战略实施模式

名称	定义	特点	实施条件
美国为代表的劳动契约型	整个人力资源管理体系建立在以雇佣关系为基础的契约之上	强调个人能力，只管签约合作期，晋升特别快	整个社会的劳动雇佣关系是自由的
以日本为代表的资源开发型，也叫资历主义	通过个人能力的积累达到提高整体实力的目标	稳步晋升，终身雇佣	劳动力市场发达，雇主有充分的选择余地，劳动力供大于求
权变模式	把能力和资历结合起来	以上的结合	文化是个人主义的，因为合同是针对个人签订的

资料来源：孙健敏．MBA全景教程之三：人力资源管理．北京大学出版社，2003.

3. 企业不同发展阶段的人力资源战略重点见表2－3。

表2－3　　企业不同发展阶段的人力资源战略

阶段	企业战略	人力资源战略重点
创业阶段	凝聚人心、业务导向	领导与专业人才的选拔、培养等
成长阶段	组织扩张、有序管理	管理规范化、职业化
成熟阶段	战略准备、水平提升	战略性人才培养、企业文化塑造
衰退阶段	放弃、调整、寻找、新生	人才的更新换代

四、人力资源战略与企业战略的匹配

1. 与波特的竞争战略相匹配的三种人力资源战略（见表2－4）。

表2－4　　与波特的竞争战略相匹配的三种人力资源战略

企业战略	一般组织特点	人力资源战略
成本领先战略	持续的资本投资 严密地监督员工 严格的成本控制，要求经常、详细的控制报告 低成本的配置系统 结构化的组织和责任 产品设计以制造便利为原则	有效率的生产 明确的工作说明书 详细的工作规划 强调具有技术上的资格证明与技能 强调与工作有关的特定培训 强调以工作为基础的薪酬 用短期绩效评估当做控制机制

续表

企业战略	一般组织特点	人力资源战略
差异化战略	营销能力强 注重产品的策划与设计 基础研究能力强 公司以质量或科技领先著称 公司的环境可吸引高技能的员工、高素质的科技人员或具有创造力的人	强调创新和弹性 工作类别广 松散的工作规划 外部招募 团队基础的培训 强调以个人为基础的薪酬 使用绩效评估作为发展的工具
集中化战略	结合了成本领先战略和差异化战略组织的特点	结合了上述人力资源战略

资料来源：赵曙明．人力资源战略与规划（第三版）．中国人民大学出版社，2012.

2. 与迈尔斯和斯诺的企业战略匹配的人力资源战略（见表 2－5）。

（1）当企业采用防御者战略时，与其相互协调的人力资源战略是累积者战略。

（2）当企业采用分析者战略时，对应的人力资源战略是协助者战略。

（3）当企业采用探索者战略时，企业最优的人力资源战略是效用者战略。

表 2－5　　企业战略、组织要求与人力资源战略

企业战略	组织要求	人力资源战略
防御者战略 • 产品市场狭窄 • 效率导向	• 维持内部稳定性 • 有限的环境分析 • 集中化的控制系统 • 标准化的运作程序	累积者战略：基于建立最大化员工投入及技能培养 • 获取员工的最大潜能 • 开发员工的能力、技能和知识
分析者战略 • 追求新市场 • 维持目前的市场	• 弹性 • 严密和全盘的规划 • 提供低成本的独特产品	协助者战略：基于新知识和新技能的创造 • 聘用自我动机强的员工，鼓励能力、技能和知识的自我开发 • 在正确的人员配置和弹性结构化团体之间进行协调
探索者战略 • 持续寻求新市场 • 外部导向 • 产品/市场创新者	• 不断地陈述改变 • 广泛的环境分析 • 分权的控制系统 • 组织结构正式化程度低 • 资源配置快速	效用者战略：基于极少的员工承诺和高技能的利用 • 雇用马上可用的员工 • 使员工的能力、技能与知识能够配合特定的工作

资料来源：赵曙明．人力资源战略与规划（第三版）．中国人民大学出版社，2012.

第二节 人力资源规划

一、什么是人力资源规划

人力资源规划是预测未来的组织任务和环境对组织的要求，根据组织任务和环境对组织的要求而制定人力资源管理的行动方针的过程。

人力资源规划主要包括以下四个方面的内容：（1）现有人力资源状况的分析；（2）人力资源需求预测；（3）人力资源供给预测；（4）制定人力资源规划方案。

人力资源规划的总目标是确保企业各类工作岗位在适当的时机获得适合的人员（包括数量、质量、层次和结构等），实现人力资源的最佳配置，最大限度地开发和利用人力资源潜力，有效地激励员工，保持人力资本竞争的优势。简单地说，人力资源规划就是在组织战略性规划的基础上，通过薪酬制度推动、考核制度拉动、岗位分析管理等实现外部战略管控，然后进行战略性文化内部整合。

二、人力资源规划的基本问题

（1）我们所处的环境怎样？

（2）我们的目标是什么？

（3）我们怎样才能实现目标？

（4）我们做得如何（发现差距后，进一步修正规划）？

三、人力资源规划的种类

（1）从规划的时间上，可分为短期、长期和中期规划三种；

（2）从规划的范围上，可分为企业总体人力资源规划、部门人力资源规划、某项任务或工作的人力资源规划；

（3）从规划的性质上，可分为战略性人力资源规划和战术性人力资源规划。

四、人力资源规划的内容

（1）战略规划（大政方针、政策和策略）；

（2）组织规划（组织框架设计、各层级职能与业务部门职责的划分与设置等）；

（3）企业人力资源管理制度规划（确保生产经营总目标实现的各项人力资源制度建设和完善，制度化、规范化和标准化）；

（4）人员规划（对企业各类人员总量、构成、流动和补充的整体规划，包括人力资源现状分析、工作岗位调查、人员分类与工时统计分析、定岗定员与劳动定额以及各类人员的需求与供给预测和相应供需平衡措施）；

（5）人力资源费用计划（包括企业人工成本、人力资源管理费用的整体规划等）。

五、人力资源规划的意义

人力资源规划的意义主要体现在：

（1）有助于企业适应变化的环境；

（2）有助于企业及时填补职位空缺；

（3）有助于新员工尽快胜任工作；

（4）有助于稳定生产；

（5）有助于减少未来的不确定性。

六、人力资源规划的一般过程

人力资源规划的一般过程包括以下环节：

（1）环境分析：包括内部环境分析和外部环境分析；

（2）制订人力资源战略；

（3）进行人力资源供给和需求预测；

（4）制订人力资源规划方案：包括人员补充规划、分配规划、提升规划、教育培训规划、工资规划、保险福利规划、劳动关系规划、退休规划等；

（5）人力资源战略与规划的评价与控制。

各环节的相互关系见图2－1。

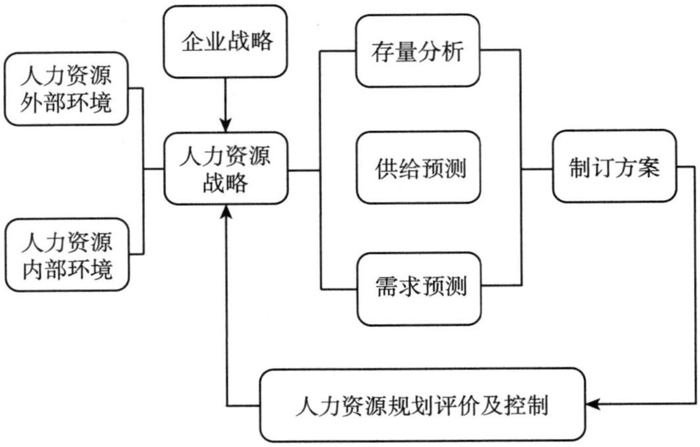

图2－1　人力资源规划的一般过程

七、人力资源信息系统

1. 人力资源信息系统的概念。

人力资源信息系统是组织进行有关人及人的工作方面的信息的收集、保存、分析和报告的过程，是获得人力资源决策所需相关及时信息的有组织的方法。

2. 人力资源信息系统提供的信息应当具有的特征：及时、准确、简明、相关、完整。

3. 人力资源信息系统的建立应考虑的因素：

（1）企业发展战略及现有规模；

（2）管理人员对人力资源有关数据要求掌握的详细程度；

（3）企业内信息复制及传递的潜在可能性；

（4）人力资源管理部门对人力资源信息系统的运用程度和期望；

（5）其他企业人力资源信息系统的建立和运用情况。

4. 人力资源信息系统的建立过程：

（1）对系统进行规划；

（2）系统的设计与发展；

（3）系统的实施；

（4）系统的评价。

5. 人力资源信息系统的用途：

（1）建立人事档案；

（2）为各类人事决策提供依据；

（3）提供若干重要的报表和报告。

就人力资源部门而言，人力资源信息系统提高了管理工作效率，增加了管理工作的透明度，提高员工的信任度，增加对组织的认同感和忠诚度。

就整个组织而言，人力资源信息系统有助于企业整合信息资源，实现了信息共享，员工关系管理趋向协调化和自动化，人力资源部门从成本消耗部门逐渐转向价值创造部门。

6. 企业如何引入人力资源信息系统。

（1）引进方式。

当企业缺乏专业人才时，可向开发商购买软件包；值得注意的是，成套购买的软件包可能出现与企业的人力资源管理制度不匹配的状况，反而降低工作效率；如购买软件成本过高，可以引进 IT 方面专业人才，成立由专家、开发商、咨询公司以及本企业人力资源人员组成的项目小组研究开发出适合本企业的人力资源信息系统。

（2）引进次序。

先在特定部门的试点运行，首先在操作性较强的模块引入，如人事档案管理、薪酬管理模块，根据运行效果和员工的反馈意见来决定整体引入的可行性；若整个系统引进，员工短期内难以适应，可能会造成与企业的发展现状等的不匹配，取得事倍功半甚至是影响企业工作效率的后果；人力资源管理活动需要人的判断与分析来解决，所以将人力资源管理所有活动计算机化不合实际。

（3）可能出现的问题以及注意事项：

①要有整体规划意识，增加引进过程中各部门的衔接性；

②转变管理观念，进行业务流程重组；

③系统的设计要与企业的实际情况相结合，选择合适的软件；

④注意节约成本；

⑤在引进系统的初期，可能出现录入工作烦琐而引起人力资源部门员工的抵触，所以要对人力资源部门的工作人员进行专业技术的培训，让人力资源部门员工了解人力资源信息系统的先进性，并取得他们的支持，防止产生抵触情绪；

⑥引进系统后，计算机代替人力，使人力资源部门人员冗杂，可能面临裁员问题；

⑦存在信息安全方面的风险，应注意核心信息的保密工作。

第三节　人力资源规划的制定与实施

一、人力资源存量分析

（一）外部人力资源存量分析

1. 人力资源数量的概念。

人力资源总数 = 劳动力人力数量 × 质量（或者平均质量）

人力资源的数量，即一个国家或地区范围内劳动适龄人口总量减去其中丧失劳动能力的人口，加上劳动适龄人口之外具有劳动能力的人口。

2. 人力资源数量的构成。

应严格区分以下概念：

就业人口 = 适龄就业人口 + 未成年就业人口 + 老年就业人口

经济活动人口 = 就业人口 + 求业人口

人力资源总数 = 劳动力人口数量 × 质量

人力资源总量 = 劳动力人口数量 × 劳动力人口平均质量

3. 人力资源数量的影响因素。

（1）人力资源总量及其再生产状况；

（2）人口的年龄构成；

（3）人口迁移。

4. 人力资源质量的概念。

人力资源的质量，指人力资源所具有的体质、智力、知识和技能水平，它一般体现在劳动力人口的体质水平、文化水平、专业技术水平上，是区别不同的人力资源个体或总体的关键。

5. 人力资源质量的影响因素。

（1）遗传和其他先天因素；

（2）营养因素；

（3）教育方面的因素。

6. 人力资源结构的概念及分类。

人力资源结构，是指一个国家或一个地区的人力资源总体在不同方面的分布构成，它包括年龄、性别、质量、地区、城乡等方面。

（二）内部人力资源存量分析

1. 企业采用的内部人力资源数量分析的计算方法：工作岗位分析法、动作研究法、工作抽样法、绩效分析系统法、管理幅度和线性责任图法等。

（1）工作岗位分析法。

按照工作岗位分析结果而编制的工作描述和工作规范为基础，计算完成各种工作所需的人员。

$$所需人员=每月总工作量所需时间/(每人每日工作时间-休息时间)\times 每月工作日数$$

（2）动作研究法。

在工作地点测量工作人员做某项工作或每一操作单元所需的时间。

$$所需人员=标准时间\times 一天目标生产量/每人每日工作时间$$

标准时间：是指生产一个单位产品所需要的时间，是由纯工作时间乘以（1＋休息比率）求得的。

（3）工作抽样法。

运用统计学中随机抽样的原理，按照概率性和随机性的独立原则，对现场操作者或机器设备进行观测和记录，调查各种作业事项的发生次数和发生率，进行工时研究，以必需而最小的观测样本，来推定观测对象总体状况的一种现场观测的分析方法。

工作抽样法的步骤是先决定观察次数，再根据测量的结果计算工作的标准时间，然后运用动作研究法计算所需要的人员数量。

（4）绩效分析系统法。

记录作业人员在一两个月期间，每人每日工作的名称、工作时间和工作量。根据记录可了解到某项任务在某一时间内可完成哪些工作。每项业务的处理时间则根据统计方法设定标准，并以此为基础计算所需要的人员数量。

$$人员定额=每月工作量\times 统计的标准/(每人每月的工作时间-每人每月平均缺勤的时间)\times 开工率$$

（5）管理幅度法。

管理幅度法指一位管理人员能够有效管理的下属人数。组织政策越明确，则管理幅度越大；当下属能力越强时，管理幅度也越大。这种方法根据垂直的组织层次决定合适的管理幅度，以便决定各层次的管理人数，最后计算出人员数额。

（6）线性责任图法。

将组织内的业务与员工以矩阵的形式加以排列，并将各个员工对各项业务的责任计入矩阵表内。这样就明确地表现出业务和决策是由谁在何时进行以及达成的程度。通过线性责任图可了解组织内的责任与权限关系，作为计算人员定额的资料，也可以个别职务的责任程度和现在负责该职务的人数为基础，计算出在各责任水准上需要多少人员。

2. 人员类型分析。

（1）按职能划分：技术人员、业务人员、管理人员；

（2）按性质划分：直接人员、间接人员。

3. 年龄结构分析。

4. 工作流程分析。

5. 岗位配置分析。

6. 冗员分析。

（1）冗员的概念。

冗员是指超出企业正常生产经营活动实际需要的人员，包括正常的后备人员。

企业的冗员一般可分为两大类情况。

第一类是素质与工作不相适应的人员，包括老弱病残人员、知识技能不足的人员。

第二类是素质与工作适应但超过实际需要的富余人员，包括只愿干本职工作和希望调换工作的人员。

（2）冗员的计算。

$$企业冗员=全部职工-实际需要-合理储备$$

7. 人力资源素质分析。

企业的人力资源素质是指企业成员所具有的对企业生产力有直接和显著影响，并具有相对稳定性的品质特性。人力资源的素质分析可以从几方面进行：

（1）人力资源的思想觉悟和企业的群体文化；

（2）员工的知识技能水平；

（3）员工的心理健康分析；

（4）群体的知识及技能结构。

（三）劳动定额的管理

劳动定额是指在一定生产、技术、组织条件下，采用科学合理的方法，对生产单位合格产品或完成一定工作任务的活劳动消耗量所预先规定的限额。

1. 劳动定额的书写格式。

GB/T14002－2008：其中，GB：国家标准，T：推荐，14002 为劳动定员定额术语标准编号，2008 版。

2. 劳动定额的分类。

（1）时间定额。亦称工时定额，是指为生产单位合格产品或完成一定工作任务的劳动时间消耗的限额。

（2）产量定额。指在单位时间内生产合格产品的数量或规定完成一定的工作任务量的限额。

（3）看管定额。指对操作者（1 个人或 1 个组）在同一时间内照管机器设备的台数或工作岗位数所规定的限额。

（4）服务定额。指按一定质量要求，对服务人员在制度时间内提供某种服务所规定的限额。

（5）工作定额。指采用多种指标和方法，对各类人员完成技术性、管理性、公务性劳动所规定的限额。

（6）人员定额。亦即企业定员、劳动定员，是指在一定的生产技术组织条件下，为了保证企业生产经营活动的正常进行，按一定素质要求，对企业各类岗位人员的配置所规定的限额。

（7）其他形式的劳动定额。如销售定额，它规定经营销售人员在规定的时间内应完成的销售金额等。

3. 编制劳动定额常用术语。

劳动定额的管理中几个常用术语：定额时间、非定额时间；作业时间、作业宽放时间、个人需要与休息宽放时间、准备与结束时间。

（1）定额时间。指员工在工作班内为完成生产任务直接和间接的全部工时消耗。

①作业时间。指直接用于完成生产作业或零件加工所消耗的时间。分为基本时间和辅助时间。

②作业宽放时间。指在完成生产作业和零件加工过程中，由于工作现场组织管理和工艺装备的技术需要所发生的间接工时消耗。分为组织性的作业宽放时间和技术性的作业宽放时间两种。

③个人需要与休息宽放时间。指员工在工作班内，满足个人生理需要，以及为消除过分紧张和疲劳所必需的短暂休息时间，如适当休息、喝水、上洗手间等。

④准备与结束时间。指员工为执行某项任务或加工一批量产品事前进行准备和事后结束工作所消耗的时间。

（2）非定额时间。指在工作时间内所发生的无效劳动和损失的时间。

①停工时间。指在工作时间内，由于组织管理不善或因操作者个人原因而损失的时间，例如，非个人造成的停工时间（停工待料、停电、动力供应中断等）；个人造成的停工时间（迟到、早退、无故缺勤、擅自离开工作地、串岗或声音作业所损失的时间等）。

②非生产工作时间。指在工作时间内员工做了本职以外工作或不必要的工作所损失的时间。例如，非个人造成的非生产时间，指由于企业经营管理不善而损失的时间（寻找工具、材料，修理与本人无关的工具、设备及不合格工件，抽调员工做本职外工作等）；个人造成的非生产时间，指由于员工个人对工作处理不当、技术熟练程度不够，以及其他原因而损失的时间（缺乏经验造成的多余动作，因技术不熟练或工作马虎而造成的废品工时等）。

（四）企业制定劳动定额的基本方法

1. 经验估工法。指由定额员依照产品图样和工艺技术要求，并考虑生产现场使用的设备、工艺装备、原材料及其他生产条件，根据过去的实践经验对产品劳动消耗量进行估定的方法。

2. 统计分析法。指根据过去生产的同类型产品、零件、工序的实耗工时或产量的原始记录和统计资料，经过整理和分析，考虑今后企业的生产、组织、技术条件的变化来制定。

3. 类推比较法。指以现有同类型产品、零件或工序的定额为依据，经过分析比较推算出另一种产品、零件或工序定额的方法。

4. 技术定额法。指通过对生产技术条件的分析，在挖掘生产潜力以及操作合理化的基础上，采用分析计算或实地测定进行定额的方法。

（五）统计定额及工时管理

1. 统计定额指运用生产统计和劳动统计的相关资料，通过整理汇总、分析计算，制定出劳动定额。

下面以“简单算术平均法”的“平均先进值的计算”来介绍统计定额的制定。

【例】某零件 A 工序加工原定额为 14 工分/件，已知其实耗工时统计资料为 11、13、14、12、10、9 工分/件。请根据这些资料求出平均先进值。

解：计算平均先进值的方法主要有四种。

（1）先求平均数，再将平均值与完成最好的实耗工时相加，求出二次平均数，即：

$\overline{X} = \sum X_1/n = (11+13+14+12+10+9)/6 = 11.5$（工分/件）

$\overline{\overline{X}} =$（平均实耗工时 + 完成最好的实耗工时）/2

$= (11.5+9)/2 = 10.25$（工分/件）

（2）先求平均数，再将平均值与所有比平均值先进的实耗工时相加，除以项数，求出二次平均数，即：

$\overline{X} = \sum X_1/n = (11+13+14+12+10+9)/6 = 11.5$（工分/件）

$\overline{\overline{X}} =$（平均实耗工时 + 比平均数先进的所有实耗工时）/分子的项数

$= (11.5+11+10+9)/4 = 10.38$（工分/件）

（3）先求平均数，再将平均值与两个最先进和一个最落后的实耗工时相加，除以项数，求出二次平均数，即：

$\overline{X} = \sum X_1/n = (11+13+14+12+10+9)/6 = 11.5$（工分/件）

$\overline{\overline{X}}$ =（平均实耗工时 + 两个最先进的实耗工时 + 最落后的实耗工时）/4

$= (11.5 + 10 + 9 + 14)/4 \quad 11.13$（工分/件）

通过上述的分析计算可以看出，采用简单算术平均法求解平均先进数值的方法是多种多样的。企业之所以采用不同的方法，无非是使劳动定额更能反映企业现时的生产水平，能够被绝大多数职工所接受，保证定额水平既先进又合理。

在生产重复程度低、工作地专业化程度不高的企业，由于实耗工时资料不多，宜多采用简单算术平均法。

2. “工时”是企业人力资源管理基础实操中人工成本预算及统计的一个关键的因素。

（1）工时统计的意义。

①为合理安排作业计划和定岗定员提供依据；

②为企业产品成本核算提供依据；

③为合理发放工作报酬、考核、奖惩、晋升提供依据；

④为提高工作效率提供依据。

（2）工作时间的构成。

①日历时间：员工工作时间的自然极限。

②制度公休时间：指法定公休日和节假日。我国法定休息日全年共有 104 天，全民节假日 11 天，制度公休时间为 115 天。

③制度工作时间：指法定工作时间。根据国家有关文件规定，员工全年月平均工作天数和工作小时数分别为：20.83 天和 166.67 小时。

④缺勤时间：指在制度工作时间内由于个人原因没有上班的时间，分为全日缺勤和非全日缺勤两类。

⑤出勤时间：指在制度工作时间内实际上班的时间。

⑥停工时间：指在制度规定的工作时间内，由于企业的原因造成员工上班但没有从事生产活动的时间。停工时间分为停工被利用时间和停工损失时间。

⑦非生产时间：指在制度工作时间内，员工出勤后由于行政原因安排其从事非生产性活动的时间，如选举、开会、参观等。

⑧制度内实际工作时间：指在规定的工作时间内，员工出勤后实际从事生产作业活动的时间。

⑨加班时间：指在规定工作时间以外，由于生产经营活动的需要，企业安排员工实际从事生产作业活动的时间。分为加班（利用休息日工作）加点（正常工作时间的延长）。

⑩全部实际工作时间：指员工在规定工作以内和以外，实际从事生产作业活动的时间总和。

（3）以下为工时统计常用的比率。

①出勤率指标和缺勤率指标：

$$\text{出勤率} = \text{实际工作工时} \div \text{制度工作工时} \times 100\%$$

$$\text{缺勤率} = \text{实际缺勤工时} \div \text{制度工作工时} \times 100\%$$

②出勤时间利用率（作业率）指标：

出勤时间利用率 = 制度内实际工作工时 ÷ 出勤工作工时 × 100%（作业率）

③制度时间利用率指标：

制度时间利用率 = 制度内实际工作时间 ÷ 制度工作时间 × 100%
= 出勤率 × 出勤时间利用率
=（实际出勤工时 ÷ 制度工作工时）
×（制度内实际工作时间 ÷ 出勤工作工时）

④工作负荷率指标：

工作负荷率 = 全部实际工作时间 ÷ 制度工作时间 × 100%

⑤加班时间的分析：

加班比重 = 计算期加班工时 ÷ 计算期全部实际工作工时

加班强度 = 计算期加班工时 ÷ 计算期制度内实际工作工时 × 100%

平均加班长度 = 计算期加班工时 ÷ 计算期制度内实际工作工日

（4）“巴克制”介绍。

“巴克制”即企业工作效率分析与控制的制度（简称：PAC）。它是 20 世纪 60 年代末，日本效率协会理事、经营管理首席顾问门田武治，所创立的具有日本特色的一项管理制度。其根本特征是：在现有生产设备的基础上，通过对劳动效率的分析研究与管理，建立科学的标准时间，采用一系列措施，最大限度地提高劳动生产率。

据有关资料介绍，日本许多中小企业包括一部分大型企业推行巴克制以后，在不到一年的时间内劳动生产率就大幅度提高，有些企业甚至成倍增长，其效果极为显著。

巴克制将工人劳动（工作）效率，按其影响因素，进一步分解为作业效率和开工率两个方面。其数学表达式为：

工作效率 = 工人作业效率 × 开工率

其中，

- 工人作业效率 = 定额工时/工人实耗工时
- 开工率 = 工人实耗工时/实际可利用工时
- 实耗工时 = 实际可利用工时 − 各级管理责任造成的浪费工时

在公式中，工人作业效率指标反映了工人的努力程度，属于工人责任指标。开工率反映了管理人员的工作努力程度，是管理者责任指标。也就是说，工人工作效率的高低，受到操作者的作业速度快慢、设备能力利用程度大小、不必要工时损失多少等多种因素的影响；而开工率的高低，受管理人员的管理水平、指挥、监督、协调、组织等管理能力以及工作态度等项因素的影响。

巴克制的实施方法和发展经验，是值得我国企业汲取的。对于企业来说，包括劳动定员定额在内的各项基础工作，不但不能忽视，而且需要强化。这是因为：只有一流的管理、一流的生产效率，才能生产出高质量、低成本的具有竞争力的产品。国内外许多先进企业的实践证明，在市场经济条件下，现代企业只有强化劳动定额等基础工作，不断提高劳动生产率，充分挖掘劳动潜力，才能在市场竞争中立于不败之地。

（5）企业定员的方法。

企业定员，也称劳动定员或人员编制。企业劳动定员在一定的生产技术组织条件下，为保证企业生产经营活动正常进行，按一定的素质要求，对企业配备各类人员所预先规定的限额。

从制定的方法来看，制订企业定员的方法主要有：①按劳动效率定员；②按设备定员；③按岗位定员；④按比例定员；⑤按组织机构、职责范围和业务分工定员。前三种与劳动定额存在着直接的联系，而后两种方法是制定劳动定额的基本方法，如经验估工、统计分析、技术测定等方法的延伸。

①按劳动效率定员。按劳动效率定员是指根据生产任务和员工的劳动效率以及出勤率来计算定员人数，计算公式为：

$$定员人数 = 计划期生产任务总量/工人劳动效率 \times 出勤率$$

$$劳动效率 = 劳动定额 \times 定额完成率$$

这种定员方法，实际上就是根据工作量和劳动定额来计算人员数量的方法。凡是有劳动定额的人员，特别是以手工操作为主的工种，因为人员的需求量不受机器设备等其他条件的影响，更适合用这种方法来计算定员。

【例】计划期内某车间每轮班生产某产品的产量任务为 1 000 件，每个员工的班产量定额为 5 件，定额完成率预计平均为 125%，出勤率为 90%，则可直接代入上述公式，计算出该工种每班的定员人数。

定员人数 $=1\ 000/5 \times 1.25 \times 0.9 \approx 178$（人）

如采用工时定额计算，工时定额与产量定额的关系式为：

$$班产量定额 = 工作时间/工作定额$$

则单位产品的工时定额 $=8/5=1.6$（工时/件），定员计算公式变为：

定员人数 =（生产任务量（件）× 工时定额）/（工作班时间 × 定额完成率 × 出勤率）

$=1\ 000 \times 1.6/8 \times 1.25 \times 0.9 \approx 178$（人）

无论是采用产量定额还是工时定额，两者的计算结果都是相同的。采用上述公式计算时，生产任务和员工劳动效率的时间单位要保持一致。如某工种生产产品的品种是单一、变化较小而产量较大时，宜采用产量定额来计算人数。如计划期任务是按年规定的，而产量定额是按班规定的，可采用下面的公式：

$$定员人数 = (\sum 每种产品年总产量 \times 单位产品工时定额)/(年制度工日 \times 8 \times 定额完成率 \times 出勤率)$$

若再考虑一定数量的废品因素时，上述公式可改为：

定员人数 =（∑每种产品年总产量 × 单位产品工时定额）
/（年制度工日 ×8 × 定额完成率 × 出勤率）
/（1 − 计划期废品率）

②按设备定员。即根据设备需要开动的台数和开动的班次、员工看管定额以及出勤率来计算定员人数，计算公式为：

定员人数 =（需要开动设备台数 × 每台设备开动班次）/（工人看管定额 × 出勤率）

这种定员方法属于按效率定员的一种特殊的形式，公式中公认的劳动效率表现为看管定额。它主要适用于机械操作为主，使用同类型设备，采用多机床看管的工种。

【例】 某车间为完成生产任务需开动自动车床 40 台，每台开动班次为两班，看管定额为每人看管 2 台，出勤率为 96%，则该工种定员人数为：

定员人数 =（40 ×2）/（2 ×0.96）≈42 （人）

在上述公式中，设备开动台数和班次，要根据设备生产能力和生产任务来计算，并不一定是实有的设备数。由于可能存在生产任务不足的情况，设备不必全部开动，其中备用设备也不必配备人员。一般要根据劳动定额和设备利用率来核算单台设备的生产能力，再根据生产任务来计算开动台数和班次。

③按岗位定员。主要分按设备岗位定员和按工作岗位定员两种。

A. 按设备岗位定员。这种方法适用于在设备和装置开支的时间内，必须由单人看管（操纵）或多岗位多人共同看管（操纵）的场合。

需要考虑的因素有：

- 看管（操纵）的岗位量。
- 岗位的负荷量。
- 每一岗位的危险和安全的程度。
- 生产班次、倒班及替班的方法。

对于采用轮班连续生产的单位，还要根据轮班形式，计算倒休人员，如实行三班倒的班组，每 5 名员工，需要多配备 1 名员工。

对于生产流水线每班内需要安排替补的岗位，应考虑替补次数和间隙休息时间，每 1 小时轮替一次，每岗就定 2 人，采用 2 人轮换；一人工作，一人做一些较轻的准备性或辅助性工作，对于多人一机共同进行操作的岗位，其定员人数的计算公式为：

班定员人数 = 共同操作的各岗位生产工作时间的总和
/工作班时间一个人需要与休息宽放时间

公式中的“生产工作时间”，是指作业时间、布置工作地时间和准备与结束时间之和。

【例】 某车间有一套制氧量 50m^3/时空气分离设备，现有三个岗位共同操作，通过工作日记写实，甲岗位生产工作时间为 260 工分，乙岗位为 300 工分，丙岗位为 240 工分，根据该工种的劳动条件和劳动强度等因素，规定个人需要与休息宽放时间为60工分，计算出岗位定员人数。

班定员人数 =（260 + 300 + 240）/（480 − 60）≈ 2（人）

B. 按工作岗位定员。这种方法适用于有一定岗位，但没有设备，且又不能实行定额的人员。这种定员方法和单人操纵的设备岗位定员的方法基本相似，主要根据工作任务、岗位区域、工作量，并考虑实行兼职作业的可能性等因素来确定定员人数。

④按比例定员。即按照与企业员工总数或某一类人员总数的比例，来计算某类人员的定员人数。

在企业中，由于劳动分工与协作的要求，某一类人员与另一类人员之间总是存在着一定的数量依存关系，并且随着后者人员的增减而变化。企业对这些人员进行定员时，应根据国家或主管部门确定的比例，采用下面的计算公式：

某类人员的定员人数 = 员工总数或某一类人员总数 × 定员标准

⑤按组织机构、职责范围和业务分工定员。这种方法主要适用于企业管理人员和工程技术人员的定员。

二、人力资源需求预测

人力资源需求指一个企业按照自己的发展规划，为生产一定量的产品或服务而需要招聘的员工数量和类型。

人力资源需求预测是指依据组织的发展前景、组织能力及岗位要求，综合考虑各种因素，对未来所需员工的类型进行估计的活动。

（一）人力资源需求的影响因素

人力资源需求的影响因素如表2－6所示。

表2－6　人力资源需求的影响因素

宏观层面	微观层面
经济环境	企业战略
社会、政治和法律环境	企业的经营状况
劳动力市场	企业的管理水平、组织结构
技术进步	现有人力资源现状
外部竞争者	

（二）人力资源需求预测方法

1. 定性预测法：零基预测法、自下而上预测法、德尔菲法、驱动因素预测法等。

（1）零基预测法——以组织现有员工数量为基础来预测未来对员工的需求。如果因为员工退休、被解雇或出于某种原因离开了公司，这个位置则不会自动补充人，公司必须进行人力资源需求分析，以确定是否有必要补充人；当需要设立新职位时，也要进行同样的分析。零基分析法的关键是要对人力资源需求进行详尽分析。

（2）自下而上预测法——原理：每个部门的管理者最了解该部门的人员需求；程序：先由组织中的每个层次——从最低层开始——预测其需求，最终汇总得出人员需求的预测总数。

具体步骤是：

①组织的基层管理人员根据以往的经验将未来一段时期的活动转为本部门人员的需求增减量，提出本部门各类人员的需求预测量，提出本部门各类人员的需求预测量；

②再由上一级管理层对其所属的部门，进行人力的估算和平衡；

③通过层层估算，最后由最高管理层进行人力资源的规划和决策。

（3）德尔菲法——适用于对人力需求的中长期趋势预测，具体步骤：

①成立研究小组，将人力资源需求预测设计成若干问题；

②简明扼要地以调查方式列出预测问题，交给专家讨论评价；

③收回专家意见，统计、归纳结果，将整理好的结果以匿名形式反馈给各位专家；

④在此基础上，专家进行新一轮的回答；

⑤重复③、④步，直到专家意见趋于一致；

⑥根据专家们的最终预测，制定人力资源需求预测方案。

（4）驱动因素预测法——有些与企业本质特性相关的因素主导着企业活动，从而决定企业的业务量，进而决定人员的需求量。驱动因素预测法就是要找出这些驱动因素，并根据这些因素预测人力资源需求。具体步骤：

①寻找驱动因素；

②分析驱动因素和人力资源需求之间的关系；

③预测驱动因素的变动；

④根据预测的驱动因素影响，预测人力资源需求。

2. 定量预测法：回归分析法、趋势外推法、比率分析法、计算机模拟预测法。

（1）回归分析法——根据数学中的回归原理对人力资源需求进行预测。最简单的回归是“趋势分析”，即只根据整个企业或企业中的各个部门，过去员工数量的变动趋势，对未来的人力资源需求作出预测。比较复杂的回归方法，是“计量模型分析法”。

（2）趋势外推法——根据人力资源历史和现有的资料，随时间变化的趋势具有连续性的原理，运用数学工具对该序列加以引申，即从过去延伸至将来，从而达到人力资源的未来发展状况进行预测的目的。其通用的回归模型可表示为：

$$y = a + bx$$

其中，x 是时间变量，y 是人员需求数量，a，b 是待定值。

趋势外推预测法是当企业人力资源需求量在时间上表现出明显的均等趋势时才使用的。

先根据历史数据，在坐标轴上绘出散点图；然后根据图形可以直观地判断拟合哪种趋势线，从而建立相应的趋势方程；根据趋势方程可以对未来某一时间人力资源需求进行预测。

(3) 比率分析法——通过特殊的关键因素和所需要的人员数量之间的一个比率来确定未来人力资源需求的方法。这种方法主要是根据过去的经验，将企业未来的业务活动水平转化为对人力资源的需要。

(4) 计算机模拟预测法——通过考虑影响人力资源需求的种种因素，建立预测人力资源需求的模型，将这些影响因素在未来可能的数值输入计算机，最终得到相应的人力资源需求方案。

三、人力资源供给预测

(一) 人力资源供给的影响因素

1. 企业外部环境对人力资源供给的影响。

外部环境指：宏观经济状况、劳动力市场、工会组织、法令法规。

2. 企业内部环境对人力资源供给的影响。

组织战略、组织结构、企业人员流动与人力资源供给的关系。

(二) 内部人力资源供给预测

内部人力资源供给预测的方法：接班人计划法、马尔可夫链预测分析、供给预测矩阵法等。

1. 接班人计划法。

基本思路是：确定预测目标和工作范围，确定每个关键职位上的接替人选，评估接替人选目前的工作情况，根据个人的职业目标和组织目标确定职业发展需要预先实现供给。

步骤：

(1) 根据组织结构图绘制人员接替的框架；

(2) 评价每个人的当前绩效和提升潜能；

(3) 预测职位空缺可能；

(4) 预测替换这些空缺职位的人力资源供给情况；

(5) 综合分析整个企业的人员替换情况，建立人力资源接替计划图；

(6) 当职位出现空缺时，根据接替计划图预测出一些系列的人员变动。

2. 马尔可夫链预测分析。

用来预测等时间间隔点上（一般为 1 年）各类人员分布状况的一种动态预测技术，这也是统计学中借鉴过来的一种定量预测方法。它的基本思想是找出过去人力资源流动的比例，依次来预测未来人力资源供给的情况。操作步骤：

(1) 根据历史数据推算各类人员的转移率，得出转移率的转移矩阵；

(2) 统计作为初始时刻点的各类人员分布状况；

(3) 建立马尔可夫模型，预测未来各类人员供给状况。

注意：

（1）预测的难点是确定准确的转移率；

（2）当企业内部人员流动情况非常复杂时，不适用这种方法；

（3）当各类人员数量过少时，此法不适用。

3. 供给预测矩阵法。

供给预测矩阵法是一种结构化表格进行人力资源供给预测并将预测结果标在表上的常用方法。在预测工作中，管理人员无论是采用直觉判断还是量化分析，都可以使用这个结构化表格。这个表格简明地总结了：（1）人力需求；（2）关键比率和指标；（3）预计的人员配置来源。

（三）外部人力资源供给预测

1. 市场调查预测。

市场调查预测是企业人力资源管理人员组织或亲自参与市场调查，并在掌握第一手劳动力市场信息资料的基础上，经过分析和推算，预测劳动力市场的发展规律和未来趋势的一种方法。

市场调查的程序如下：

（1）明确调查的目的和任务；

（2）情况分析；

（3）非正式调查；

（4）正式调查；

（5）数据资料的整理加工和分析。

市场调查的类型：

（1）普查：这是一种全面性的调查。

（2）抽样调查：一般采用随机抽样。

（3）典型调查：选择一部分有代表性的调查对象进行调查，以此调查结果代表整体的情况。

2. 相关因素预测方法。

相关因素预测方法是通过调查和分析，找出影响劳动力市场供给的各种因素，分析各种因素对劳动力市场发展变化的作用方向和影响程度，预测未来劳动力市场的发展规律和趋势。

四、人力资源规划体系的制定

（一）人力资源招聘任用规划

1. 招聘任用的程序：招募、甄选、配置。

2. 招募规划的步骤和内容。

（1）拟订招募计划；

（2）准备招募资料；

（3）确定招募途径。

3. 甄选的程序：决定甄选日期、报名、资料审查、考试、面谈、体检、领导决定。

4. 甄选的方法：笔试、口试、现场操作测试、心理测试、评价中心。

5. 人力资源配置规划的具体内容：职前训练、试用、考核、正式任用。

（二）人力资源培训规划

1. 一般组织中的培训系统模式：培训需求分析、培训计划、培训实施、培训评估。

2. 培训需求分析的三个方面：组织分析、工作岗位分析、人员分析。

3. 培训的评估。

（三）员工职业生涯规划

1. 影响员工职业生涯规划的因素。

（1）个人因素：个性、父母的价值观、工作经验。

（2）组织因素：社会因素、组织形态、人力资源的运用、工作特性、产业发展前景。

2. 员工职业生涯规划的设计。

（1）环境影响分析；

（2）确定职业导向；

（3）确立目标；

（4）执行计划；

（5）评估计划。

（四）人力资源流动规划

1. 一般组织人力资源流动的种类：晋升、调动、降职。

2. 晋升的方式：晋升考试、绩效考核。

3. 调动的目的与程序。

4. 降职的原因及实施原则。

（五）人力资源薪酬福利规划

1. 薪酬体系：基本薪酬、津贴、奖金。

2. 薪酬结构：设定薪酬等级和各等级间的差距。

3. 福利的概念。

4. 具体福利措施：经济性福利措施、娱乐性福利措施、设施性福利措施。

五、人力资源规划的实施

（一）人力资源规划的实施原则与路径

1. 实施原则：系统性原则、适应性原则、目的性原则、发展性原则以及协作性原则。

2. 实施路径：创业阶段、成长阶段、成熟阶段、衰退阶段。

（二）人力资源规划实施的步骤

1. 实施的战略步骤：健全完善阶段，改进提升阶段，持续改进阶段。

2. 实施的具体步骤：

（1）人力资源战略环境分析；

（2）企业人力资源现状评价；

（3）企业人力资源的供需预测；

（4）企业人力资源供需匹配不平衡的调整；

（5）人力资源规划实施的监控。

（三）企业如何保持人力资源供给与需求相平衡

1. 当供给和需求总量平衡，结构不匹配时，可用策略如下：

（1）人员内部的重新配置，包括晋升、调动、降职等方法。

（2）对人员进行有针对性的专门培训，使他们能够从事空缺职位的工作。

（3）进行人员的置换，释放那些企业不需要的人员，补充企业需要的人员，以调整人员的结构。

2. 当供给大于需求时，可用策略如下：

（1）企业要扩大经营规模，或开拓新的增长点，以增加对人力资源的需求。

（2）永久性的裁员或辞退员工，虽然这种方法比较直接，但由于会给社会带来不安定因素，往往会受到政府的限制。

（3）鼓励员工提前退休，就是给那些接近退休年龄的员工以优惠的政策，让他们提前离开企业。

（4）冻结招聘，就是停止从外部招聘人员，通过自然减员来减少供给。

（5）缩短员工的工作时间、实行工作分享或者降低员工的工资，通过这种方式也可以减少供给。

（6）对富余员工实施培训，这相当于进行人员的储备，为未来的发展做好准备。

3. 当供给小于需求时，可用策略如下：

（1）从外部雇用人员，包括返聘退休人员。

（2）提高现有员工的工作效率。

（3）延长工作时间，让员工加班加点。

（4）降低员工的离职率，减少员工的流失，同时进行内部调配，增加内部的流动来提高某些职位的供给。

（5）可将企业的有些业务进行外包。

第四节　人力资源规划的评价与控制

一、人力资源规划的评价与控制的必要性

（1）组织内部的非均衡性；

（2）人力资源规划环境的多变性；

（3）人力资源规划本身的不全面性；

（4）人力资源本身的能动性。

二、人力资源规划的评价与控制的作用

（1）能有效地保障人力资源规划的滚动实施；

（2）能有效地发现人力资源规划中的缺陷；

（3）能有效地将人力资源规划和人力资源管理战略进行无缝隙衔接，彼此良性互动；

（4）有助于显现人力资源部门的工作成绩；

（5）有助于生成支持人力资源管理决策的信息；

（6）有助于掌握人力资本的保值增值现状与发展趋势，保证人力资本的合理开发、配置与利用。

三、人力资源规划评价与控制的特征

循序渐进性、交互联动性、系统性。

四、人力资源规划评价与控制的五个基本要求

客观性、一致性、协调性、可行性、有利性。

五、人力资源规划的评价与控制的过程

（1）制订人力资源规划效益标准；

（2）衡量分析实际人力资源规划效益；

（3）定量定性评价实际人力资源规划效益状况；

（4）修整措施和应变手段。

六、人力资源规划的评价与控制的主要方法

（1）人力资源会计评价与控制法。

（2）人力资源关键指标评价与控制法。

（3）人力资源效用指数评价与控制法。

（4）人力资源指数评价与控制法。

（5）投入产出分析评价与控制法。

（6）人力资源调查问卷评价与控制法。

(7) 人力资源声誉评价与控制法。

(8) 人力资源审计评价与控制法。

(9) 人力资源规划案例研究评价与控制法。

(10) 人力资源成本控制评价与控制法。

(11) 人力资源竞争基准评价与控制法。

(12) 人力资源目标管理评价与控制法。

(13) 人力资源利润中心评价与控制法。

(14) 运用人力资源规划研究进行评价与控制。

(15) 利用离任交谈方式进行人力资源规划的评价与控制。

第五节　常用组织结构形式及设计方法

企业组织机构是保障其生产经营活动正常进行所设置各类职能与业务部门的总称。

“组织”一词通常有两种含义：其一是作为一个实体，是为达到特定目标而建立的社会系统；其二是指一个过程，即建立这一系统并使之正常运行的全部活动过程。

说到组织就不得不谈“体制”。管理单位之间形成的管理层次，即所谓管理体制中的“体”；对不同管理层次，不同管理单位的职责范围、工作任务、责任权限以及沟通、协作方式作出规定，形成制度，这是企业组织的无形部分，即所谓管理体制的“制”。

因此，企业在进行组织机构设置时应当遵循：任务目标，分工协作，统一领导、权力制衡，权责对应，精简及有效跨度，稳定性与适应性相结合等原则。

企业领导必须懂得，一个一成不变的、僵化的组织，难以适应变化多端的外部环境；一个经常变化、缺乏相对稳定性的组织，则难以创造或者保持最佳业绩。

一、企业的组织结构

承担着企业的决策支持、决策实施及业务控制等项任务。下面介绍出现过的几种形式。

1. 直线制。直线制又称军队式结构，它是一种最简单的集权式组织结构形式。它只适用于那些规模较小或业务活动简单、稳定的企业。

2. 职能制。又称多线制，是指按照专业分工设置相应的职能管理部门，实行专业分工管理的组织结构形式。适用于计划经济体制下的企业，必须经过改造才能应用于市场经济下的企业。

3. 直线职能制。是一种以直线结构为基础，在厂长（总经理）领导下设置相应的职能部门，实行厂长（总经理）统一指挥与职能部门参谋、指导相结合的组织结构形式。适用范围较广。

4. 事业部制。也称分权制结构，是一种在直线职能制基础上演变而来的现代企业组织结构形式。它遵循“集中决策、分散经营”的总原则，实行独立核算、自负盈亏。总公司主要负责研究和制定重大方针、政策、掌握投资、重要人员任免、价格幅度和经营监督等方面的大权，并通过利润指标对事业部实施控制。适用于经营规模大、生产经营业务多元化、市场环境差异大、要求较强的企业。

二、绘制组织结构图的基本方法

1. 框图一般要画四层，从中心层计算，其上画一层，其下画两层，用框图表示见图2-2。

2. 功能、职责、权限相同机构（岗位或职务）的框图大小应一致，并列在同一水平线上。横线表示机构之间的横向联系。

3. 表示接受命令指挥系统的线，从上一层垂直下来与框图中间或两端横向引出线相接。其高低位置，表示所处的级别。垂线表示上下级领导与被领导的关系。

4. 命令指挥系统用实线，彼此有协作服务关系的用虚线。

5. 具有参谋作用的机构、岗位的框图，用横线与上一层垂直线相连，并画在左、右上方。

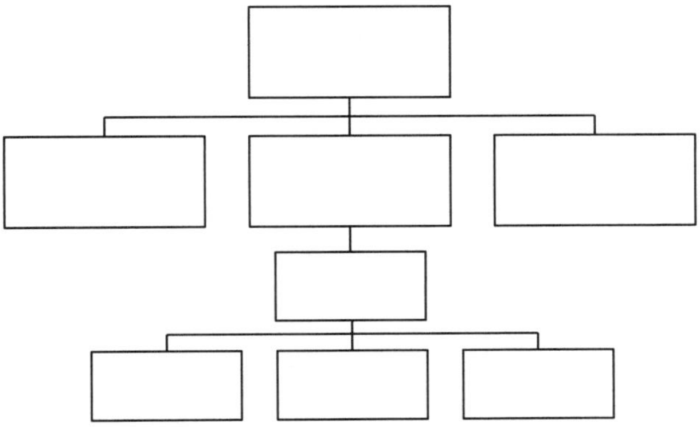

图2-2 组织结构图示例

三、组织结构图绘制实例

某高新技术企业按业务的分类，成立了三个针对不同产品的事业部，各事业部下设销售团队、技术支持团队和研发团队。各部门的业务收入和成本都是独立核算的，但需要平摊后勤部门（行政部、人力资源部、财务部）所产生的成本。目前，公司共有员工134人，其中三个事业部104人，后勤部门30人，高层领导4人。由于成立时间不到三年，客户资源还不够稳定，所承接的业务量波动较大。因此，在工作任务繁忙时有些员工，尤其是研发和技术人员，会抱怨压力过大，各事业部经理也会抱怨合格人手太少，招聘来的人不能立即适应项目的工作需要；但在工作任务相对清淡的时期，经理们又会抱怨本部门的人力成本太高，导致利润率下降。

请：绘制该公司的组织结构图（见图2－3）。

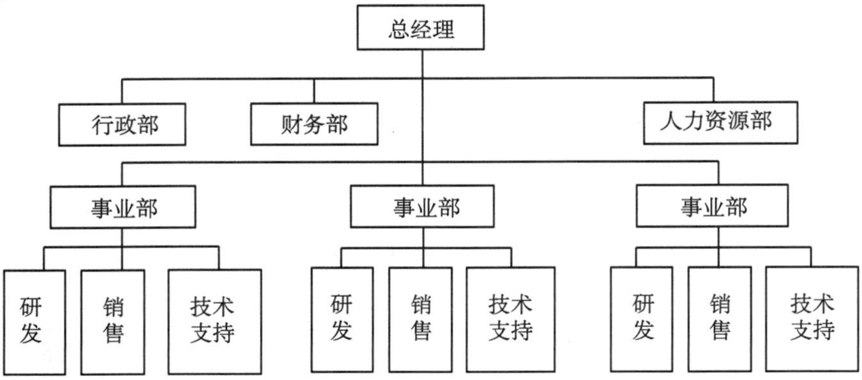

图2－3　某公司组织结构

四、企业常用的六种新型的组织结构模式

企业组织设计的目的，是为实现企业的战略任务和经营目标服务的。除了传统的组织结构外，在互联网时代，出现了以下几种新型的组织结构模式。

1. 超事业部制。又称执行部制，是一些大公司在事业部制的基础上演变而来的现代企业组织结构模式。按产品、地区和客户等标志将企业划分为若干相对独立的经营单位，它是在公司总经理与各个事业部之间增加一级管理机构。主要适用于规模巨大、产品（服务）种类较多的企业。

2. 矩阵制。亦称规划—目标结构、非长期固定性或项目性组织结构。它是在直线职能制垂直形态组织系统的基础上，再增加一种横向的管理系统。纵向是职能系统，横向是为完成某项专门任务而组成的项目系统。矩阵制组织结构是由职能部门系列和为完成某一临时任务而组建的项目系列组成的，具有双道命令系统。

3. 多维立体组织。又称多维组织、立体组织、多维立体矩阵制等，它是矩阵制组织的进一步发展。它按产品利润中心、专业成本中心及地区利润中心形成三类主要的管理组织机构系统，员工面临三重职权关系，容易产生工作无所适从的情况，需要具有良好人际关系等多种专业技能。

4. 模拟分权组织。亦称模拟分权制或模拟分散管理组织。它是在事业部制与直线职能制之间产生的一种新的组织形式。它不是真正的分权管理，而是介于直线职能制与事业部制之间的一种管理组织模式。模拟分权制则是当不能符合联邦分权制的严格要求时所采取的一种权宜的方法。随着组织规模的不断扩张，直线职能制难以适应，虽然事业部制有较大适应性。但是许多大企业，如连续生产的企业，由于产品品种或生产过程有限，无法分解成为几个独立的事业部门，在这种情况下，就出现了模拟分权制。

模拟分权的三个特征：①只有总公司才是真正独立核算、自负盈亏的经济实体，而总公司下的各专业分公司是“模拟”的经济实体；②只有总公司的总经理才是企业的储藏室代表人，也只有总公司才具有企业法人资格；③实行统分结合的经营管理体制，它兼有直线职能制与事业部制的主要特征。

5. 流程型组织。是一种全新的以业务流程为中心、职能服务为辅的组织模式。主要特点是：①以提高对顾客需求的反应速度与效率，降低对顾客的产品或服务供应成本为目标；②管理者的职权很大，业务流程较长，实行全程式管理；③纵向管理链较短，而横向管理链较长。

6. 网络型组织。亦称虚拟组织，它是以信息、通信技术为基础，依靠高度发达的网络，将供应、生产、销售企业和客户，乃至竞争对手等独立的企业或个体连接而成的经济联合体。组织的网络化有两个层次：一个是一般企业内部组织的网络化，另一个是多个企业之间关系的网络化。网络型组织突破了企业组织的有形边界，寻求相关者利益作为企业边界，强调通过对企业外部资源的有效整合，迎合某一快速出现的市场机遇。

【例】思科公司的第一级组装商有 40 个，下面有 1 000 多个零配件供应商，但其中真正属于思科的工厂却只有两个，其他所有供应商联网相连，无数的客户通过各种方式接入互联网，再与思科的网站挂接，组成了一个实时动态的系统。客户的订单下达到思科网站，思科的网络会自动把订单传送到相应的组装商手中。在订单下达的当天，设备差不多就组装完毕，贴上思科的标签，直接由组装商或供应商发货，思科的人连包装箱子都不会碰一下。

7. 企业集团组织。

企业集团是在现代企业高度发展的基础上形成的一种以母子公司为主体，通过产权关系和生产经营协作等多种方式，由多个法人企业组成的经济联合体。

企业集团模式之所以在众多企业中获得青睐，主要在其具有其他企业组织形式无法比拟的优势：①规模经济的优势。②分工协作的优势。③集团的“舰队”优势。④“垄断”优势。⑤无形资产资源共享优势。⑥战略上的优势。⑦迅速扩大组织规模的优势。⑧技术创新的优势。

企业集团的多层次结构：企业集团必须有一个起主导作用的核心企业，这个核心企业一般称为集团母公司或集团公司、集团总部。

企业集团组织一般通过集团管控进行管理。集团管控即企业集团的管理控制。它是指在企业集团总体发展战略的指导下，在一定的产权、法人治理及其组织结构的框架之内，综合运用战略、财务、人事、绩效、分配等手段，整合集团的资源，对集团成员的行动进行协调，从而实现集团战略目标的活动过程。

企业集团总部对下属企业的管控模式，按集团总部的集权、分权程度不同，或划分成以下三种管控模式：财务管控型、战略管控型、运营管控型。

五、组织结构的设计

组织结构的功能在于分工和协调，是保证战略实施的必要手段。通过组织结构，企业的目标和战略转化成一定的体系或制度，融入进企业的日常生产经营活动中，发挥指导和协调的作用，以保证企业战略的实现。

组织结构的设计从具体形态来说包括决策层、管理层、执行层和操作层四个层级的设计；从内部关系来说，其包括部门的横向设计和纵向设计。

本书将从部门的横向设计和纵向设计简单分享组织结构的设计内容。

1. 在对组织结构进行设计时，首先了解两个概念：管理层次和管理幅度以及两者的关系。

管理层次的设计即组织的纵向结构的设计，纵向分工的目的是解决组织管理权限的问题。管理层次是指职权层级的数目，即在组织内部，从最高管理都到最底层职工的职级、管理权力的层级。

管理幅度的大小，意味着上级领导直接控制和协调的业务活动量的多少。管理幅度又称管理跨度，是指主管人员有效地监督、管理其直接下属的人数。

管理幅度是影响组织层次的重要因素，主要表现有：工作的性质、人员素质状况、管理业务标准化程度、授权的程度、管理信息系统的先进程度等五个方面。

减少管理层次，设计扁平化的组织结构，是现代企业组织结构设计的基本要求。那么做为企业的 HR 应如何运用管理层次与管理幅度的关系进行组织层次的确定？下面我们分享一个案例：

【例】假定某企业共有职工 900 人，已知管理幅度（可运用经验统计法或变量测评法获得，此处不详解）为高层管理的管理幅度为 4 ~ 5 人，中层管理幅度为 5 ~ 6 人，基层管理幅度为 10 ~ 12 人。那么分别用最小和最大幅度测出从高层到底层的总人数，然后找出它与职工总人数的相近数，其对应的层级数，就是组织的管理层次。

解：

按照管理幅度维度推算管理层次表

管理层次	有效管理人数	
	最你管理幅度	最高管理幅度
第一层	4	5
第二层	4 × 5 = 20	5 × 6 = 20
第三层	20 × 5 = 100	30 × 6 = 180
第四层	100 × 10 = 1 000	180 × 12 = 2 160

在第四层级中，最小管理幅度为 1 000，这是与某企业现有职工人数最近的数值，故该企业的管理层次应该设计为 4 层，如高层管理（总监级别以上）、中层管理（经理级别）、主管（部门主管级别）、普工（基层操作员工）。

2. 管理层次设计解决了组织的纵向结构问题，而划分部门的设计则是组织横向结构的关键。

我们会发现有些企业时不时在经营期间进行组织内部部门的合并或扩展，或许还不理解其这样做的原因，其实，部门化是组织根据不同的标准，将组织活动分解成不同部门和工作岗位的过程，具有不同职能的各个部门构成了企业生产经营的具体组织形式。部门划分不是目的，而是实现企业组织目标的手段。

部门横向划分有三种方法：（1）以高层管理人员为出发点把企业各项工作依次进行分解和细化（自上而下法，传统企业大多采用这种方法设计部门）或是将企业的任务进行解，按照任务确定企业运行所需要的成员；（2）按照一定的要求，将成员组织组合起来，设置部门；（3）将各部门按一定的要求进行组合，设置更高一级的部门（自下而上法，新型企业大多采用这一方式进行部门划分），按照业务流程把一个或多个输入转化为对顾客有价值的输出的活动。

在现实的管理活动中，除了以上三种横向设计的方法外还有其他几种不同的设计方法，企业部门的划分常常综合运用多种方法来进行而不是单一的方法。

【人力资源管理师应试真题范例】

1.（　　）是对企业员工总量、构成和流动的整体规划。

（A）人员规划　（B）战略规划　（C）费用规划　（D）制度规划

【答案】 A

【解析】 人员规划是对企业人员总量、构成、流动的整体规划，包括人力资源现状分析、企业定员定额、人员需求与供给预测、人员供需平衡等。

2. 计划工时定额的计算方法是（　　）。

（A）计划工时定额 = 现行产量定额 × 计划定额完成系数

（B）计划工时定额 = 现行工时定额 ÷ 计划定额完成系数

（C）计划工时定额 = 现行工时定额 × 计划定额完成系数

（D）计划工时定额 = 现行产量定额 ÷ 计划定额完成系数

【答案】 B

【解析】 计划定额完成系数是指在计划期内所要执行的劳动定额提高的幅度。由于工时定额与产量定额成倒数关系，因此：计划工时定额 = 现行工时定额 ÷ 计划定额完成系数。

3. 根据企业机器设备需要开动的数量和班次、工人看管定额和出勤率，核算该类岗位定员人数的方法属于（　　）。

（A）按设备定员　（B）按比例定员　（C）按效率定员　（D）按岗位定员

【答案】 C

【解析】 按效率定员就是根据生产任务和员工的劳动效率以及出勤率来计算定员人数。劳动效率是用劳动定额乘以定额完成率来计算。

4. 某车间为完成生产任务需开动机床 60 台，每台开动班次为 3 班，看管定额为每人看管 2 台，出勤率为 90%，则该工作定员人数为（　　）。

（A）50　（B）60　（C）90　（D）100

【答案】D

【解析】按设备定员。即根据设备需要开动的台数和开动的班次、员工看管定额以及出勤率来计算定员人数，计算公式为：定员人数 =（需要开动设备台数 × 每台设备开动班次）/（工人看管定额 × 出勤率）。它主要适用于机械操作为主，使用同类型设备，采用多机床看管的工种。

5. 以下关于岗位规范和工作说明书的区别，不正确的是（　　）。

（A）两者涉及的内容不同　　（B）两者结构形式不同

（C）两者突出的主题不同　　（D）两者适用范围不同

【答案】D

【解析】岗位规范与工作说明书两者既相互联系，又存在着一定区别。（1）从其涉及的内容来看，工作说明书上以岗位的"事"和"物"为中心；（2）工作说明书与岗位规范所突出的主题不同。岗位人员规范是在岗位分析的基础上，解决"什么样的员工才能胜任本岗位工作"的问题。而工作说明书不但要分析"什么样的员工才能胜任本岗位工作"的问题，还要回答"该岗位是一个什么样的岗位，这一岗位做什么，在什么地点和环境条件下做，如何做"。（3）从具体的结构形式来看，工作说明书一般不受标准化原则的限制，而岗位规范一般是由企业单位职能部门按企业标准化原则，统一制定并发布执行的。

6. 采用倒算的方法，核算本单位或个人加工某产品时的实耗工时指标，需掌握的统计数据应当包括（　　）。

（A）制度工时和缺勤工时加班加点工时　　（B）停工工时和非生产工时

（C）停工被利用工时　　（D）有效工时和被占用工时

【答案】ABCD

【解析】为减少工作量，节约时间，在具体核算时可采用倒算的方法，求得本单位或个人加工某产品时的实耗工时。其计算公式为：实耗工时 = 制度工时 − 缺勤工时 − 停工工时 − 非生产工时 + 停工被利用工时 + 加班加点工时。这种方法适用于生产稳定、大批量生产的企业。

7. 工作岗位定员主要依据（　　）等因素来确定定员人数。

（A）工作量　　（B）工作任务　　（C）岗位区域　　（D）人员素质

（E）实行兼职作业的可能性

【答案】ABCE

【解析】工作岗位定员这种方法适用于有一定岗位，但没设备，而又不能实行定额的人员。它与单人操纵的设备岗位定员方法基本相似，主要根据工作任务、岗位区域、工作量、并考虑实行兼职作业的可能性等因素来确定定员人数。

8. 人力资源规划的内容，包括（　　）。

（A）战略规划　　（B）经营规划　　（C）组织规划　　（D）生产规划

（E）制度规划

【答案】ACE

【解析】人力资源规划的内容包括：战略规划、组织规划、制度规划、人员规划、费用规划。

9. 组织结构图绘制的基本图示主要包括（　　）。

（A）组织机构图　（B）组织职能图　（C）组织职务图　（D）组织功能图

（E）组织关系图

【答案】ABCD

【解析】利用各种组织结构框图，在图上作业，经过反复对比分析和评价，是设计企业组织机构的一种方法。组织机构图绘制的基本图示有：（1）组织机构图，说明公司各个部门设置以及管理层次、相互关系的图；（2）组织职务图，表示机构中所设立的各种职务的名称、种类的图，它说明人员编制的情况，有时也可以填上职务、现任人员的姓名及相关情况；（3）组织职能图，表示各级行政负责人或员工主要职责范围的图；（4）组织功能图，表示某个机构或岗位主要功能的图。

10. 生产岗位操作规范的内容包括（　　）。

（A）工作地组织和优化方法　（B）岗位的职责和主要任务

（C）与相关岗位的协调配合程度　（D）完成任务的程序和操作方法

（E）任务数量质量要求和完成期限

【答案】BCDE

【解析】生产岗位操作规范也称生产岗位工作规范（标准），主要包括以下几项内容：（1）岗位的职责和主要任务；（2）岗位各项任务的数量和质量要求以及完成期限；（3）完成各项任务的程序和操作方法；（4）与相关岗位的协调配合程度。

【案例分析】

案例 1　劳动效率定员法及实例

某机场年度旅客吞吐量近 800 多万人，在航站楼进口处原设有 20 个值机柜台负责接待旅客，办理登机卡，托运行李。随着出港旅客流量的日益增长，为了提高服务质量，尽可能地减少旅客的等待时间，机场旅客客服服务中心从 2013 年起，又增加了 10 个值机柜台。同时，采用新的工作轮班方式，即每个值机柜台配置 3 名员工，每人工作 1 天休息 2 天，每天早上 6：00 上班，晚上 22：30 下班，其间轮流安排吃饭和休息（但不能超过 1 个小时）。员工轮流倒班，如遇法定节假日上班时，一律按照国家标准补付加班工资。同时，为了满足夜航航班旅客出港的需要，该中心还根据航班运行的变动情况，配备一定数量人员负责夜航值机服务。根据过去 3 年的统计数据，该类值机柜台的员工平均出勤率为 98%。

请根据本案例回答下列问题：

1. 采用劳动效率定员法核算出该旅客服务中心2013年值机柜台定员总人数。

答：

本题应该采用劳动效率定员法中特殊形式的按设备定员方法计算。

需要开动的设备台数 $=20+10=30$（台），每台设备开动的班次为1，每名员工在同一时间可以看管的设备台数为1/3，即工人看管定额为1/3；

$$定员人数=\frac{需要开动设备台数\times 每台设备开动班次}{工人看管定额\times 出勤率}=\frac{30\times 1}{\frac{1}{3}\times 0.98}\approx 92$$

所以，2013年值机柜台定员总人数为92人。

2. 推行新的每个员工“工作1天休息2天”的工作轮班制度后，值机柜台员工全年实际工作工时是多少，并说明其合法性。

答：

（1）因为法定节假日和休息日都安排上班，每人工作1天休息2天，故每人每年上班天数为 $365/3\approx 121.67$（天）

（2）员工每天早上6：00上班，晚上22：30下班，其间休息1个小时，那么每个班次一个员工工作时间为15.5小时（2分）每个员工按“工作1天休息2天”的工作轮班制度，那么 全年实际工作工时 $=365/3\times 15.5\approx 1\,885.8$ 小时

（3）劳动法规定的标准工作时间为 $(365-52\times 2-11)\times 8=2\,000$ 小时

（4）全年实际工作工时1 885.8小时，小于劳动法的相关规定，并且，员工轮流倒班如遇法定节假日上班时，一律按照国家标准补付加班工资。所以是合法的。

案例2　绘制组织结构图实案

某大型企业集团主要生产和经营机械电子产品，该集团总部设立了战略规划部、市场开发部、技术创新部、行政事务部、人力资源部和财务审计部等六大职能部门，负责研究和制定集团重大方针政策，掌握投资、重要人事任免。市场经营和监督检查等方面的管控。根据产品的不同，该集团还设立了六个事业部：通用机械事业部、起重设备事业部、充电设备事业部、化工机械带来部、家用电器带来部和农用机械事业部。各事业部实行独立核算、自负盈亏，并可根据经营需要设置相应的职能部门，各事业部下均设有研发、生产和销售三大部门。

请根据该集团上述组织机构设置的情况，绘制出组织结构框图（见图2－4）。

提示：绘制组织结构图的基本方法

1. 一般画4层：1中心层最大，上1层稍小，下2层渐小；

2. 功能、职责、权限相同的机构，大小一致，水平并列；

3. 命令指挥系统线从上一层垂下来，位置高表示级别高；

4. 命令指挥系统线用实线，协作服务关系用虚线；

5. 参谋机构用横线与上一层垂线相连，放左、右上方。

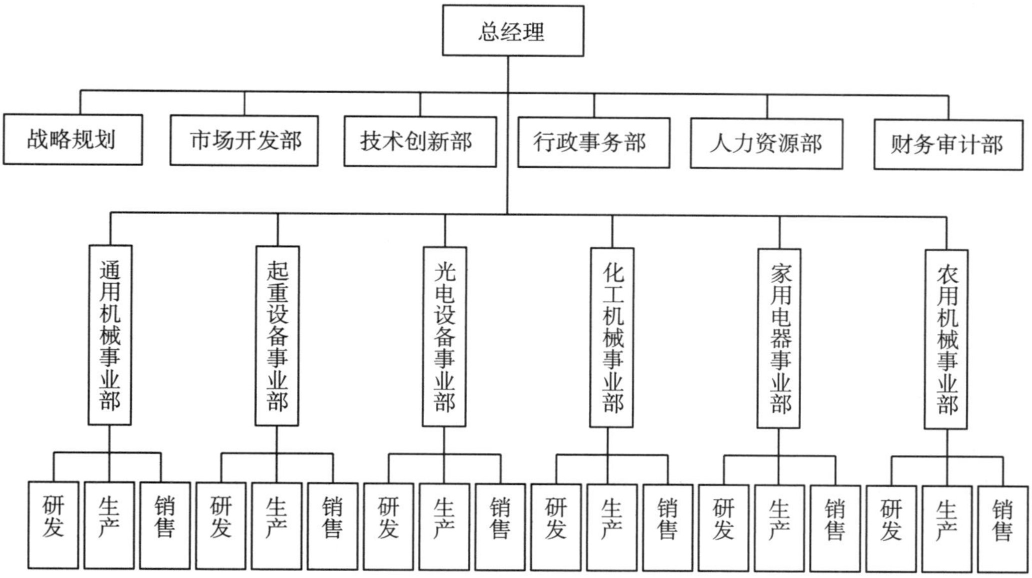

图 2－4　某大型企业集团的组织结构框图

案例 3　编制劳动定员管理计划书应注意事项

某公司是一家以连续性生产设备组织生产的日用化工企业。人力资源部经理王先生，根据公司领导的要求正在起草一份企业劳动定员管理计划书。王先生觉得编好这个计划，必须考虑以下几个关键因素：一是本公司人力资源配置的基本情况，如一线设备看管工及维修工、生产经营管理人员、技术人员等的数量及其结构比例；二是近 3 年来生产工人及其其他各类人员的平均离职率和内部的流动率；三是各类岗位人员的工时消耗及其利用率等方面的统计数据等。总之，王先生认为，起草的劳动定员管理计划书，应当将企业不同工作岗位上所需要的各类人员都包括进去。

请结合本案例，说明该公司应采用何种方法核定设备看管和维修工人的定员人数？在核定定员时应当考虑哪些影响因素？

答：

1. 设备看管工应采用按设备定员的方法核定定员人数。

按设备定员是根据所需要开动的台数和开动的班次、员工看管定额以及出勤率来计算定员人数的方法。按设备定员主要适用于机械操作为主，使用同类型设备，采用多机床看管的工种。类似设备看管工一类的定员人数，主要取决于机器设备的数量和工人在同一时间内能够看管设备的台数。

2. 维修工应采用按岗位定员的方法核定定员人数。

按岗位定员是根据岗位的多少，以及岗位的工作量大小来计算定员人数的方法。这种方法适用于用连续性生产装置（或设备）组织生产的企业，如冶金、化工、炼抽、造纸、玻璃制瓶、烟草以及机械制造、电子仪表等各类企业中使用大中型运动设备的人员。除此之外，还适用于一些不操纵设备又不实行劳动定额的人员。

按岗位定员具体又表现为以下两种方法。

（1）设备岗位定员。这种方法适用于在设备和装置开动的时间内，必须由单人看管（操纵）或多岗位多人共同看管（操纵）的场合，具体定员时，应考虑以下几个方面的内容：①看管（操纵）的岗位量；②岗位的负荷量；③每一岗位的危险和安全的程度，员工所须走动的距离，是否可以交叉作业，设备仪器仪表复杂程度，需要听力、视力、触觉、感觉以及精神集中程度；④生产班次、倒班及替班的方法。

（2）工作岗位定员。这种方法适用于有一定岗位，但没有设备，而又不能实行定额的人员，如检修工、检验工、值班电工，以及茶炉工、警卫员、清洁工、文件收发员、信访人员等，这种定员方法和单人操纵的设备岗位定员的方法基本相似，主要根据工作任务、岗位区域、工作量，并考虑实行兼职作业的可能性等因素来确定定员人数。

第三章　工作岗位分析

第一节　工作岗位分析概述

一、工作岗位分析的含义

工作岗位分析是对各类工作岗位的性质任务、职责权限、岗位关系、劳动条件和环境，以及员工承担本岗位任务应具备的资格条件所进行的系统研究，并制定出工作说明书等岗位人事规范的过程。

工作岗位分析是就岗位进行分析，是一个收集、加工和处理岗位相关信息的过程，以图全面了解和明确该岗位在公司内的岗位目标、职责、权限等信息。具体包括：

1. What？（什么？目标与内容）

完成了什么？这项工作是干什么有的，目的是什么？

2. Where？（何处？地点）

何处做？从何处入手？何处入手适宜？

3. When？（何时？时间）

何时做？何时完成？何时做最适宜？

4. Who？（谁？人员）

谁来承担？谁去完成？由谁来做合适？

5. Why？（为什么？原因）

为什么需要做？为什么要这样做？为什么要做成这个样？

6. How？（怎样？方式、手段）

如何做？怎样做效率最好？怎样实施？

即，5W1H。

工作岗位分析不是针对任职者个人的分析，而是针对岗位的分析，是事实不是判断。

二、工作岗位分析的类型

1. 按客体分布范围划分：有广义和狭义之分；

广义：针对整个国家和社会范围内岗位工作的分析；

狭义：针对某一企业/组织内部各岗位工作的分析。

2. 按目的划分：分为单一目的型和多重目的型。

3. 按工作岗位分析的切入点划分：分为岗位导向型、人员导向型、过程导向型；

岗位导向型：主要是针对工作任务调查；

人员导向型：主要是分析人员工作行为；

过程导向型：主要是针对生产环节调查。

三、工作岗位分析的目的

1. 促使工作的名称与含义在整个组织中表示特定而一致的意义，实现工作用语标准化。

2. 确定工作要求，以建立适当的指导与培训内容。

3. 确定员工录用与上岗的最低条件。

4. 为确定组织的人力资源需求、制订人力资源计划提供依据。

5. 确定工作之间的相互关系，以利于合理的晋升、调动与指派。

6. 获得有关工作与环境的实际情况，利于发现导致员工不满、工作效率下降的原因。

7. 为制订考核程序及方法提供依据，以利于管理人员执行监督职能及员工进行自我控制。

8. 辨明影响安全的主要因素，以及时采取有效措施，将危险降至最低。

9. 为改进工作方法积累必要的资料，为组织的变革提供依据。

四、工作岗位分析五环节

工作岗位分析的整个过程包括五个环节：计划、设计、信息分析、结果表述、运用指导。

（一）计划

1. 确定工作岗位分析的目的与结果使用的范围，明确所分析的资料到底用来干什么，解决什么管理问题；提出原来任职说明书主要条款存在的不清楚、模棱两可的问题或对新岗位任职说明书提出拟解决主要问题。

2. 明确分析客体，选择分析样本，以保证分析样本的代表性与典型性。

3. 确定所要分析的信息内容与方式，预算分析的时间、费用与人力。

（二）设计

1. 选择分析方法与人员。人员的选择主要由经验、专业知识与个性品质等来决定。

2. 组建工作岗位分析小组，分配任务与权限。工作小组一般由工作岗位分析专家、岗位在职人员、上级主管等参加。

3. 作好时间安排，制定分析标准。

4. 选择信息来源。信息来源包括工作者、主管、顾客、分析专家、词典、文献汇编等。

（三）信息分析

即收集、分析、综合所获得的信息资料。包括四个方面的分析：

1. 工作名称分析：工作特征的分析与概括、名称的选择与表达。
2. 工作规范分析：工作任务、工作责任、工作关系与工作强度的分析。
3. 工作环境分析：包括物理环境、安全环境与社会环境的分析。
4. 工作条件分析：必备的知识、经验、技能和心理素质的分析。

此环节的具体工作包括：仔细审核、整理获得的各种信息；创造性的分析、发现有关工作与工作人员的各种关键成分；归纳总结出工作岗位分析的必须材料和要素。

（四）结果表述

对工作岗位分析的结果进行总结，编制规范的工作岗位分析结果，主要有四种表述形式：工作描述、工作说明书、资格说明书、职务说明书。

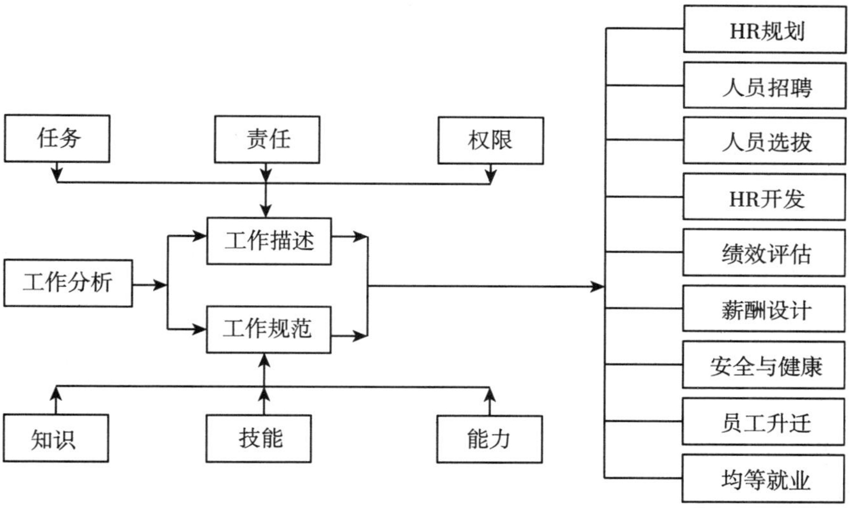

图 3－1　工作分析产出支持的 HR 工作内容

（五）运用指导

通过工作岗位分析，将职位划分为不同的类别和等级，为进行人力资源管理各项工作提供基础与依据。具体工作内容包括：宣传、贯彻、应用、改革、完善等。

五、在工作岗位分析中的一些相关术语

1. 工作要素（element）：工作中不能再继续分解的最小动作单位。
2. 任务（duty）：为了达到某种目的所从事的一系列活动，由要素组成。
3. 责任（responsibility）：个体在工作岗位上需要完成的任务，即分内应做的事，由任务组成。

4. 职位（position）：在一定时期内，组织要求个体完成的一至多项责任。一般讲，职位与个体匹配。

5. 职务（post）：一组责任重要程度相似的职位。一种职务可以有一至多个职位。

6. 职责（responsibility and duties）：岗位的职务、任务与责任的简称。对岗位全部的工作任务和工作责任从时间、空间上所作出的界定。

7. 职权（authority of office）：指职务范围内所应具有的权力。即完成工作任务所需要的各种权力，一定的职责要赋予一定的相对应职权。

8. 权限（limits of authority）：对职权范围的具体规定。权限是对职权的具体细分细化。即完成岗位工作任务时一定限度内的自主权。

9. 岗位（position）：工作岗位的简称，亦称职位。具有相对应的职务、职责和职权。

10. 工作（job）：指由一组相近、相似的任务所组成的劳动活动，是构成岗位的前提和基础。

11. 职业（occupation）/行业：在不同组织或不同时间，从事相同活动的一系列工作的总称。

12. 工作族（job system）/工作类型：两个或两个以上的工作任务相似或所要求的人员特征相似的一组工作。

13. 职业生涯：一个人在其生活中所经历的一系列职位、职务或者职业的集合或者总称。

14. 职系（职种或工作族）：由两个或两个以上有相似特点的工作组成，指职责繁简难易、轻重大小及所需资格并不相同，但工作性质相似的所有职位集合。例如，人事行政、社会行政、财税行政等都属于不同的职系。每个职系就是一个职位升迁的系统。

15. 职组（职群）：工作性质相近的若干职系的集合。如：人事行政和社会行政可以称之为普通行政职组，财税行政与保险行政可以并入专业行政职组。

16. 职门：若干工作性质大致相近的所有的职组的集合。若干工作性质大致相近的所有职组的集合，如行政职门包括人事行政、社会行政、财税行政与保险行政等。

17. 职级：同一职系中，繁简难易、轻重大小及任职务条件十分相似的所有职位的集合。工作内容、难易程度、责任大小、所需资格皆很相似的职位。

18. 职等：工作性质不同或主要职务不同，但其困难程度、职责大小、工作所需资格等条件充分相同的职级为同一职等。

第二节　工作岗位分析的内容与结果

在企业单位中，每一个工作岗位都有它的名称、工作条件、工作地点、工作范围、工作对象以及所使用的工作资料。

一、工作岗位分析的具体内容

（一）岗位责任

岗位责任是工作岗位分析内容的主要部分。

1. 责任的种类。

工作责任大体可分为两类：

（1）管理责任。这种责任是影响其他人员工作的方式，或对他们的工作进行帮助和指导。

分析管理责任应考虑的因素有：被管理层的人数，管理的性质和程度，管理的公开程度，管理是直接的还是间接的，管理工作的类型，管理对象的熟练程度（例如是不熟练的、半熟练的，还是熟练的，是专业的还是业余的）。

（2）非管理责任。这种责任包括制作产品的责任，保管某些特定材料其不受损害的责任，保护机器和设备的责任，与其他人员合作的责任，保护他人安全的责任等。

2. 如何对岗位责任进行简洁明了的描述。

（1）用主动性的功能动词来描述。

每句话都要用主动性的功能动词开。如检测、分类、衡量等。

（2）使用专业术语。

尽可能地避免含义模糊的术语。要用一些可以明确表述工作步骤术语或短语。例如，当从事“手雕木制品”的工作时，不要描述成“制木制品”，因为“制作”远不及“手雕”含义明确。

尽可能地从数量上予以描述。例如，要用“切入木头 4 厘米”；要说“提 25 千克的物体”，而不是“提起很重的物体”。

（3）记录任务。

要对某项工作责任做出有意义的描述，不仅要给出该项责任中各个不同活动的说明，而且要说出它们之间的联系，要使读者了解到各项活动之间的关系。

（4）注意任务的先后顺序。

某些与制作产品有关的工作，排列任务最简单的方法是按照时间顺序，或者按产品制作的过程环节排列。还有一些工作，特别是相互关联的一系列活动，则必须根据功能重新排列，以便能够以一种更有逻辑性的、更容易理解的方式来描述工作，突出主要任务。

（5）刻画任务的质量和数量要求。

对每项任务给予质量和数量方面的明确规定，有利于工作者的操作。

（6）写好开场白。

这是工作描述中最有效的开头。开场白是多个短语，介绍每项任务。应该先以描述做什么的主要动词组成动宾词组，然后对如何去做以及为什么这样做予以详细说明。

（二）资格条件

资格条件分析的内容包括：工作经验、智力水平、技巧和准确性、体力要求、其他心理素质要求。

1. 工作经验。

工作经验是指完成岗位工作、解决相关问题的实践经验。分析工作经验要考虑的因素有：

（1）完成工作任务所做决定的性质和对经验的依赖；

（2）对管理的重要程度；

（3）工作人员实践经验的深度和广度；

（4）获得经验的途径：实践、教育、培训，还是兼而有之；

（5）工作是否需要书面指令；

（6）工作中是否需要机器维修、装卸设备方面的知识；

（7）工作是否要用到数学知识，所需数学知识的类型；

（8）工作中是否用到特定方式；

（9）需要什么工具或仪器；

（10）需要用到哪些原材料，工作人员是否具备相关知识；

（11）工作人员是否需要对相关成果进行检查和核对，他们需要具备哪些相关知识；

（12）工作人员是否懂得其下属的工作。

2. 智力水平。

智力水中涉及头脑反应、注意力集中程度和计划水平等方面的要求。智力水平包括的四种能力是：独立能力、判断能力、应变能力、敏感能力。

3. 技能要求。

这里的技能要求是指技巧和准确性。技巧是指：速度、敏捷程度、反应能力等；准确性反映生产产品、调配设备的精确程度，允许范围内的误差等。

4. 体力要求。

一般用体力活动的频率和剧烈程度来衡量。

分析体力时应考虑下列活动的要求：

☆ 行走　弯曲　携带　手势　平衡　伸展　投掷

☆ 谈话　爬行　下跪　推进　听取　攀缘　坐

☆ 站立　传递　手触　闻　转身　举起　感觉

☆ 休息

5. 其他心理素质要求。

例如，品德、兴趣、情趣，这些方面解决了是否愿做，以及是否可以做好的问题。对相关心理素质的描述包括：责任心、认真、仔细、严谨、虚心、随意、好动、外向等。

（三）工作环境和危险性

分析工作环境时应该考虑的因素有：

○ 室内　阴冷　变化　爆炸　室外　时间限制

○ 机器损伤　紫外线辐射　炎热　整洁程度

○ 寒冷　气味　单独工作　合作　温度聚变

○ 阳光　尘埃　通风等

分析危险性时应该考虑的因素有：

○ 烧伤　骨折　扭伤　残疾　听力失真　心理压力

○ 过度刺激　视力衰弱　职业病　突然死亡　等

（四）其他相关信息

1. 工作概括：工作岗位分析的主题、日期、名称、代号、工作人数及性别分类、工作岗位分析的主体的别名。

2. 经验和培训：最低要求、优先权（一般在劳动力市场供求关系不太紧张时才会用到）。

3. 与其他工作的关系：包括组织内部联系和外部联络。

4. 非工作行为条件：相关证书、工具和设备、年龄限制、婚姻状况、国籍、政治面貌、对工作的适应程度等。

5. 说明：资料背景、使用的设备和原材料、技术术语的定义等。

二、工作岗位分析的结果与表现形式

工作岗位分析的直接结果形式是工作描述，其再生形式包括：工作说明书、资格说明书、职务说明书。

（一）工作描述

工作描述主要是对工作环境、工作要素及其结构关系的说明（见表 3－1）。工作描述的显著特征在于：它以一种概括而简明的形式向人们直接描述了工作是什么（what），为什么做（why），怎样做（how）以及在哪里做（where）等基本信息。

表 3－1　　工作描述的内容

项目	具体内容
工作识别项目	名称、副标题、代码、等级、工资类别、地位、汇报关系
工作概要	对工作任务、目的及结果形式的全面简明的描述。
手段	机器（M）、工具（T）、装备（E）、工作辅助设施（WA）
材料	原料、半成品、物资、资料、其他用于工作的材料
技术和方法	把原料输入变成产出的专门方法
任务行为	（1）产出数量/质量、技术和方法、行为和工艺流程的管理模式和规定； （2）对所做工作的描述，包括：人员与资料、人、物以及完成工作应该遵循的指导方针之间的相互影响
环境	物理的、心理的、情感的环境，雇佣关系状况，与其他工作的相互关系
补充信息	以上未提及的，但是对可操作化目标制定必要且有用的细节及术语的解释

资料来源：萧鸣政．工作岗位分析的方法与技术（第三版）．中国人民大学出版社，2010：10.

（二）工作说明书

工作说明书又称职位说明书、职位描述、职位界定或岗位说明等，主要是对某一职位或岗位工作职责任务的说明。它仅描述职位本身，而与从事或即将从事此工作的人员无关（见表3－2）。

表3－2　　某车间技术人员职务工作说明书

职务：实验车间技术员	职务编号：15038
部门：技术开发部	职务等级：8
工作范围	从事实验工作，包括零部件的设计、加工、装配和改造
责任范围	1. 根据图纸或工程师的口头指示，运用各种机械工具或安装设备，加工、改造产品； 2. 与工程师及车间主任一道，改进生产工艺； 3. 操作机床、使用焊枪并从事钳工的工作； 4. 阅读有关图纸及说明； 5. 指导本车间工人操作机器
仪器、设备及工具	普通车床、六角车床、成型机、钻孔机、磨削机、电锯、冲压机、测量仪及其他手工工具
资格条件	高中毕业或具有同等学历，具备3～4年操作各种机械设备的经验，有较高的理解、判断能力，会看图纸，能熟练完成实验操作，身体健康

资料来源：萧鸣政．工作岗位分析的方法与技术（第三版）．中国人民大学出版社，2010：17.

职位说明书包括的常规内容有：

1. 职位名称；2. 组织关系；3. 工作目标（摘要）；4. 主要职责；5. 工作知识；6. 能力要求；7. 技能要求；8. 个性倾向；9. 经验；10. 教育/训练；11. 身体要求；12. 工作环境；13. 与其他岗位的关系；14. 工作时间；15. 工作人员的特性；16. 选任方法。

（三）资格说明书

资格说明书主要用于说明任职者需要具备的资格条件及其胜任该项工作的相关素质。资格说明书一般由该岗位的上级主管、任职者及工作岗位分析人员共同编制。

资格说明书的主要形式包括：计分图示式、表格式和文字表达式。

1. 计分图示式。

这种方法一般把操作活动所涉及的能力归纳为25～30种，然后通过对话和问卷等手段，对所分析的职务的每种能力用5点表记分（也可用7点或11点）。

2. 表格式。

用表格的形式来描述任职资格，表达对任职者所要求的品质、各种品质的重要性、训练时间和原因等内容。

3. 文字表达式。

用文字来描述岗位工作对任职者心理品质的具体要求，具有突出重点、分析细致的优点。缺点是：缺乏量的估计，无法对所需要的心理特征进行定量的分析。

（四）职务说明书

职务说明书是工作描述再生形式中最为完整的一种，对某一职务工作职责权限及其任职资格等内容进行了全面的说明，包括工作说明书和资格说明书中所有的甚至更多的内容。

职务说明书具体内容包括：工作状况、工作概要、工作关系、工作任务与责任、工作权限、考评标准、工作过程与方法、工作环境，包括工作工具、任职资格条件、福利待遇及其他说明。

三、岗位规范

在岗位管理过程中，企业除了以岗位说明书等来规范外，还会制订相应的管理规范，如岗位规范。

（一）岗位规范的概念

岗位规范是对组织中各类岗位某一专项事务或对某类员工劳动行为、素质要求等所作的统一规定。

（二）岗位规范的主要内容

岗位规范包括的内容多，覆盖的范围大，大致涉及以下几个方面。

1. 岗位劳动规则。包括：①时间规则。对作息时间、考勤办法、请假程序、交接要求等方面所作的规定。②组织规则。企业单位对各个职能、业务部门以及各层级组织机构的权责关系、指挥命令系统、所受监督和所施监督、保守组织机构等项内容所作的规定。③岗位规则，也称岗位劳动规范。包括岗位名称、技术要求、上岗标准等项具体内容。④协作规则。企业单位对各个工种、工序、岗位之间的关系，上下级之间的连接配合作的规定。⑤行为规则。对员工的行为举止、工作用语、着装、礼貌礼节等所作的规定。

2. 定员定额标准。即对企业劳动定员定额的制定、贯彻执行、统计分析以及修订等各个环节所作的统一规定。

3. 岗位培训规范。即根据岗位的性质、特点和任务要求，对本岗位员工职业技能培训与开发所作的具体规定。

4. 岗位员工规范。即在岗位系统分析的基础上，对某类岗位员工任职资格以及知识水平、工作经验、文化程度、专业技能、心理品质、胜任能力等方面素质要求所作的统一规定。

（三）岗位规范的结构模式

1. 管理岗位知识能力规范。包括：①知识要求。②能力要求。③经历要求。

2. 管理岗位培训规范。包括：①指导性培训计划。②参考性培训大纲和推荐教材。

3. 生产岗位技术业务能力规范。也称生产岗位技能规范，主要包括：①应知。胜任本岗位工作应具备的专业理论知识。②应会。胜任本岗位工作所应具备的技术能力。③工作实例。胜任本岗位工作应具备的经验及掌握“应知”“应会”的程度。

（四）生产岗位操作规范

也称生产岗位工作规范（标准），包括：①岗位的职责和主要任务。②岗位各项任务的数量和质量要求以及完成期限。③完成各项任务的程序和操作方法。④与相关岗位的协调配合程度。

四、岗位规范与工作说明书的区别

岗位规范与工作说明书既相互联系，又存在着一定区别。

1. 从其涉及内容来看，工作说明书是以岗位的“事”和“物”为中心，对岗位的内涵进行系统、深入的分析，并以文字和图表的形式加以归纳和总结，成为企业劳动人事管理规章制度的重要部分。而岗位规范所覆盖的范围、所涉及的内容要比工作说明书广泛得多，只是其中有些内容如岗位人员规范与工作说明书的内容有所交叉。

2. 工作说明书与岗位规范所突出的主题不同。岗位人员规范是在分析的基础上，解决“什么样的员工才能胜任本岗位工作”的问题，以便为企业员工的招收、培训、考核、选拔、任用提供依据。而工作说明书则通过岗位系统分析，不但分析“什么样的员工才能胜任本岗位工作”的问题，还要正确回答“该岗位是一个什么样的岗位，这一岗位做什么，在什么地点和环境条件下做，如何做”。从对岗位进行系统、全面、深入的剖析的角度来说，岗位规范是工作说明书的一个重要组成部分。

3. 从具体的结构形式来看，工作说明书一般不受标准化原则的限制，而岗位规范一般是由企业单位职能部门按企业标准化原则，统一制定并发布执行的。

第三节　工作岗位分析的基本方法

一、观察分析法

（一）含义及要求

一般是由有经验的人，通过直接观察的方法，记录某一时期内工作的内容、形式和方法，并在此基础上分析有关的工作因素，达到分析目的的一种活动。观察的形式有公开观察、隐蔽观察、他人观察与自我观察等。

在观察中，所有重要内容都要记录下来，一般以标准格式进行记录；同时应选择不同的工作者在不同的时间内进行观察，目的是消除分析者对不同工作者行为方式上的偏见，消除工作情景和时间上的偏差。

（二）适用的范围

一般来说，观察分析法比较适用于短时期的外显特征的分析，适合于比较简单、不断重复、容易观察的工作岗位分析，如流水线上的作业工人、警察、飞机驾驶员等；而不适合于隐蔽的心理因素的分析，不适合于没有时间规律与表现的工作，如脑力活动（律师、设计工程师、科学家），突发或偶发事件（如地震救援等）。

（三）优点与局限性

优点：通过观察，把有关工作各部分的内容、原因、方法、程序、目的等信息记录下来，把取得的职务信息加以整理。可以了解到广泛的信息，取得的信息比较客观和正确。

局限性：

1. 要求观察者有足够实际操作经验；

2. 不适用于工作循环周期长的工作；

3. 不能得到有关任职者资格要求的信息。

（四）分类

观察分析法在具体实施中，又有工作者自我记录法和写实性工作岗位分析法两种。

1. 工作者自我记录法。

当观察者与被观察者合二为一时，观察分析就成为工作者自我记录法，即工作者按照标准格式，例如工作日志形式，及时详细地记录自己的工作内容和感受，然后在此基础上综合分析，实现工作岗位分析的目的。这一方法适用于管理岗位或其他随意性大、内容复杂的岗位工作岗位分析。

工作日志法由本人记录最为经济和方便，一般要连续记录 10 天以上。因为记录者可能会带有主观色彩，因此，要求事后对记录分析结果进行必要的检查矫正，这一工作可以由工作者的直接上级来实施。

工作日志示例如表 3－3 所示。

表 3－3　　　　工作日志示例

工作日志（封面）

姓名：

年龄：

岗位名称：

所属部门：

直接上级：

从事本业务工龄：

填写日期：自　月　日　至　月　日

工作日志填写说明（封二）

1. 请您在工作开始前将工作日志放在手边，按工作活动发生的顺序及时填写，切勿在一天工作结束后一并填写。

2. 要严格按照表格要求进行填写，不要遗漏细小的工作活动，以保证信息的完整性。

3. 请您提供真实的信息，以免损害您的利益。

4. 请您注意保存，防止遗失。

感谢您的真诚合作！

续表

工作日志记录表					
5月29日工作开始时间8：30			工作结束时间17：30		
序号	工作活动名称	工作活动内容	工作活动结果	所耗时间（分钟）	备注
1	复印	协议文件	4页	6	存档
2	起草公文	贸易代理委托书	800字	75	报上级审批
3	贸易洽谈	玩具出口	1次	240	承办
4	布置工作	对日出口业务	1次	20	指示
5	会议	讨论东欧贸易	1次	90	参与
…					
16	请示	贷款数额	1次	20	报批
17	计算机录入	经营数据	2屏	60	承办
18	接待	参观	3人	35	承办

资料来源：萧鸣政．工作岗位分析的方法与技术（第三版）．中国人民大学出版社，2010：91－92.

2. 写实性工作岗位分析法。

当观察的对象与内容为某个片断时，常采用写实法。这是通过对工作内容和过程的如实记录，达到工作岗位分析目的的一种方法。当大量的事实记录下来之后，按照它们所描述的内容进行归类，最后就可以清晰地了解实际的工作，有助于对工作及其任职者的全面了解。

二、主管人员分析法

由主管人员通过日常的管理权力来记录与分析所管辖人员的工作任务、责任与要求等因素。这一方法的理论依据是主管人员对这些工作有相当深刻的了解。这种方法可能会由于主管人员存在一些偏见而带来分析结果的偏差，消除偏差的方法是可将这一方法与工作自我记录法相结合。

采用主管人员分析法常用表格（见表3－4）有：工作调查表、职位工作岗位分析表。

表3－4　　工作调查分析表示例

职位名称：	职位编号：
部门：	有效日期：
工作地点：	职等：
主管：	工资单编号：
职位设置目的：	

续表

主要职责：

____

____

所管人数：1. 直接管理人数： 2. 间接管理人数：

制表：	姓名：	职务：	签字：	日期：
审核：	姓名：	职务：	签字：	日期：
工资主管审批：	姓名：	日期：		
终审：	姓名：	日期：		
终审：	姓名：	日期：		

组织结构：（以方框图描述）

直接主管：	职位名称：	职等：
本职位：	职位名称：	职等：
直属职位：	职位名称：	职等：
职位名称：	职等：	
职位名称：	职等：	

任职要求：

受教育程度方面：

____

____

经验方面：

____

____

资料来源：萧鸣政．工作岗位分析的方法与技术（第三版）．中国人民大学出版社，2010：94－95.

三、访谈分析法

当工作岗位分析人员不能够实际去做观察、不可能去现场观察或者难以观察工作者时，则可以采用访谈的方式。访谈分析法既适用于短时间可以把握的生理特征分析，也适用于长时间才能把握的心理特征分析。

采用访谈法时，应事先准备好问卷或提纲。访谈的对象可以是工作者、主管人员或者工作者的同级与下级。从形式上划分，可以采用个别访谈或集体访谈；从程度上划分，可以采用一般访谈或深度访谈。

四、问卷调查分析法

这一方法是最通用的工作岗位分析方法，通过结构化的问卷来收集信息，不必亲临现场观察。

这一方法的成功关键在于问卷的设计是否科学合理。问卷可分为通信问卷与非通信问卷的集体问卷、检核表问卷与非检核表问卷、标准化问卷与非标准化问卷、封闭式问卷与开放式问卷等。

问卷调查表由工作执行者填写，包括基本资料、工作时间要求、工作内容、工作责任、任职者所需知识技能、工作的劳动强度、工作环境等内容。用于民警工作岗位分析的检核表如表3－5所示。

表3－5　　用于民警工作岗位分析的检核表

民警任务调查表

逐步核对，在符合本职任务的项目上划“√”，并说明它对工作的重要性

代号	N	1	2	3	4	5
重要性	无关	很低	低	一般	高	很高

1. 保护交通事故现场证据________
2. 在经常发生事故的地段注意防止新事故________
3. 使用闪光信号灯指挥交通________
4. 使用交通灯指挥交通________
5. 捕捉违章驾驶员并填写情况表________
6. 估计驾驶员的驾驶能力________
7. 对违反交通规则的人解释交通规则和法律知识________
8. 跟踪可疑车辆，观察违章情况________
9. 签发交通传票________
10. 对违反交通规则的人发出警告________
11. 监视交通情况，搜寻违章车辆和人员________
12. 检查驾驶执照或通行证________
13. 参加在职培训________
14. 参加射击训练________
15. 操作电话交换机________
16. 擦洗和检查装备________
17. 维修本部门的交通工具________

资料来源：萧鸣政．工作岗位分析的方法与技术（第三版）．中国人民大学出版社，2010：103－104.

五、其他工作岗位分析的方法

其他工作岗位分析的方法还有工作实践分析法、文献资料分析法等。

工作实践分析法是通过工作岗位分析人员亲自参加、从事被分析工作来实现工作岗位分析目的的方法。文献资料分析法通过查阅、分析相关的文献资料来达到工作岗位分析的目的。

第四节　任务分析、人员分析和方法分析

一、概述

任务分析、人员分析和方法分析是工作岗位分析的综合方法。工作岗位分析的综合方

法是建立在工作岗位分析基本方法和工具之上的较为复杂的方法。任务分析侧重于工作内容结构的分析，人员分析侧重于工作要求方面的分析，方法分析侧重于工作方法的揭示。

二、任务分析

（一）基本概念

任务是工作活动中一组具有特定目标的行为组合。任务是工作的组成部分，一项工作就是分配给某人的一组任务，工作由特定人员、职位或者工作种类承担的所有任务组成。

（二）任务分析的步骤

任务分析是自上而下进行的，具体包括以下步骤：

（1）制订任务分析方案，确定执行这一方案所要求的人员条件，明晰其职责，并对相关人员进行培训；

（2）进行工作系统职能和工作系统运行分析；

（3）形成任务分析的结果描述。

（三）任务分析的基本方法与工具

基本方法和工具有五种：决策表、流程图、语句描述、时间列、任务清单。

1. 决策表。

决策表把工作活动中的条件与行动加以区分，根据不同的条件采取不同的对策，并以表格的形式揭示出来（见表 3－6）。

表 3－6　　加油工作的决策分析表

条件	A：需要加油	Y	Y	Y	N	N	Y = 条件具备 N = 条件不具备
	B：油没有加够	N	Y	N	Y	N	
	C：需要擦挡风玻璃	N	N	Y	N	N	
行动对策	对策 1：加油	√	2				进行“√”的行动或按号码顺序行动
	对策 2：检查是否加够		3				
	对策 3：询问是否加满		4		√		
	对策 4：擦洗			2			
	对策 5：收费	√	1	1			
	对策 6：无行动					√	

资料来源：萧鸣政．工作岗位分析的方法与技术（第三版）．中国人民大学出版社，2010：123。

2. 流程图。

又叫逻辑树，它以工作活动流程图的形式来揭示工作任务的操作要素和流向。

3. 语句描述。

语句描述，通过语言形式来揭示工作任务中的要素、关系及其运作要求。例如，劝说顾客去买汽车，前半句为工作内容，后半句为工作目标。

语句描述要注意以下几点：

(1) 尽量使用主动句；主动句结构为：行动者—行为—行为目标。

(2) 在一项任务描述中，只能包含一个行动和一个目标。

(3) 尽量用定量化语句。

4. 时间列。

依据工作时间长短与顺序来揭示整个工作过程中各项任务的轻重与时间关系。表3－7的“记实分析总表”是时间列的示例。

表3－7　　记实分析总表

序号	工作活动名称	所耗时间（分钟）	发生次数
1	复印	6	5
2	起草公文	75	8
3	贸易洽谈	240	7
4	布置工作	20	5
5	会议	90	5
6	请示	20	1
7	计算机录入	60	1
总计		511	32

5. 任务清单。

把岗位工作活动中所有的任务逐一列出，让被调查的人选择并标明前后顺序、重要程度或困难程度等。

任务清单是把工作任务按照职责或其他标准以一定的顺序排列起来，然后由任职者根据自己工作的实际情况对这些任务进行选择、评价等，最终理顺并形成该工作的工作内容。

（四）方法比较与应用

任务分析方法比较如表3－8所示。

表3－8　　任务分析方法比较一览表

	决策表	流程图	语句描述	时间列	任务清单
表现形式	表格	工作活动流程图	语言	工作时间长短和顺序	列出所有任务
表现特点	抓住任务的条件、形式，把工作活动的条件与行动加以区分，用表格形式建立条件与行动的对应关系	用工作活动流程图揭示工作任务的操作要素与流向	通过语言形式来揭示工作任务中的要素、关系及运作要求	依照工作时间长短与顺序来揭示整个工作过程中各任务的轻重与关系的形式	列出所有任务，让被调查者选择并标明前后顺序、重要程度或困难程度等

资料来源：萧鸣政．工作岗位分析的方法与技术（第三版）．中国人民大学出版社，2010：125。

（五）编制任务描述书

进行任务分析后，我们就要编制任务描述书，体现有关的分析成果。任务分析描述书又叫任务分析表。分析表的内容包括：

（1）操作序列图；

（2）从操作序列中提取的主要任务清单；

（3）规范任务描述书的专业术语清单；

（4）可用来核实有关数据的模拟装置或操作设备；

（5）其他所需物品。

三、人员分析

（一）基本概念

人员分析是对工作人员与工作有关的个性特征进行分析和描述。

（二）人员分析的内容

人员分析的内容包括分析与工作有关的人员的能力、技能、知识、资格、个性、兴趣、价值观、态度、动机等。常用到的词汇“KSAO”是“知识、技能、能力和其他个性特征”的英文缩写，它是泛指与工作有关的个人特征。

（三）人员分析的方法与技术

人员分析的主要方法和技术有：DOL（美国劳工部简称）系统、职能分析系统、医疗人员分析系统（HSMS）、职位分析问卷（PAQ）、能力分析量表（ARS）、关键事件分析技术（CIT）、工作要素分析方法（JEM）。

（1）DOL 系统是美国劳工部开发和使用的一个职位定向分析系统，其人员分析内容是直接从工作描述中得出的，可以分析工作人员应具备的六种个人特征，包括教育与培训（含学历教育、职业培训）、才能、气质、兴趣、身体要求和环境条件。这种方法是工作岗位分析的基础系统，易于理解和使用，并产生了很大影响，其缺点是量表粗糙、术语混乱。

（2）职能分析系统最大的贡献在于提出了普通教育量表和个人技能分类方法（分为适应技能、职业技能和特殊技能）。

（3）医疗人员分析系统（HSMS）含有一个确定任务所需技能水平的步骤与网状系统，依据各项任务采用现成的 18 个量表来认定技能。它所关注的是工作者应具备的行为类型和水平，所以实际运用起来方便有效，为 HSMS 人员分析奠定了基础，在实现平等就业方面获得了好评。这种方法也有一定局限性，例如，在技能需求界定上依赖于对任务的描述过程，并且该系统中一半的技能在很大程度上和医疗保健相关，所以对其他产业或领域缺乏普遍意义。

（4）职位分析问卷（PAQ）是一个工作者定位系统，包括与工作有关的众多工作行为，界定了 68 种人员特征，这些特征基本上取自《职业名称大辞典》，在这 68 种特征中，41 种智能特质，27 种属兴趣和气质因素。这些人员特征适用于许多工作和工作情境，但篇幅过长，此工具长达 28 页，解释复杂，其元素和特征有一定的局限性。

（5）能力分析量表（ARS）研究对象是比工作技能更复杂的能力，提出了一份人员能力表和一系列确定特定工作对人员能力需要的方法。该系统提出了37种能力并归纳成4类能力：智能、体能、心理动能、对感知的处理能力；使用两种方法来进行人员分析，一是使用量表，二是使用流程图。该系统覆盖面广且设计先进，但并不完善，不适用于描述含有多种元素、多重关系、充满变化的工作。

（6）关键事件分析技术（CIT）的优点在于通过事件反映实际状况，将关键事件转化为用个人特征条目来描写的行为类别或行为维度，为推断关键的KSAO提供了逻辑基础。这一方法的缺陷是：基本行为可能被忽略、报告可能被歪曲、经常带有明显的主观性。运用这种技术需要极高的技巧，有时需要采用第二次转换，两重转换提供了不同观点和交叉验证的机会。

（7）工作要素分析方法（JEM）是美国联邦人事管理署开发的，为联邦政府职员甄选编制测验题提供了依据。工作要素包括知识、技能、能力、愿望、兴趣、个人特征等，这一方法通过对工作素质类别（四个类别的划分：几乎不可接受的素质、优良素质、可导致损失的素质、现实素质）与等级划分（可分为三个等级），来分析与确定某项工作应该要求的素质或子要素。其操作方法具有客观性，但过于依赖职位分析者来总结素质。

四、方法分析

（一）基本概念

方法分析是指过程分析或程序分析，它是以整个工作过程中的“方法”为分析对象的，是在任务、步骤等静态分析的基础上再作动态分析，以便找到改进工作流程和提高工作效率、效果的优化途径。

（二）分析思路和对象

方法分析的思路一般是从宏观到微观，从整体到局部，从大的方面到小的细节，逐步深入地分析整个工作活动。

方法分析的对象包括：工作流程、方案方式、动作（作业行为）。

（三）方法分析技术

1. 问题回答分析技术。

通过提问的方式进行目的分析、地点分析、顺序分析、人员分析和方法分析，以消除工作中的多余环节，合并同类活动，使工作流程更为经济、合理和简捷。

问题回答分析技术有五个操作步骤：（1）目的分析；（2）地点分析；（3）顺序分析；（4）人员分析；（5）方法分析。

2. 有效工时利用率分析技术。

通过对工作过程中各种行为实际花费时间的分析，揭示整个工作过程组织的合理性与有效性，从而更加充分、合理地利用工作时间。

有效工时利用率的计算公式如下：

$$有效工时利用率 = [(制度工时 - 停工工时 - 非工作工时 - 休息生理需要工时)/制度工时] \times 100\%$$

3. 鱼刺图分析技术。

针对问题的原因，采取发散性思维的方法，把所有可能对问题产生影响的因素反映在一张图上，从而找到问题的原因所在并提出改进措施和优化方案。

鱼刺图分析技术的操作步骤是：

（1）明确现有方法问题所在；

（2）画出现有方法所有影响因素与问题的关系图；

（3）从所画的鱼刺图中找到产生问题的原因；

（4）根据所确定的原因，提出改进措施。

作图时的注意事项有：

（1）充分发扬民主，把各种意见记录下来；

（2）原因分析应当细到便于采取具体措施为止；

（3）大原因未必是主要原因；

（4）措施实施后，还应再用排列表等检查其效果。

4. 路径分析技术。

路径分析技术实际上是一种研究多个变量之间多层因果关系及其相关强度的方法。由美国遗传学家 S. 赖特于 1921 年首创，后被引入社会学的研究中，并发展成为社会学的主要分析方法之一。路径分析的主要目的是检验一个假想的因果模型的准确和可靠程度，测量变量间因果关系的强弱。

路径分析技术的操作步骤是：

（1）明确方法问题所在；

（2）找出影响工作方法的所有因素，开列在图纸上；

（3）定性分析，确定所有因素之间的影响方向，确定双向还是单向；

（4）定量分析，确定所有因素在各影响方向上的大小；

（5）确定实质影响因素，提出解决方案和措施。

5. 网络分析技术。

通过网络图形式和数字计算，对现有工作方法进行逻辑分析的一种技术。网络分析技术的操作步骤是：广泛采用的网络分析技术有关键路线法（Critical Path Method，CPM）和计划评审法（Program Evaluation and Review Technique，PERT）。

1956 年，美国杜邦公司在制订企业不同业务部门的系统规划时，最早采用关键路线法，其基本思想是：将计划编制成网络图，在一个庞大的网络图中找出关键路线。对各关键工序，优先安排资源，挖掘潜力，采取相应措施，尽量压缩需要的时间。完成各个工序需要时间最长的路线称为关键路线，或称为主要矛盾线，组成关键路线的工序称为关键工序。如果能够缩短关键工序所需的时间，就可以缩短工程的完工时间。而缩短非关键路线上的各个工序所需要的时间，却不能使工程的完工时间提前。即使在一定范围内适当地拖长非关键路线上各个工序所需要的时间，也不至于影响工程的完工时间。

1958 年，在制订研制“北极星”导弹计划时，美国海军武器规划局应用了计划评审法，该方法注重于对各项工作安排的评价和审查。鉴于两种方法的差别，CPM 主要应用于以往在类似工程中已取得一定经验的承包工程；PERT 更多地应用于研究与开发项目。

6. 程序优化技术。

通过对各项工作任务作不同的排列与组合，寻找最佳操作方式。具体是在已有的流向图的基础上，检查并把它调整为最优。

程序优化技术的操作步骤是：

（1）做好第一个流向图；

（2）检查所作的流向图是否最优；

（3）把流向图调整为最优。

7. 数学技术。

最常用的是线性规划分析技术，其操作步骤是：通过线性规划技术找出最优解，再把最优解与现行工作方法中的解进行比较以找出实际差距，最后根据实际差距与有关条件找出改进措施。

【人力资源管理师应试真题范例】

1. 岗位规范的主要内容部不包括（　　）。

（A）岗位劳动规则　　（B）职务晋升规则

（C）定员定额标准　　（D）岗位培训规范

【答案】 B

【解析】 岗位规范的内容包括：（1）岗位劳动规则。（2）定员定额标准。（3）岗位规范的结构模式。（4）生产岗位操作规范。（5）其他种类的岗位规范。

2. 工作岗位分析的程序不包括（　　）。

（A）准备阶段　　（B）数据采集阶段

（C）调查阶段　　（D）总结分析阶段

【答案】 B

【解析】 工作分析的程序包括：（1）准备阶段。准备阶段的具体任务是了解情况，建立联系，设计岗位调查方案，规定调查的范围、对象和方法。（2）调查阶段。主要任务是根据调查方案，对岗位进行认真细致的调查研究。在调查中，应灵活运用访谈、问卷、观察、小组集体讨论等方法。（3）总结阶段。首先对岗位调查的结果进行深入细致的分析，最后，再采用文字图表等形式，作出全面的归纳和总结。

工作岗位分析并不是简单地收集和积累某些信息，而是要对岗位的特征和要求作出全面深入的考察，充分揭示岗位主要的任务结构和关键的影响因素，并在系统分析和归纳总结的基础上，撰写出工作说明书、岗位规范等人力资源管理的规章制度。

3.（　　）为企业员工的考核、晋升提供了依据。

（A）工作岗位分析　　（B）工作岗位设计

（C）人员流动统计　　（D）人员需求计划

【答案】 A

【解析】 工作岗位分析具有如下作用：（1）工作岗位分析为招聘选拔、任用合格的员工奠定了基础；（2）工作岗位分析为员工的考评、晋升提供了依据；（3）工作岗位分析是企业改进岗位设计、优化劳动环境的必要条件；（4）工作岗位分析是制定有效的人力资源规划、进行各类人才供给和需求预测的重要前提；（5）工作岗位分析是工作岗位评价的基础，而工作岗位评价又是建立健全企业单位薪酬制度的重要步骤。

4.（　　）是组织对各类岗位的性质和特征，以及本岗位人员任职的资格条件等事项所做的统一规定。

（A）岗位规则　（B）工作说明书　（C）岗位规范　（D）服务说明书

【答案】 B

【解析】 工作说明书是组织对各类岗位的性质和特征（识别信息）、工作任务、职责权限、岗位关系、劳动条件和环境，以及本岗位人员任职的资格条件等事项所作的统一规定。岗位规范是对组织中各类岗位某一专项事务或对某类员工劳动行为、素质要求等所作的统一规定。

5. 以下关于岗位规范和工作说明书的区别，不正确的是（　　）。

（A）两者涉及的内容不同　　（B）两者结构形式不同

（C）两者突出的主题不同　　（D）两者适用范围不同

【答案】 D

【解析】 岗位规范与工作说明书两者既相互联系，又存在着一定的区别。主要包括：1. 涉及的内容不同。2. 突出的主题不同。3. 具体的结构形式不同。

6. 生产岗位操作规范的内容包括（　　）。

（A）工作地组织和优化方法　　（B）岗位的职责和主要任务

（C）与相关岗位的协调配合程度　　（D）完成任务的程序和操作方法

（E）任务数量质量要求和完成期限

【答案】 BCDE

【解析】 生产岗位操作规范也称生产岗位工作规范（标准），主要包括以下几项内容：（1）岗位的职责和主要任务；（2）岗位各项任务的数量和质量要求以及完成期限；（3）完成各项任务的程序和操作方法；（4）与相关岗位的协调配合程度。

7. 以下关于工作岗位分析的说法，正确的有（　　）。

（1）能够提高企业员工的年度绩效

（B）为员工考评、晋升提供了依据

（C）能够分出职务的高低、职位的优劣

（D）有利于员工“量体裁衣”地制定职业生涯规划

（E）是进行各类人才供给和需求预测的重要前提

【答案】BDE

【解析】工作岗位分析的作用包括：（1）工作岗位分析为招聘、选拔、任用合格的员工奠定了基础。（2）工作岗位分析为员工的考评、晋升提供了依据。（3）工作岗位分析是企业单位改进工作设计、优化劳动环境的必要条件。（4）工作岗位分析是制订有效的人力资源规划、进行各类人才供给和需求预测的重要前提。（5）工作岗位分析是工作岗位评价的基础，而工作岗位分析又是建立健全企业单位薪酬制度的重要步骤。可以说，工作岗位分析为企业单位建立对外具有竞争力、对内具有公平性、对员工具有激励性的薪酬制度准备了条件。

8. 工作岗位分析准备阶段的具体任务包括（　　）。

（A）明确规定调查的范围　（B）设计岗位调查的方案

（C）了解情况并建立联系　（D）组成专门的专家调查组

（E）确定调查的对象和方法

【答案】AE

【解析】工作岗位分析准备阶段的具体任务包括：（1）根据工作岗位分析的总目标、总任务，对企业各类岗位的现状进行初步了解，掌握各种基本数据和资料。（2）设计岗位调查方案。（3）做好员工的思想工作，建立友好合作关系，使有关员工对岗位分析有良好的心理准备。（4）根据工作岗位分析的任务、程序，分解成若干工作单元和环节，以便逐项完成。（5）组织有关人员先行学习并掌握调查的内容，熟悉具体的步骤和调查方法。

9. 工作岗位分析是对岗位的（　　）进行系统研究，并制定出岗位人事规范的过程。

（A）性质任务　（B）职责权限　（C）岗位关系　（D）劳动环境

（E）员工关系

【答案】ABCD

【解析】工作岗位分析是对各类工作岗位的性质任务、职责权限、岗位关系、劳动条件和环境，以及员工承担本岗位任务应具备的资格条件所进行的系统研究，并制定出工作说明书等岗位人事规范的过程。

10. 以下关于工作说明书的描述，正确的有（　　）。

（A）内容可繁可简　（B）身体条件包括体格和体力两项要求

（C）资历是由工作经验和学历条件构成　（D）工作权限可以不必与工作责任相一致

（E）岗位职责主要包括职责概述和职责范围

【答案】ABCE

【解析】工作说明书的内容包括：（1）基本资料。主要包括岗位名称、岗位等级、岗位编码、定员标准、直接上下级和分析日期等方面识别信息。（2）岗位职责。主要包括职责概述和职责范围。（3）监督与岗位关系。说明本岗位与其他岗位之间在横向与纵向上的联系。（4）工作内容和要求。它是岗位职责的具体化，即对本岗位所要从事的主要工作事项作出的说明。（5）工作权限。为了确保工作的正常开展，必须赋予每个岗位不同的权限，但权限必须与工作责任相协调、相一致。(6) 劳动条件和环境。指在一定时空范围内工作所涉及的各种物质条件。(7) 工作时间。包含工作时间长度的规定和工作轮班制的设计两个方面的内容。(8) 资历。由工作经验和学历条件两个方面构成。(9) 身体条件。结合岗位的性质、任务对员工的身体条件作出规定，包括体格和体力两项具体的要求。(10) 心理品质要求。岗位心理品质及能力等方面的要求，应紧密结合本岗位的性质和特点深入进行分析，并作出具体的规定。(11) 专业知识和技能要求。(12) 绩效考评。从品质、行为和绩效等多个方面对员工进行全面的考核和评价。

【案例分析】

案例　某机场要客接待室主任工作说明书

第一部分　岗位规格说明

一、基本资料

岗位名称：要客接待室主任　　　　岗位评价：......

岗位编码：160201　　　　定员标准：1 人

直接上级：要客部经理　　　　分析日期：×××年××月××日

二、岗位职责

（一）概述

在要客部经理的领导下，全权负责进出港重要客人及股份公司领导和要客部领导交办的要客在候机楼内的接待工作；贵宾休息室的预定、调配和结算，专机、包机业务联系。

（二）工作职责

1. 要客接待室主任要根据要客部战略目标和经营管理体制，制定本部门的各项规章制度并监督实施。

2. 全权负责进出港要客在候机楼内的接待工作。

3. 协调海关、边防、公安分局、各大航空公司等部门的关系，保证要客顺利进出港，树立要客部最佳服务形象。

4. 负责要客信息的收集整理和报道，贵宾休息室的预定、调配和决算，以及相关复印、打字、传真和订票等商务工作。

5. 拓展包机及商务飞机的服务领域，协调有关部门确保商务活动的顺利进行。

6. 制定本部门的工作计划、业务学习计划及考核办法，抓好本部门的工作纪律，定期对下属员工的工作进行监督检查。

7. 全面负责本部门员工的思想政治工作，对党、团、工会、女工等项党群工作进行指导监督。

8. 向要客部领导汇报本部门工作开展情况，以及员工的思想政治状况，充当上下级之间的桥梁和纽带。

三、其他职责

完成领导交办的其他临时工作。

四、监督及岗位关系

（一）所受监督和所施监督

1. 所受监督：要客接待室主任直接受要客部经理的监督指导。

2. 所施监督：对下属的主任助理、商务中心工作人员、接待人员、专包机业务员等进行直接监督指导。

（二）与其他岗位的关系

1. 内部联系：本岗位与贵宾休息室有业务上的协调和配合关系，与综合办公室有指导和协调关系。

2. 外部联系：本岗位与全国各大航空公司、海关、边防、卫生检疫、护卫中心、公安警卫等部门有业务上的合作关系。

（三）本岗位职务晋升阶梯图（见附图）。

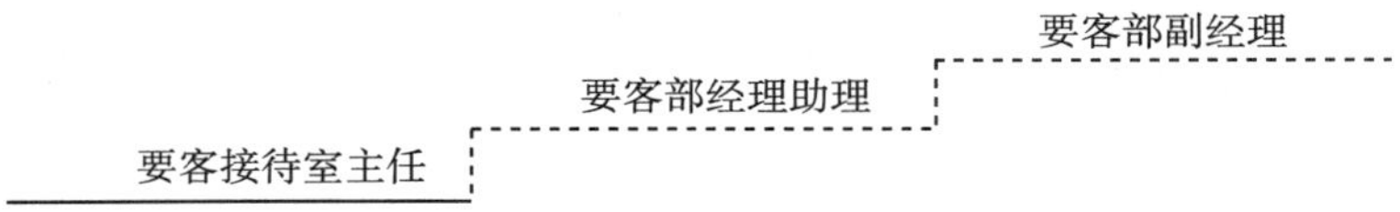

附图　职务晋升阶梯图

（四）本岗位横向平移情况

本岗位可向其他职能部门室主任岗位平移。

五、工作内容及工作要求（见附表）

附表　　要客接待室主任工作内容及工作要求

工作内容	工作要求
（1）要客接待室主任要根据要客部战略目标和经营管理体制，制定本部门的各项规章制度并监督实施。 （2）全权负责进出港要客在候机楼内的接待工作。 （3）协调海关、边防、公安分局、各大航空公司等部门的关系，保证要客顺利进出港，树立要客部最佳服务形象。 （4）负责要客信息的收集整理和报道，贵宾休息室的预定、调配和结算以及相关的复印、打字、传真和订票等商务工作。 （5）拓展包机及商务飞机的服务领域，协调有关部门确保商务活动的顺利进行。 （6）制定本部门的工作计划、业务学习计划及考核办法，定期对下属员工的工作进行监督检查。 （7）全面负责本部门员工思想工作，对党、团、工会、女工等党群工作进行指导监督。 （8）定期向要客部领导汇报本部门工作业务开展情况以及员工思想状况，充当上下级之间的桥梁和纽带。	（1）规章制度的制定应根据本部门工作的实际，确实可行，确保有效实施，监督有力。 （2）协调办理要客登机免检手续和 VIP 证件、贵宾停车场的管理工作，确保要客满意率达到 100%。 （3）确保与有关部门关系顺畅，要客登机准时率达到 100%。 （4）信息准确，服务到位，收费合理，差错率控制在 0.01%。 （5）积极拓展专包机业务，培育新的经济增长点。 （6）计划应包含年度计划和中长期规划，业务学习应每月不少于 2 次，对员工考核有据，纪律严明，奖勤罚懒，确保公平、公正。 （7）每周组织 1 次政治学习，确保员工思想稳定。 （8）每月应向要客部领导汇报本部门工作 2～3 次，做到上情下达，下情上传。

六、岗位权限

1. 对关于要客接待室的业务和行政管理工作有指导权和监督权。
2. 有权对下属员工的奖惩提出建议。
3. 有权向上级部门提出合理化建议和意见。
4. 根据股份公司的规定有权对员工假期的审批提出建议。
5. 就本部门规划，有权向上级领导申报设备更新改造和申请，拓展新的经营领域。

七、劳动条件和环境

本岗位属于手工工作，室内坐姿结合室外走动进行，所以较轻体力劳动，工作环境温、湿度适中，无噪音、粉尘污染，照明条件良好。

八、工作时间

本岗位实行每周40小时的标准计时制。

第二部分 员工规格要求

九、资历

1. 工作经验：具有三年以上接待服务的相关工作经验。
2. 学历要求：具有大专以上文化程度。

十、身体条件

本岗位要求身体健康，精力充沛，具有一定的协调力、控制力、调整力和记忆力。

十一、心理品质及能力要求

1. 智力：具有较强的学习能力、理解指令和原理的能力及推理判断能力。
2. 语言能力：口头和书面语言表达流利。
3. 具有一定的组织领导能力、管理能力、计划能力及实施运作能力。
4. 严谨、细心，善于发现微小问题，并能及时作出判断。
5. 具有较强的安全意识和保密意识。

十二、所需知识和专业技能

（一）担任本岗位职务应具备的专业知识和技能

1. 掌握服务接待规范或相关专业知识。
2. 具有一定的外语水平，能够运用英语进行简单的听、说、读、写。
3. 具有一定的计算机水平，能够使用计算机办公自动化软件。
4. 具有公关意识，善于把握市场动态和接受先进的管理经验。
5. 具有丰富的社会经验。

（二）招聘本岗位员工应考核的内容

1. 政治思想素质和对民航服务行业的热爱程度。
2. 服务规范，安全保密等专业知识。
3. 计算机操作知识。
4. 英语水平。

（三）上岗前应接受的培训内容

1. 了解要客部的主要职能和责任，熟悉股份公司和要客部现行各项规章制度。

2. 掌握要客部人员分工情况，了解下属部门业务进展情况。

3. 服务意识、安全意识、保密意识。

（四）上岗后应继续教育训练的内容

1. 服务规范、安全保密意识。

2. 公关学、社会学和心理学知识。

十三、绩效管理

从德、能、勤、绩四个方面对员工进行考核，以领导评定为主，自我评定和同级评定为辅进行，其中领导评定占70%，同级评定占20%，自我评定占10%。

（一）本岗位工作考核的内容

1. 德：良好的职业道德修养，敬业爱岗，忠于职守。

2. 能：①业务能力：a. 服务行业专业知识和实际运用能力；b. 日常行政管理能力和处理突发事件的能力；c. 公关和协调能力。②管理水平：具有一般的计划、组织、控制、协调和决策能力。

3. 勤：出勤率达到98%。

4. 绩：①是否按工作计划和领导的指令圆满完成工作任务。②是否能够实现计划规定的经济管理目标。③各业务组的工作状况有无改善，工作绩效有无提高。④对整个机场的服务工作影响程度。

（二）本岗位工作从时间角度考核要求

1. 定期听取本部门人员的工作汇报。

2. 每月向要客部经理提交书面工作报告2次。

3. 根据工作进展情况，随时向要客部经理提出合理化意见和建议。

4. 每年年初制定全年工作计划，年末根据工作完成的实际情况，向上级作序述职报告。

（三）考核结果的分析和反馈

由上级领导对考核结果进行核实及可靠性分析，以保证考核结果的真实性，并将考核结果与同期指标和工作要求相比较，及时将分析结果反馈给本人。

（案例来源：安鸿章．工作岗位的分析技术与应用［M］．天津：南开大学生出版社，2001：102.）

第四章　招聘与选拔

第一节　员工招聘概述

一、员工招聘的概念

员工招聘是指根据企业人力资源规划所确定的人员需求，来寻找、吸引有能力的申请者的活动过程。具体地说，员工招聘是企业根据人力资源规划和职务分析的数量与质量的要求，通过信息的发布和科学甄选，获得本企业所需的合格人才，并安排他们到企业所需岗位工作的活动和过程。

员工招聘由两个相对独立的过程组成：一是招募，二是选拔聘用。招募是聘用的基础和前提，聘用是招募的目的。招募主要是以宣传来影响，达到吸引人应聘的目的；而聘用则是使用各种选择方法和技术挑选合格员工的过程。

二、招聘的原则

1. 公平竞争原则。

是指通过履历分析、结构化面试、心理和行为测验、业绩考核、资信调查等一系列方法手段来确定申请者的优劣和决定人员的取舍，而不是靠招聘主管的直觉、印象、私人关系来选人。在招聘中应坚持平等就业、相互选择、公平竞争、不得歧视妇女等原则。

2. 全面系统原则。

指尽可能地采取系统、合理、科学的评价方法，通过对申请者上级、下级、平级同事以及其直接或间接服务的客户进行德、能、勤、绩等方面实事求是的调查，客观地衡量申请者的竞争优势与劣势以及其与职位、企业间的适宜性。

3. 能级对应原则。

指在企业人力资源开发与管理中，应将人的能级与管理所要求的能级对应起来。各类能级必须动态地对应，保证人们在各个能级中能够自由地流动，从而实现“人岗匹配”。

4. 择优录取原则。

指好中取好、差中取优，这是招考录用的核心。企业最根本的竞争源泉就是人。员工如果缺乏内在竞争力，企业的生命力也不可能长远。因此，在员工选择录用过程中，应该深入了解、全面考核、认真比较、谨慎筛选，确保真正实践“择优”原则。

5. 效率优先原则。

指竭力用尽可能少的费用，在尽可能短的时间内录取到高素质、适应企业需要的人员。招聘成本包括：招聘时所花的招聘成本；因员工离职，重新再招聘时所花的重置成本；因招聘不当给企业带来损失的机会成本。

6. 双向选择原则。

在劳动力市场日渐完善的条件下，双向选择也就成为招聘者和求职者的最佳选择。招聘者在劳动力高超搜寻令他满意的劳动者，而求职者也在劳动力市场上寻找心仪的用人单位，双方应处于平等的法律地位。

三、员工招聘的程序

员工招聘是一个复杂、完整、连续的程序化操作过程，大致可分为制订招聘计划、发布招聘信息、应聘者资格审查、测评与甄选、录用决策、招聘评估六个阶段。其中，制订招聘计划包括招聘需求的确定、招聘计划的编制和审批。发布招聘信息包括发布渠道的选择、宣传活动的开展等。应聘者资格审查则涉及求职申请表的设计、申请资格的确定和资格审查等。测评与甄选主要包括面试、笔试和其他各种测评活动、体检和背景调查。录用决策则包括发出录取通知、签订劳动合同以及试用期的管理等。招聘评估主要是对招聘结果的成效评估和对招聘方法的效益评估。具体招聘程序如图 4－1 所示。

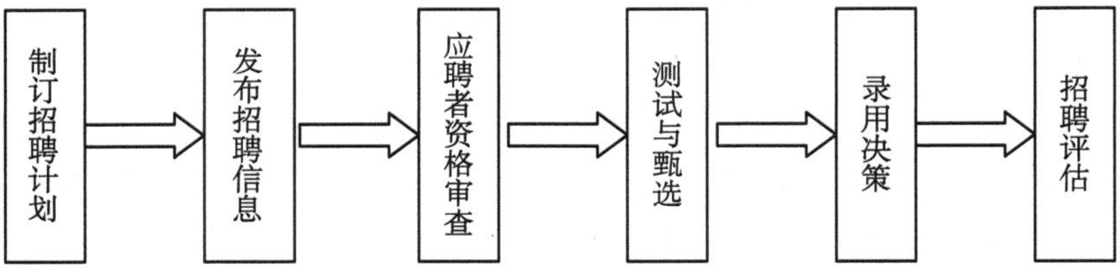

图 4－1　员工招聘渠道

第二节　员工招聘渠道

一、内部招聘与外部招聘的比较

在招聘前，企业要明确是以内部招聘为主，还是以外部招聘为主。两者各有优缺点，如表 4－1 所示。

表 4－1 内部招聘与外部招聘的比较

	优点	缺点
内部招聘	1. 员工对企业文化、管理方式熟悉 2. 招聘和培训成本低 3. 提高现有员工士气 4. 对员工熟悉、胜任工作比率高	1. 员工来源狭小 2. 引发员工为晋升而产生的矛盾 3. 创新性不足 4. 易形成近亲繁殖现象
外部招聘	1. 来源广泛，可优中选优 2. 引入新工作观念和方法 3. 避免内部竞争造成紧张气氛 4. 扩大企业的知名度 5. 易推动企业变革	1. 人才获取成本高 2. 新员工适应企业环境时间长 3. 降低现有员工的士气 4. 易产生光环效应

二、广告招聘

广告招聘是企业招聘人才最常用的方法。广告招聘是指通过大众媒介把企业的招聘信息传达给符合企业需要的人，并促使其采取响应行动的行为。

招聘广告的常规信息发布渠道主要有：①报纸；②杂志；③广播电视；④互联网；⑤印刷品。表 4－2 比较了上述五种信息发布渠道各自的优劣。

表 4－2 五种招聘信息发布渠道的比较

媒介种类	优点	不足
报纸	1. 发行量大 2. 信息传递迅速，周期短 3. 广告大小机动灵活 4. 分类广告为求、供职者提供方便	1. 读者群不固定，针对性差 2. 保留时间短，易被人忽略 3. 印刷质量与纸质可能会限制广告设计
杂志	1. 印刷质量好 2. 保存期长，可不断重读 3. 广告大小弹性可变 4. 对目标群体的针对性强	1. 传播周期较长 2. 短时间难见成效 3. 发行的地域可能较为分散 4. 广告的预约期长
广播电视	1. 受众面广 2. 信息难以让人忽略 3. 有较强的视听冲击力 4. 利于自我形象宣传	1. 成本较高 2. 只能传送简短信息 3. 缺乏持久性
互联网	1. 覆盖面广，选择余地大 2. 方便快捷，不受时空限制 3. 可单独发布，也可集中发布 4. 广告设计、制作灵活 5. 成本较低	1. 信息过多容易被忽视 2. 须具备上网条件和计算机运用能力
印刷品	制作精美，易引起求职者兴趣	1. 宣传力度有限 2. 容易被随手丢弃

三、校园招聘

校园招聘指企业招募人员直接到学校招聘企业所需的人才。目前校园招聘的方式主要有张贴招聘海报、举办招聘讲座等方式。

进行校园招聘时，必须注意以下几方面的问题：①准备好介绍公司概况的小册子和现场演示所需的资料、电子文件和相关设备。②选择进入招聘的学校和专业。③组成招聘小组。招聘小组应由人力资源部人员、用人部门主管和了解学校情况的人组成。④做好面试准备。⑤了解国家关于大学生就业的相关政策。

四、招聘会招聘

招聘会是借助一定的场所，组织和应聘者面对面进行双向选择的一种人力资源市场，如定期或不定期举办的人才交流会、每周末为下岗员工设立的免费劳动力市场等。招聘会又可分为综合性招聘会和专场招聘会。主要区别于专场招聘会是面向特定群体举办的，如校园招聘会、海归人才招聘会、下岗员工招聘会等。它是由供需双方在招聘会现场进行面对面地商谈，快速、高效、低成本，是一条行之有效的招聘与就业途径。

五、职业中介机构推荐

职业中介机构承担着双重角色：既为企业择人，也为求职者择业。借助于这些机构，组织与求职者均可获得大量的信息，同时也可传播各自的信息。职业中介机构有很多类型：职业介绍所、人才交流中心、猎头公司等。通过职业中介机构招聘员工需要交纳一定的中介费，但对于尚未设立人力资源部门或需要立即填补职位空缺的企业来说，却可大大缩短招聘时间、节约企业费用。如果需要长期借助职业介绍机构，企业应该把职务说明书和相关要求告知职业介绍机构，并委派专人同几家机构保持稳定的联系。

六、熟人推荐

熟人推荐一般指通过本企业员工、客户或者合作伙伴的推荐来进行招聘。这种招募方法的优点是：招募成本低；推荐人对应聘人员比较了解；应聘人员一旦录用，离职率比较低。它的缺点是：容易形成帮派或非正式的小团体，造成管理上的困难；如果不加控制，会出现任人唯亲现象；选择范围比较小。

第三节 人员甄选方法

一、笔试法

（一）笔试的概念

应聘笔试是采用笔试测验的方法对应聘人员进行初次选拔的活动过程。笔试也称纸笔测试，或纸笔测试法。从广义上看，它是以局面形式测量、考核应试者的知识水平、分析力、判断力、想象力、记忆力以及文字表达、逻辑推理等项能力素质的重要工具。从狭义上看，笔试主要是指对应试者知识水平的测量和检验。

（二）笔试的形式

从表现形式上看，笔试可以采用多种选择题、是非题、匹配题、填空题、简答题、综合分析题、案例分析题以及拟订论文等多种试题形式。

从试题的内容上看，笔试试题主要包括技术性笔试和非技术性笔试两大类。

（三）笔试的优缺点

笔试法作为一种重要的考试方法，具有很多优点：①可大规模进行，成本相对低，耗时少，效率高；②试卷的评分相对客观公正；③不用面对考官，应聘者压力小；④覆盖较广的知识面，有利于尽量准确地考察应聘者是否具有所需要的知识水平。

但是笔试法也存在一定的局限性，如无法考察应聘者的工作态度、灵活应变能力、操作能力等；由于事先给出几个答案，容易猜对一些题目；限制人的创造力和发散性思维，不能给应聘者充分表达见解的机会；易出现高分低能的现象。

二、面试

面试是指在特定的时间和地点，由面试考官与应聘者按照预先设计好的目的和程序，进行面谈、相互观察、相互沟通的过程。通过面试，可以了解应聘者的经历、知识、技能和能力。

（一）面试方法

1. 根据面试标准化程度，面式方法可分为结构化面试、非结构化面试和半结构化面试。

（1）结构化面试。

结构化面试又称为规范化面试。是根据预先制定的问题、评价方法和评价标准，严格遵循特定程序，通过测评人员与应聘者面对面的交流，再做出评价的过程。

结构化面试的思路是对同岗位或同类型应聘者，用同样的语气和措辞、按照同样的顺序、问同样的问题，按同样的标准评分。好处是可以对不同的应聘者的回答进行比较，信度和效度较高。但这种面试不可能进行话题外的提问，限制了谈话的深度。

结构化面试试题的类型可分为以下七种类型：①背景性问题；②知识性问题；③思维性问题；④经验性问题；⑤情境性问题；⑥压力性问题；⑦行为性问题。

（2）非结构化面试。

非结构化面试是指在面试之前，面试官并没有预先设定面试内容、面试程序与形式。面试过程中主考官无固定题目，让应聘者自由地发言议论、抒发情感，意在观察应聘者的知识面、价值观、谈吐和风度，了解其表达能力、思维能力、判断能力和组织能力等。这种面谈的好处是主考官和应聘者在问答过程中都比较自然，应聘者回答问题时也可能更容易敞开心扉。但是由于对每个应聘者所问的问题是不一样的，面试的信度和效度都可能受到影响，所花费时间也较长。

（3）半结构化面试。

这是将前面两种方法结合起来进行的面试，能有效地避免结构化面式和非结构化面式的缺点。

2. 根据面试实施的方式，面试可分为单独面试与小组面试。

3. 根据面试的进程，面试可分为一次性面试与分阶段面试。

4. 根据面试题目的内容，面试可分为情景性面试和经验性面试。

（二）面试流程

面试的结果受很多因素的影响，如面试环境、面试考官、应聘者等。一般面试可分为3个阶段：面试准备、面试提问和结束面试。

1. 面试准备。

准备工作包括：确定面试的目的；认真阅读应聘对象的求职申请表，制订面试提纲，明确面试中要证实的疑点和问题，针对不同的对象确定不同的面试侧重点；确定面试的时间、地点，并制订面试评价表。

2. 面试过程。

按照面试提纲展开，所提问题可根据求职申请表中发现的疑点，先易后难逐一提出。应注意：

多问开放式的问题，让应聘者多讲；不要暴露面试者的观点和想法，不要让对方了解你的倾向，并迎合你，掩盖他真实的想法；所提问题要直截了当，语言简练，有疑问可马上提出，并及时做好记录；聆听时，可进行一些澄清式或封闭式的提问，但不要轻易打断应聘者的讲话；注意观察非语言的行为，如面部表情、眼神、姿势、讲话的声调语调、举止，从中可以反映出对方的一些个性、诚实度、自信心等。

3. 面试结束阶段。

主要包括：整理面试记录，填写面试评价表，核对有关材料，做出总体评价意见。应注意：面试结束时要给应聘者以提问的机会；不管录用与否均应在友好的气氛中结束面试；如果对某一对象是否录用有分歧意见时，不必急于下结论，还可安排第二次面试。

（三）面试的优缺点

1. 面试的优点。

面试，它能够在员工招聘中占很重要的地位，就在于它有许多其他测试方法没有的优点，主要有以下一些优点：

（1）灵活性强。面试可以在许多方面收集有用的信息，主试可以根据不同的要求，对被试者提各种各样的问题，有时在某一个方面可以连续提多种问题，全面深入地了解被试者。

（2）可以进行双向沟通。在面试时，主试可以向被试者提问，被试者也可以向主试提问。主试在了解被试者的同时，有时被试者也在了解主试，这样对于招聘工作有比较积极的作用。

（3）可以多渠道地获得被试者的有关信息。面试不但可以通过提问来了解有效的信息，还可以通过观察，包括看、听、问等来获取有关被试者的信息，以便正确地了解被试者的心理素质。

2. 面试的缺点。

面试虽然有上述的优点，但是它也存在一些不容忽视的缺点。

（1）时间较长。一次面试短则几分钟，长则半天。因此，如果大规模的人员招聘运用面试，效果就不会理想；如果面试时间太短，不容易了解到足够的信息，面试又失去了意义。

（2）费用比较高。因为面试需要聘请专家，而且时间比较长，这样面试的费用就不得不增加。

（3）不容易数量化。面试数据往往可以定性，但不容易定量，因此在统计的时候比较困难。

（4）主观性强，可能存在各种偏见。不管面试的专家如何高明，但他毕竟是人，是人总有一定的偏见，因此偏见在面试中是不可能完全排除的障碍。

（四）面试中常见的错误

1. 面试的目的不明确。

2. 面试标准不具体。

3. 面试缺乏系统性。

4. 面试问题设计不合理。

5. 面试考官的偏见。

（1）第一印象：也称首因效应。即面试考官根据开始几分钟，甚至是面试前从资料（如笔试、个人简历等）中得到的印象对应聘者作出评价。

（2）晕轮效应。是指事物某一方面的突出特点掩盖了其他方面的全部特点。应聘者在测试过程中表现出来某一突出的特点容易引起主考官的注意，而使其他素质的表征信息被忽视。

（3）投射效应。投射效应是指在认知过程中，认知主体拿自身的兴趣爱好等去认知客体的心理趋势。

（4）对比效应。即考官相对于前一个接受面试的应聘者来评价目前正在接受面试的应聘者的倾向。

（5）录用压力。当上级对招聘结果有定额要求时，面试考官对应聘者的评价就会偏高，或由于招聘时间紧迫，为完成招聘任务，不得不加快速度，急于求成。

（五）面试实施的技巧

在面试中，“问”“听”“观”“评”是几项重要而关键的基本功。

1. 充分准备。包括：明确面试的目的，设计结构完整的面试，同时针对面试的每一步设计合理的问题等。

2. 灵活提问。在面试过程中，应察言观色，认真观察应聘者的行为与反应。主要的提问方式有：开放式提问、封闭式提问、清单式提问、假设式提问、重复式提问、确认式提问、举例式提问。

进行面试提问时，还应注意以下几个问题：（1）尽量避免提出引导性的问题；（2）有意提问一些相互矛盾的问题，引导应聘者作出可能矛盾的回答，来判断应聘者是否在面试中隐瞒了真实情况；（3）面试中非常重要的一点是了解应聘者的求职动机；（4）所提问题要直接了当，语言简练，有疑问可马上提出，并及时做好记录；（5）面试中，除了要倾听应聘者回答的问题外，还要观察他的非语言行为。

3. 多听少说。一般而言，面试考官的提问时间不宜过长，同时，应给应聘者留出足够的时间让他们具体详细地回答提问。在应聘者回答问题时，面试考官应认真倾听，不要发表任何结论性意见。

4. 善于提取要点。面试考官在做面试记录时应从应聘者的话中提取出与工作相关的信息。

5. 进行阶段性总结。面试考官可以用重复或总结的方式确认应聘者的回答。

6. 排除各种干扰。

7. 不要带有个人偏见。

8. 在倾听时注意思考。可以分析一下应聘者所说的话，可以对比应聘者前后语言的一致性和逻辑性，可以思考下一个要问的问题，也可以观察应聘者的肢体语言。

9. 注意肢体语言的沟通。在不同的环境中，不同的肢体语言有着不同的含义。

（六）招聘时应注意的事项

1. 简历并不能代表本人。

2. 工作经历比学历更重要。

3. 不要忽视求职者的个性特征。

4. 让应聘者更多地了解组织。

5. 给应聘者更多的表现机会。

6. 注意不忠诚和欠缺诚意的应聘者。

7. 关注特殊员工。

8. 慎重做决定。

9. 面试考官要注意自身的形象。

三、心理测评法

所谓心理测试就是指在控制情景的情况下，向应聘者提供一组标准化的刺激，以所引起的反应作为代表行为的样本，从而对个人的行为做出评价。

心理测试类型从内容上划分，可以分为个性测试、能力测试、职业兴趣测试。从形式上划分，可以分为纸笔测试、心理实验、投射测试、笔迹分析法测试等。

1. 心理测试的特点。

经标准化程序来间接推断职业能力、能力倾向、兴趣、人格（性格）等个性特点及差异。其主要特点在于：

①代表性。心理测试只是通过测查少数经过科学选择的代表性样本行为，来推断个体整体的心理特征。测试材料包括局面的纸笔测试和操作仪器测试。

②间接性。其基本假设人的心理活动与外在行为具有因果关系，因此，这种间接的推断是可靠的。

③相对性。心理测试就是通过测定个体在某个行为序列上的相对位置，来推断其相应的能力水平或人格特征的。因此，心理测试的结果都是与所在团体多数人的行为或某种特定标准（常模）相比较而确定的。

心理测试法分类如图 4 -2 所示。

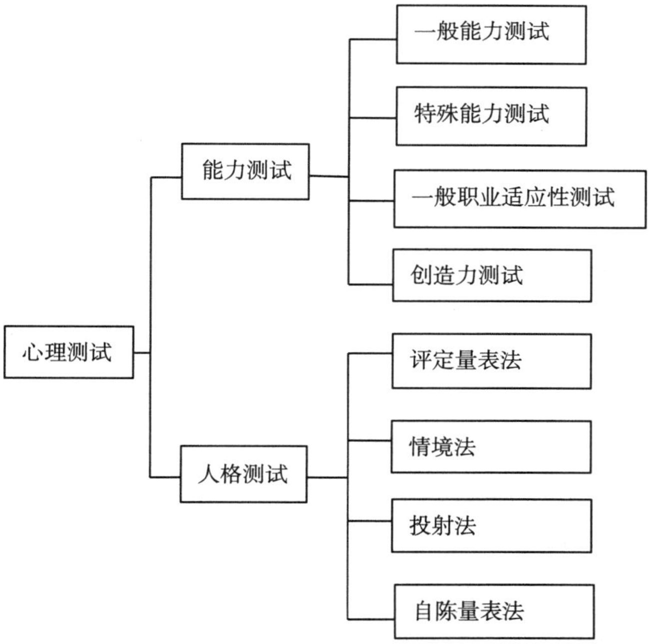

图 4 -2　心理测试法分类

2. 心理测试主要包括以下几种类型。

（1）人格测试。所谓人格，由多种人格物质构成，大致包括体格与生理特质、气质、能力、动机、价值观与社会态度等。一般可以将人格分为16类：乐观型、聪慧型、稳定型、恃强型、兴奋型、持久型、敢为型、敏感型、怀疑型、幻想型、世故型、忧虑型、实验型、独立型、自律型和紧张型。

（2）兴趣测试。职业兴趣提示了人们想做什么，从中可以发现应聘者最感兴趣并从中得到最大满足的工作是什么。兴趣分为六类：现实型、智慧型、常规型、企业型、社交型和艺术型。

（3）能力测试。能力测试是用于测定从事某项特殊工作所具备的某种潜在能力的一种心理测试。能力测试的内容一般可分为以下三项：①普通能力倾向测试；②特殊职业能力测试；③心理运动机能测试。

（4）情境模拟测试。情境模拟测试是根据被测者可能担任的岗位，编制一套与该岗位实际情况相似的测试项目，将被测者安排在模拟的、逼真的工作环境中，要求被测者处理可能出现的各种问题，用多种方法来测试其心理素质、实际工作能力、潜在能力等综合素质。根据内容不同，可以分为语言表达能力测试、组织能力测试、事务处理能力测试等。

3. 职业心理测试的种类。

（1）学业成就测试。是对经过训练所获得的某种知识、技能和成就的一种测试方法。学业成就测试通常适用于选拔专业技术人员、科研人员，以确定这些求职者是副产品具备特定招聘岗位需要的专业理论知识和专业技能。

（2）职业兴趣测试。主要测查人在职业选择时的价值取向，目前大量存在于职业咨询、职业指导中。职业兴趣测试对预测销售人员的可培训程度及职业潜力有较高的效度，而对于管理人员、工艺师、驾驶员的预测也有中等水平的效度。目前，应用较为广泛的职业兴趣测试有斯特朗—坎贝尔兴趣调查（SCII）、加利福尼亚职业爱好系统问卷（COPS）和库德职业爱好调查表。

（3）职业能力测试。它是通过对人的非生活经验积累而形成的能力来预测被测试者在某一职业领域的发展潜能。职业能力测试可划分为一般能力（智力）测试和特殊能力（能力倾向）测试。

（4）职业人格测试。人格测试也即个性测试，它是对于人的稳定态度和习惯化的行为方式的测试。常用的测试方法有两种：自陈量表和投射技术。

4. 应用心理测试应注意的问题。

（1）要对使用心理测试的人进行专门的训练。

（2）要将心理测试与实践经验相结合。

（3）要妥善保管好心理测试的结果。

（4）要做好使用心理测试方法的宣传。

四、评价中心

评价中心是近几十年来西方组织中流行的一种选择和评估管理人员尤其是中高级管理人员的一种人员测评方法。测评人员一般由组织招聘部门的高级管理人员和组织外聘的心理专家共同组成。评价中心最重要的方法是模拟情境测验，其中又包括公文筐测验、无领导小组讨论、角色扮演、管理游戏等。

1. 公文筐测验。

公文筐测验是评价中心技术中最主要的活动之一，也是对管理人员潜在能力最主要的测评方法。测验时发给应试者一篮子公文，包括下级呈上来的报告、请示、计划、预算，同级部门的备忘录，上级的指示、批复、规定，外界用户、供应商、银行、政府有关部门乃至所在社区的函电、传真、电话记录，甚至还有群众检举或投诉信等。要求应聘者在给定时间内处理完毕，并且还要通过文字或口头方式报告他们处理的原则与理由。评价人员将依据应聘者对文件的处理是否按主次、轻重、缓急有条不紊地开展工作，能否有效地授权等，由此判定应聘者的分析、决策、分派任务的能力及对于工作环境的理解与敏感程度。

2. 无领导小组讨论。

无领导小组讨论是评价中心应用较广的测评技术。就是把几个应聘者（一般是6～9人）组成一个小组，给他们提供一个议题，事先并不确定主持人，让他们通过小组讨论的方式在限定的时间内（一小时左右）给出一个决策。评价者将根据每一个应聘者在讨论中的表现，从以下几个方面进行评价：领导欲望、主动性、口头表达能力、自信程度、抵抗压力的能力、分析问题能力、创造性解决问题能力、人际交往能力等。这些素质和能力是通过被评者在讨论中所扮演的角色（如主动发起者、组织指挥者、鼓动者、协调者等）的行为来表现的。

3. 角色扮演。

角色扮演是一种主要测评应聘者人际关系处理能力的情景模拟活动。在这种活动中，主考官设置一系列尖锐的人际矛盾和冲突，要求应聘者扮演某一角色并进入角色情景，去处理各种问题和矛盾。主考官通过应聘者在不同人员角色的情境中表现出来的行为进行观察和记录，测试其相关素质。

4. 管理游戏。

管理游戏是一种以完成某项或某些“实际工作任务”为基础的标准化模拟活动，通过活动观察和测评应聘者实际的管理能力。

因为模拟的活动大多要求应聘者通过游戏的形式进行，并且侧重评价应聘者的管理潜质，管理游戏因此得名。

公文筐测验、无领导小组讨论、角色扮演、管理游戏这四种测评方法适合考察不同的能力，具有不同的优缺点及适用范围，如表4－3所示。

表 4－3　　测评方法的比较

测评方法	考察能力	优点	缺点	适用范围
公文筐测验	计划能力、逻辑思维能力、决策能力、授权	灵活性高；可对个体直接观察；可预测潜能；从多维度评价一个人的管理能力	编制成本高；评分较难	适合中高层管理人员
无领导小组讨论	领导能力、协调能力、影响力、合作能力、表达能力	提供充分展现其才能和人格特征的舞台；评价效果好；操作灵活	对评委要求比较高；评委容易混淆绝对评价标准和相对评价标准；对测验材料的要求较高	适合于各层管理人员，人事管理及营销管理人员，不适合财务、研发等岗位
角色扮演	信息获取能力、人际沟通能力、团队协作能力	参与性强；灵活性高；不用为自己的行为担心，不会造成不良影响；应聘者获得多种和经验和锻炼机会	对内容设计要求高；容易受到他人影响；表现易脱离现实	适用于培训可操作的能力素质，如推销员业务培训、谈判技巧培训等
管理游戏	分析能力、创新能力	能突破实际工作情景时间与空间的限制；模拟内容真实性强，具有趣味性	操作不例观察；设计成本高	适合于市场营销管理、财务管理、人事管理、生产管理等岗位

五、企业员工素质测评实施要点

1. 设计测评标准（以营销经理为例）。

测评标准如表 4－4 所示。

表 4－4　　销售经理选拔性素质测评模型

序号	测评内容	测评方面	测评权重
1	战略管理能力	战略思考能力，人际洞察力，决策能力，风险意识，全局观念，规划能力	1
2	团队管理能力	沟通协作，组织能力，监控，培养与指导他人，团队精神，激励下属，绩效导向	1
3	自我意识	正直，心胸开阔，敬业，自律，自信	1
4	领导技能	领导动机，影响力，展示能力，授权	1

续表

序号	测评内容	测评方面	测评权重
5	分析式思考	系统思维，概括力，判断能力	1
6	自我管理能力	内省，应变能力，时间管理，创新	1
7	成就需求	成就导向，坚韧度	1
8	市场意识	市场拓展能力，市场导向	1
9	关注细节与秩序	关注细节，关注秩序	1

说明：在进行测评标准设计时，在已建立模型基础上，再次细分测评指标，给出指标等级、定义和指标分数。

2. 选择测评工具。

根据各个测评指标的特点和要求，选择适当的测评方法和工具，见表4－5。

表4－5　　测评工具选择表

序号	测评指标	测评工具
1	战略管理能力	文件筐
2	团队管理能力	文件筐
3	自我意识	无领导小组讨论
4	领导技能	无领导小组讨论
5	分析式思考	文件筐
6	自我管理能力	结构化面试
7	成就需求	心理测评
8	市场意识	心理测评
9	关注细节与秩序	结构化面试

在完成各类测评指标测评的基础上，对测评结果进行整理汇总，根据结果作出最终决策。

第四节　人员聘用与招聘评估

一、人员聘用

经过笔试、面试、评价中心几轮甄选过后，为人员聘用提供了较为客观的依据，接下来的工作就是背景调查、体检，并确定聘用人员名单及办理试用、正式聘用的相关手续。

1. 背景调查。

背景调查就是对应聘者的与工作有关的一些背景信息进行查证，以确定其任职资格，有助于挑选出合格的候选人。

2. 体检。

体格检查是聘用时不可忽视的一个环节。不同的职位对健康的要求有所不同。例如，士兵要求有良好的视力、厨师必须不能有传染病等。一些对健康状况有特殊要求的职位在招聘时尤其要对应聘者进行严格的体检。

3. 聘用与辞谢。

在整个招聘过程中，人员招募、甄选和聘用工作的每个环节都包括两种过程结果：聘用过程和辞退过程。

4. 签订劳动合同。

劳动合同是确立劳动关系的法律文书，也是劳动者与用人单位之间形成劳动关系的基本形式。劳动合同的双方当事人依法签订劳动合同，是促进劳动关系良好运行，以及预防、妥善处理劳动争议的前提条件。

二、招聘评估

招聘过程结束以后，应该对招聘活动进行及时的评估。招聘评估主要包括招聘成本评估、聘用人员评估和综合评估。

（一）招聘成本及成本效益评估

1. 招聘成本评估。

（1）招募成本。招募成本是为吸引和确定企业所需内外人力资源而发生的费用，主要包括招募人员的直接劳务费用、直接劳务费用（招聘洽谈会议费、差旅费、代理费、广告费、宣传材料费、办公费、水电费等）、间接费用（行政管理费、临时场地及设备使用费）和吸引潜在员工的预付费用（预先支付的委托代培费）其计算公式为：

$$招募成本=直接劳务费用+直接业务费用+间接管理费+预付费用$$

（2）选拔成本。选拔成本主要包括以下几个方面：初步口头面谈，进行人员初选；填写申请表，并汇总候选人员资料；进行各种书面或口头测试，评定成绩；进行各种调查和比较分析，提出评论意见；根据候选人员资料、考核成绩、调查分析评论意见，召开负责人会议讨论决策聘用方案；最后的口头面谈，与候选人讨论聘用后职位、待遇等条件；获取有关证明材料。通知候选人体检；在体检后通知录取与否。

$$选拔面谈时间费用=(每人面谈前准备时间+每人面谈时间)\times 选拔者工资率\times 候选人数$$

$$汇总申请资料费用=(印发每份申请表资料费+每人资料归总费)\times 候选人数$$

$$考试费用(平均每人的材料费+平均每人的评分成本)\times 参加考试人数\times 考试次数$$

$$测试评审费用=测试所需时间\times(人事部门人员的工资率+各部门代表的工资率)\times 次数$$

体检费 = [(检查所需时间 × 检查者工资率) + 检查所需器材、药剂费] × 检查人数

(3) 聘用成本。聘用成本包括录取手续费、调动补偿费、搬迁费和旅途补助费等由聘用引起的有关费用。这些费用一般都是直接费用。计算公式如下:

聘用成本 = 录取手续费 + 调动补偿费 + 搬迁费 + 旅途补助费等

(4) 安置成本。安置成本是为安置已录取职工到具体的工作岗位上时所发生的费用。

安置成本 = 各种安置行政管理费用 + 必要装备费用 + 安置人员时间损失成本

(5) 离职成本。离职成本是指因招聘不慎,因员工离职而给企业带来的损失,一般包括直接成本和间接成本两部分。

(6) 重置成本。重置成本是指因招聘方式或程序错误致使招聘失败而重新招聘所发生的费用。

2. 成本效益评估。

(1) 成本效益评估是对招聘成本所产生的效果进行的分析。它包括招聘总成本效益分析、招募成本效益分析、人员选拔成本效益分析、人员录用成本效益分析等。具体计算公式如下:

总成本效益 = 录用人数/招聘总成本

招募成本效益 = 应聘人数/招募期间的费用

选拔成本效益 = 被选中人数/选拔期间的费用

录用成本效益 = 正式录用人数/录用期间的费用

(2) 招聘收益成本比。它既是一项经济评价指标,同时也是对招聘工作有效性进行考核的一项指标。比值越大,说明工作越有效。

招聘收益成本比 = 所有新员工为组织创造的总价值/招聘总成本

(二) 聘用人员评估

聘用人员评估是指根据招聘计划对聘用人员的数量和质量进行评估的过程。判断招聘数量的一个明显的方法就是看职位空缺是否得到满足,雇佣率是否真正符合招聘计划的设计。衡量招聘质量是按照企业的经营指标类型来分别确定的。在短期计划中,企业可根据求职人员的数量和实际雇佣人数的比例来认定招聘质量。在长期计划中,企业可根据接受雇佣的求职者的转换率来判断招聘的质量。由于存在很多影响转换率和工作绩效的因素,因此对招聘工作质量的评估十分不易。聘用人员的数量可用以下几个数据来表示。

(1) 聘用比。

聘用比 = 聘用人数/应聘人数 × 100%

(2) 招聘完成比。

招聘完成比 = 聘用人数/计划招聘人数 × 100%

（3）应聘比。

$$应聘比=应聘人数/计划招聘人数\times 100\%$$

（三）综合评估

在实际招聘评估过程中，可以使用一些客观因素或指标来进行评估，如不同来源申请人的招聘成本、不同来源的新员工的工作绩效或者留职率等指标。

第五节　人力资源的有效配置

一、人力资源配置的基本概念

企业人力资源配置就是指通过人员规划、招募、选拔、录用、考评、调配和培训等多种手段和措施，将符合企业发展需要的各类员工适时适量地安排到适合岗位上，使之与其他经济资源实现有效的合理配置，做到人尽其才、适才适所，不断增强企业的核心竞争力，最大限度地为企业创造更高的社会和经济效益的过程。

人力资源配置，从配置的方式来看，可以分为空间和时间配置；从配置的性质来看，可以分为数量与质量配置；从配置的范围来看，可以分为个体与整体配置；从配置的结构来看，可分为总量与结构配置。

二、人力资源配置的基本原理

1. 要素有用原理。即任何要素（人员）都是有用的，没有无用之人，只有没用好之人。

2. 能位对应原理。其目的是使个人能力水平与岗位要求相适应。

3. 互补增值原理。强调人各有所长也各有所短，以己之所长补他人之短，通过个体之间取长补短而形成整体优势，实现组织目标的最优化。

4. 动态适应原理。指人与事的不适应是绝对的，适应是相对的，从不适应到适应是在运动中实现的。

5. 弹性冗余原理。要求在人事的配置过程中，既要达到工作的满负荷，又要符合人力资源的生理心理要求，不能超越身心的极限，保证对人对事的安排要留有一定的余地，既带给人力资源一定的压力和紧迫感，又要保障所有员工的身心健康。

三、人员配置的基本方法

员工配置的基本方法主要有三种：以人为标准进行配置、以岗位为标准进行配置和以双向选择为标准进行配置。

四、员工任务指派方法

在企业劳动组织过程中，为了提高人力资源配置的有效性，通过可以用运筹学的数量分析方法，例如，在解决员工任务指派问题时，企业普遍用的方法——匈牙利法，就是实现人员与工作任务配置合理化、科学化的典型方法。

在应用匈牙利法解决员工任务合理指派问题时，应当具备以下两个约束条件：

1. 员工数目与任务数目相等。

2. 求解的是最小化问题，如工作时间最小化、费用最小化等。

五、加强现场5S管理活动

5S活动是日本企业率先实施的现场管理方法，5S分别表示五个日语词汇的罗马拼音Seiri（整理）、Seiton（整顿）、Seiso（清扫）、Seiketsu（清洁）、Shitsuke（素养）的首字母的缩写。

1. Seiri（整理）。整理是开展5S活动的第一步，它的目的是改善和增加作业面积；使现场无杂物，行道通畅，提高工作效率；减少磕碰的机会，保障安全，提高质量；消除管理上的混放，混料等差错事故；减少库存量，节约资金；改变作风，提高工作情绪。

2. Seiton（整顿）。整顿是指对现场需要留下的物品进行科学合理的布置和摆放，即把要用的东西，按规定位置摆放整齐，并做好标识进行管理。

3. Seiso（清扫）。清扫是指在进行清洁工作的同时，进行自我检查。

4. Seiketsu（清洁）。清洁是指对整理、整顿、清扫的成果的巩固和维持，使之制度化。

5. Shitsuke（素养）。素养即教养，努力提高员工的素养，养成良好的作业习惯，严格遵守行为规范，而不需要别人督促，不需要领导检查，这是5S活动的核心。

六、人力资源的时间配置

1. 人力资源时间配置的内容。

企业人力资源配置不仅表现为部门、工种、岗位，以及工作地、劳动环境等空间上的劳动分工与协作，还表现为时间维度上的劳动分工与协作，即员工的工作时间组织。

工作时间就是指员工在工作场所从事生产经营活动所消耗的劳动时间。

由国家法律法规规定的工作时间长度，称为制度工作时间，对其具体内容和形式的规定简称为工时制度。

根据国家机关、事业单位和企业生产经营等不同的特点和条件，工时制度可分为以下三类：（1）标准工时工作制。我国多数企业采用这一制度。即国家规定的员工每日工作8小时，每周工作40小时的标准工时制度。（2）综合工时工作制。它是针对因工作性质特殊，需连续工作作业或受季节及自然条件限制的企业的部分员工，采用以周、月、季或年度为周期综合计算工作时间的一种工时制度。（3）不定时工作制。针对因生产特点、工作特殊需要或职责范围的关系，无法按标准工作时间衡量或需要机动作业的员工所采取的一种工时制度。

鉴于每个企业的情况不同，企业可依据上述原则结合自身的实际情况进行研究，并按照劳动行政主管部门的有关规定上报，经主管部门审核批准后，才能实行综合工时工作制或不定时工作制。

2. 工作轮班制度的概念和种类。

（1）工作轮班制度的概念。

工作轮班制作为企业工作时间组织的基本形式，它是指在工作日内组建不同班次的作业组。实行单班制还是多班次，主要取决于自身的生产经营活动的性质和特点。根据企业实际灵活安排工时制度也是工作时间组织的一项重要内容。

（2）工作轮班的种类。

工作轮班的组织形式很多，企业曾经采用过的有两班制、三班制和四班制。实行每周40小时工时制后，三班轮休制和三班半轮休制都超过了制度工时，不宜再采用。如需采用必须对超过制度工时的时间计为加班时间。

两班制是每日分早、中两班组织生产，员工不上夜班；三班制是每天分早、中、夜三班组织生产，根据公休日是否进行生产，又可以分为间断性三班制和连续性三班制。四班轮休制即四班三运转也称四三制；多班制主要是指每天组织四个或四个以上工作班轮番进行生产的轮班制度，主要有四八交叉、四六工作制和五班轮休制。

【人力资源管理师应试真题范例】

1.（　　）不是外部招募法的优点。

（A）带来新思想　　（B）选择余地大　　（C）树立新形象　　（D）费用较低

【答案】 D

【解析】 外部招募人员相对于内部选拔而言，成本比较大，而且也存在着较大的风险，但具有以下优势：（1）带来新思想和新方法；（2）有利于招聘一流人才；（3）起到树立形象的作用。

2. 布告法经常用于（　　）的招聘。

（A）非管理层人员　（B）管理层人员　　（C）高层管理人员　（D）一线员工

【答案】 A

【解析】 布告法的目的在于企业中的全体员工都了解到哪些职务空缺，需要补充人员，使员工感觉到企业在招募人员这方面的透明度与公平性，并有利于提高员工士气。一般来说，布告法经常用于非管理层人员的招聘，特别适合普通职员的招聘。

3. 筛选简历时，应更多地关注（　　）。

（A）学习成绩　（B）管理能力　（C）主观内容　（D）客观内容

【答案】 D

【解析】 简历的内容大体上可以分为两部分，主观内容和客观内容。在筛选简历时注意力应放在客观内容上。客观内容主要分为个人信息、受教育经历、工作经历和个人成绩4个方面。

4. 面试的开始阶段应从应聘者（　　）发问，从而营造和谐的面试气氛。

（A）熟悉的问题　（B）不能预料到的问题

（C）陌生的问题　（D）能够预料到的问题

【答案】 D

【解析】 面试时应从应聘者可以预料到的问题开始发问，如工作经历、文化程度等，然后再过渡到其他问题，以消除应聘者的紧张情绪。只有这样才能营造和谐的面谈气氛，有利于观察应聘者的内外表现，以求全面客观地了解应聘者。

5.（　　）是面试的一项核心技巧，又称为行为描述提问。

（A）开放式提问　（B）举例式提问　（C）重复式提问　（D）假设式提问

【答案】 B

【解析】 举例式提问是面试的一种核心技巧，又称为行为描述提问。在考察应聘者的工作能力和工作经验时，可针对其过去工作行为中特定的例子加以询问。

6. 内部招募存在明显的不足，主要体现在（　　）。

（A）容易出现不公正现象　（B）决策风险大

（C）影响内部员工的积极性　（D）容易抑制创新

（E）筛选难度大、时间长

【答案】 AD

【解析】 内部招募存在明显的不足，主要体现在：（1）因处理不公、方法不当或员工个人原因，可能会在组织中造成一些矛盾，产生不利的影响。（2）容易造成“近亲繁殖”。同一组织内的员工有相同的文化背景，可能会产生“团体思维”现象，抑制了个体创新，尤其是当组织内部重要岗位主要由基层员工逐级升任，就可能会因缺乏新人与新观念的输入，而逐渐产生一种趋于僵化的思维意识，这将不利于组织的长期发展。（3）有可能出现裙带关系的不良现象。（4）采用内部招募的方法，在培训上有时并不经济。（5）采用内部招募的方法，尤其是管理者的内部提拔，有可能产生一种把人晋升到他所不能胜任的职位的倾向。

7. 外部招募的方法主要有（　　）。

（A）发布广告　（B）借助中介　（C）校园招聘　（D）网络招聘

（E）熟人推荐

【答案】 ABCDE

【解析】外部招募的方法主要有发布广告、借助中介、校园招聘、网络招聘和熟人推荐。

8. 在面试过程中，应聘者通常希望（　　）。

（A）创造融洽的会谈气氛　（B）充分了解企业所关心的问题

（C）被理解、尊重，被公平对待　（D）尽量展现出自己的实际水平

（E）有足够时间向考官展示自己的能力

【答案】ACE

【解析】对应聘者而言，应聘者虽然在选择环节处于弱势地位，但他也有权挑选，他希望通过面试过程进一步了解用人单位、应聘岗位，最终作出自己的决定。一般来说，应聘者应明确以下目标：（1）创造一个融洽的会谈气氛，尽量展现出自己的实际水平。（2）有充分的时间向面试考官说明自己具备的条件。（3）希望被理解、被尊重，并得到公平对待。（4）充分她了解自己关心的问题。（5）决定是否愿意来该单位工作等。

9. 结构化面试的优点包括（　　）。

（A）对面试考官的要求较低　（B）所收集信息范围不受限

（C）有利于提高面试的效率　（D）便于进行分析、比较，减少主观性

（E）对所有应聘者均按同一个标准进行

【答案】ACDE

【解析】结构化面试的优点是对所有应聘者均按同一标准进行，可以提供结构与形式相同的信息，便于分析比较，减少主观性，同时有利于提高面试的效率，且对面试考官的要求较少。缺点是谈话方式过于程式化，难以随机应变，所收集的信息的范围受到限制。

10. 以下不属于四班轮休制的有（　　）。

（A）四六工作制　（B）四三制　（C）四班交叉制　（D）四八交叉制

（E）四班三运转制

【答案】ACD

【解析】四班轮休制即四班三运转，也称四三制。四班三运转的轮休制，是以 8 天为一个循环期，组织 1 个轮班，实行早、中、夜三班轮流生产，保持设备连续生产不停，员工每 8 天轮休两天的轮班工作制度。多班制主要是指每天组织 4 个或 4 个以上工作班轮番进行生产的轮班制度。主要有四八交叉、四六工作制和五班轮休制。

【案例分析】

案例 1　心理测试应注意的问题

某大型企业过去 5 年一直没有招聘，今年决定招聘一批新员工，在对应聘人员的选拔过程中，为了有效评定应聘者的能力特征和发展潜力，公司决定采用心理测试方式对应聘者进行心理测评。

（1）应用心理测试法进行人员招聘时，需注意哪些基本要求？

（2）对应聘人员进行能力测试时，可采用哪些情境模拟测试方法？

答：（1）应用心理测试法进行人员招聘时，需注意的基本要求有：

①要注意对应聘者的隐私加以保护。

②要有严格的程序。

③心理测试的结果不能作为唯一的评定依据。

（2）对应聘人员进行能力测试时，可采用的情境模拟测试方法有：

①公文处理模拟法。

②无领导小组讨论法。

③角色扮演法。

案例 2　校园招募的形式及应注意的问题

宝洁公司在用人方面是外企中最为独特的，它与其他外企不同，只接收刚从大学毕业的学生。由于我国只有每年的 7 月才有毕业生，宝洁才不得不接收少量的非应届毕业生。中国宝洁公司北京地区人力资源部傅经理介绍说，在中国宝洁公司，90% 的管理人员是从各大学应届毕业生中招聘来的。20 年来，宝洁公司已经聘用了几千名应届大学生。

请结合本案例回答以下问题：

（1）校园招募主要有哪几种方式？他适合于招聘哪几类岗位人员？

（2）采用校园招聘方式招聘应届大学毕业生时，应该注意哪些问题？

答：（1）校园招聘亦即上门招聘，主要有以下三种方式：

①招聘张贴；

②招聘讲座；

③毕业分配办公室推荐。

校园招聘的适用范围：

①校园招聘通常用来选拔工程、财务、会计、计算机、法律以及管理等领域具有初级水平的专业化人员。

②一般来说，在企业中约有 50% 的工作经验少于 3 年的专业人员，是通过校园方式中招聘到的。

（2）在进行校园招聘时，宝洁公司应注意以下问题：

①要注意了解和掌握政府在大学生就业方面的相关政策和规定。

②一部分大学生在就业中有脚踩两只船或几只船的现象。

③大学生由于缺乏社会经验，在走上社会之前，往往对自己有不切实际的过高评价，或存在好高骛远的倾向。

④针对学生感兴趣的问题做好应答准备。

案例3 匈牙利法的使用案例

某车间产品装配组有甲、乙、丙、丁四名员工，现有A、B、C三项任务需要完成，在现有技术组织条件下，每位员工完成每项工作所需要的工时如表4-6所示。

表4-6 四名员工完成三项任务的工时统计表 单位：工时

生产任务＼员工	甲	乙	丙	丁
A	10	8	9	18
B	11	18	6	12
C	18	16	10	9

请运用匈牙利法求出员工与任务的配置方法，以保证完成任务的总时间最短，并求出完成任务的最短时间。

答：（1）四名员工负责三项任务，则必定有一名员工没有任务，此时可增添一项虚拟任务D，各员工完成任务D的时间均为0，故构成以下表格：

生产任务＼员工	甲	乙	丙	丁
A	10	8	9	18
B	11	18	6	12
C	18	16	10	9
D	0	0	0	0

（2）使用匈牙利法解题：

①构成矩阵。

$$\begin{matrix} 10 & 8 & 9 & 18 \\ 11 & 18 & 6 & 12 \\ 18 & 16 & 10 & 9 \\ 0 & 0 & 0 & 0 \end{matrix}$$

②使每行每列至少包含一个"0"。用每行或每列的数分别减该行或该列的最小数即可，得以下矩阵。

$$\begin{matrix} 2 & 0 & 1 & 10 \\ 5 & 12 & 0 & 6 \\ 9 & 7 & 1 & 0 \\ 0 & 0 & 0 & 0 \end{matrix}$$

③画“盖0”线，即画最少的线将矩阵二中的“0”全部覆盖住。

2	0	1	10
5	12	0	6
9	7	1	0
0	0	0	0

④“盖0”线的数目等于矩阵的维数，因此找出只含有一个“0”的行（或列），将该行（或列）中的“0”打“√”，得如下矩阵。

2	0√	1	10
5	12	0√	6
9	7	1	0√
0	0	0	0

（3）由此，我们可以看出乙负责任务A，丙负责任务B，丁负责任务C。完成任务的总工时数 =8 +6 +9 =23（小时）。

第五章　培训与开发

第一节　概　　述

一、基本概念

员工培训是为了满足组织不断发展的需要，提高员工的知识技能，改善员工的工作态度，使员工能胜任本职工作并不断地有所创新，在综合考虑组织的发展目标和员工个人的发展目标的基础上，对员工进行的一系列有计划、有组织的学习与训练活动。

培训在不同组织和资料中有不同的表述，如训练、发展、开发、继续教育等。其实培训是指训练和培养；开发是指通过一定的途径使潜在的能力得到有效的呈现。培训侧重于组织通过外在需求增强员工的某些知识、技能，以适应组织发展的需要；开发则侧重于挖掘员工本身所固有的知识和技能，使之更好地运用于组织发展中去。

很多企业的领导希望培训能够给大家带来立竿见影的效果，希望员工在培训以后能将所学的东西运用到工作中，迅速解决实际问题。但这只是理想中的培训。培训是一种潜移墨化影响过程，需要反复地、累年积月地给员工灌输，需要员工反复地去执行。培训可能无法立刻见效，但见效后可能持续若干年。

对于企业而言，培训实质上是一种系统化的智力投资。21 世纪是知识经济时代，人力资源已经代替土地、技术和资本成为企业生存发展最重要的生产要素。企业投入大量的人力、物力、财力进行培训，提高人力资源的素质和能力，这有助于增加企业的产出，从而获得投资收益。培训不是万能的，有很多问题只依靠培训是无法解决的，比如企业资金问题、企业架构问题、行业问题、领导者风格问题等。这些问题通过在企业内部开展员工培训的方法是无法得到改善的，需要依据企业的外部培训机构或企业自身的改革来完成。培训在企业中可以服务的方面有：销售、采购、人力资源开发、团队建设、职业化、人员素质等。

培训是指企业实施的、有计划的、连续的系统学习行为或过程，其目的是通过使员工的知识、技能、态度乃至行为发生定向改进，从而确保员工能够按照预期的标准或水平完成所承担或将要承担的工作任务。培训的终极目标是要实现员工持续进步与企业永续发展的和谐统一。

培训的本质是学习。培训意味着使员工个体的行为、潜能或思维发生比较持久的变化，而不仅仅是传播知识、技术，也不仅仅是满足于简单的记忆。并不是所有培训都导致学习，也不是所有学习都是培训的结果。

培训是一个有计划、连续的系统过程。这一系统始于对培训需求的分析评价，通过确定培训目标，选择、设计培训方案，实施培训，评估培训效果，并进行反馈和改进。企业对每一个上岗工作的员工的态度、经验、技能等多个方面有特定的要求，即岗位任职资格。培训的直接目的就是使受训员工得到一定改进，进而弥补员工自身条件和岗位所需能力之间的差距。

可以说，培训的终极目标是实现员工进步与企业发展的双赢。

二、培训的原则

第一，以战略为导向开展各项培训活动。企业制订培训计划，既要满足企业目前的需要，又要与企业发展战略一致，符合企业长远发展的需要。例如，企业在培养人才时，既要考虑满足当前人力资源配备的需要，又要谋划建立能够支撑企业长远发展的人才梯队。

第二，强调理论联系实际，按需施教，学以致用。企业培训与普通教育的根本区别在于它特别强调针对性、实践性。企业发展需要什么、员工工作缺什么就培训什么。培训不是为了取得某种形式上的认可，而是为了产生实效。

第三，专业知识和技能培训与组织文化和职业道德培训兼顾。在用人原则上有这样的说法：对于企业而言，应该是有德有才重用，有德无才慎用，无德无才弃用，无德有才坚决不用，这才是企业管理的用人精髓！企业员工培训的内容不但要与干部、员工的任职标准相衔接还应以组织文化和职业道德相辅。

第四，做好培训还应注重培训的数量与质量以及形式与内容统一。由于培训是一个循序渐进、潜移默化的过程，因此，一方面企业必须舍得投入相当数量的人、财、物对员工开展一定数量的培训；另一方面，企业要考虑如何科学地组织实施培训，因材施教、因地制宜，做到培训形式和内容的统一，才能保证培训的质量，最终取得培训的实效。

第五，不少企业动不动就全员培训，原因是总觉得既然花了钱就让大家都受益吧。事实上并非所有的培训都适合全员培训。考虑到培训的成本和效益、企业对不同员工需求的紧迫性不同，在开展全员培训的同时，要重点培训企业的领导人才、管理人才和工作骨干，要优先培训企业急需的紧缺人才。

第六，鼓励员工主动参与培训。培训取得实效的关键是充分调动员工对培训的参与度。

第七，严格考核培训成果，实施择优奖励。培训工作与其他工作一样，严格考核和择优奖励是不可缺少的管理环节。企业可根据受训员工的考核成绩，设立不同的奖励等级，还可记入档案，作为与他们今后的奖励、晋级等评定挂钩的依据，使之成为调动受训人员积极性的有力杠杆。

第八，重视培训的成本控制与投资效益。培训是一种投资，投入的是企业的人力、财力、物力，得到的是员工素质的提升和工作效率的提高。

第九，有的放矢地进行培训改革创新。培训是为企业和员工服务的。时代在变化，企业在发展，员工在进步，培训自身也需要不断进行改革创新。

三、培训的内容

员工培训的内容选择，一般本着“干什么学什么，缺什么补什么”的原则，做到学以致用，有针对性、有目的性地进行培训。一般来看，员工培训的内容集中在以下三个方面：

1. 知识培训。通过培训，使员工具备完成本职工作所必需的基本知识，而且还应让员工了解公司经营的基本情况，如公司的发展战略、目标、经营方针、经营状况、规章制度等，便于员工参与公司活动。

2. 技能培训。通过培训，使员工掌握完成本职工作所必需的技能，如谈判技能、操作技能、处理人际关系的技能等，以此开发员工的潜能。培训是以提高组织绩效为目标、改变员工行为的活动。

3. 态度培训。员工态度如何对员工的士气及公司的绩效影响很大。必须通过培训，建立起公司与员工之间的相互信任，培养员工对公司的忠诚度，培养员工应具备的团队精神和态度。

对管理者和普通员工的培训内容是有所不同的。对管理者的培训内容侧重于政治思想教育、管理能力（包括谈判技能、沟通技能、领导能力等），以及战略眼光、大局意识的培养，而对于一般的员工，更多地强调技术技能、执行力、团队精神、服务意识等的培养。

四、培训的主要方式

对员工进行培训的主要方式有三种：岗前培训、在职培训和脱产培训。

1. 岗前培训。组织在招聘员工时，虽然进行了细致挑选，但新员工对新的工作岗位并不熟悉，能力、知识也可能并不完全匹配，正确的工作态度也没有树立起来，需要有一个学习、适应的过程。因此，组织应对新员工在上岗工作之前进行有针对性的培训。让新员工了解组织的有关情况，包括组织发展战略、经营目标、有关管理制度等，使他们尽快掌握必要的知识、技能，具备相应资格。

2. 在职培训。在职培训与岗前培训不同，其培训对象是针对组织在职员工所进行的培训。

在职培训是指员工在不离开工作岗位或工作场所的情况下参加的培训。在岗培训总的来说具有操作简便、成本低廉、实效显著的特点。企业中的在岗培训一般有以下五种形式：

（1）岗位辅导。岗位辅导即传统的“师傅带徒弟”，企业安排具有丰富工作经验的人员（主要是直接上级或资深员工）充当“师傅”，对受训员工在工作现场进行“一对一”或“一对多”的辅导。一方面是“师傅”进行讲解、示范和指导，另一方面是受训员工进行体会、演练和改进。这种培训的优点在于成本低、实用。适用于操作性强、程序清晰的培训内容。培训对象一般为中、基层员工，多用于新员工的试用期培训和转岗员工的上岗培训。

（2）岗位轮换。岗位轮换是指企业有计划、有目的地使不同员工彼此交换工作岗位或使某一个员工在多个工作岗位进行工作，以开发员工多种能力的培训方法。本方法既适用于新员工培训，使其快速地适应企业环境；也适用于优秀的中层管理人员和基层人员的培训，推动其成为企业的骨干。

（3）小组学习。小组学习是指为达到共同的学习目标，学习者以小组形式参与学习，并与其他学习者保持融洽及相互合作的态度，共享信息和资源，共同担负学习责任，最终完成学习任务。该方法适用于团体协作、思维能力培训。例如，现在网上不少优秀学习者组织的自学微信组，确实能够有效推动学习，学习小组中大家相互监督相互促进，较之个人自学的持续作用更大、学习效果更好。

（4）企业教练。企业教练法通过聆听和发问反映出受训者的心态，并向受训者提出与工作相关（包括主观方面和客观方面）的反映意见，使对方认清自己的目标、价值观和角色，并调整心态，明确目标，专注行动，最终创造更大的成果。这种培训方法衍生于体育界的教练，现已成为当今欧美企业界提高生产力的最新、最有效的管理方法之一。此方法适用于人力资源的开发，建立富有创意的文化，以及个人和团队素质培训。国内一些大企业的管理人员还配有个人教练。

（5）自助培训。简称 SST 法，是借助培训光盘软件，企业随时随地以任意形式、任意人数、任意次数自由地组织相关培训活动，所需的硬件条件只是一台计算机。自助培训克服了传统培训方法受制于外聘培训师的水准不一、费用偏高、针对性差的缺点，具有无可比拟的先进性和实效性。该方法适用于课堂培训，或是职能部门（如市场部）人员培训，也适用于企业的轮训，如对不同销售地区的营销人员进行轮训，由于内容相似，采用自助培训法可实现任意数量的重复培训。

3. 脱产培训。脱产培训是指员工暂时脱离工作岗位，在企业外部参加的培训。这类培训耗费较多的培训经费和资源，所以在脱产培训中，企业要做好培训后期工作的规划，如安排员工参加费用较大的培训时应签订培训服务期协议以降低企业培训投资风险。脱产培训的方法主要有以下五种。

（1）课堂讲授法。课堂讲授法是传统模式的培训方法，也称课堂演讲法，是一种将大量知识通过语言表达，使抽象知识变得具体形象、浅显易懂，一次性传播给众多听课者的教学方法。培训教师借助于语言媒介将知识信息直接传递给学员，让学员进行接受性的学习，避免了学员认识过程中许多不必要的曲折，能够使学员在短时间内获得大量系统的科学知识。讲授方式具体有：讲述、讲解、讲演。课堂讲授法常被用于一些理念性知识的培训，如对本企业的一种新政策或新制度的演讲、引进新设备或技术的普及讲座等理论性内容的培训等。

（2）网上培训。网上培训又称为“e-learning”。它打破时间、地域的限制，利用多媒体通信进行远距离教学的集语音、图像、数据、档案资料、程序、教学软件、兴趣讨论组、新闻组于一体的交互式学习模式。按照信息交流的时效性，在网上培训分为同步培训和非同步培训两种形式。该方法适用于培训员工各方面的知识和技能，培训对象为全体员工。全球500强企业中已有接近60%的企业开始以“e-learning”作为教育训练的主要辅助工具。当前网络上比较有名的有：清华紫光、英盛网等。

（3）情境化培训。情境化培训就是在教学过程中，依据教学内容，设计安排一个或多个与现实问题相关的情境，其中蕴涵了与学习有关的问题悬念，引导学员独立思考，激发学员对教学内容的强烈求知欲望，以最佳的学习状态进行学习。该方法适用于新知识的学习，尤其是某些情境或事件的处理办法与技巧等。国内有几家知名企业经过拓展，将情境化培训运用到解决实际工作问题上，效果显著，为企业集思广益解决了不少难题，从而也打破了培训不能直接解决问题的局限。

（4）抛锚式培训。抛锚式培训就是使学员在一个完整、真实的问题背景中产生学习的需要，并通过镶嵌式教学以及学习共同体中成员间的互动、交流，即合作学习，凭借自己的主动学习、亲身体验，从识别目标、确定目标到实现目标的全过程。

这种培训策略要求建立在有感染力的真实事件或真实问题的基础上。确定这类真实事件或真实问题被形象地比喻为“抛锚”，因为一旦这类事件或问题被确定了，整个教学内容和教学进程也就被确定了，类似于轮船被锚固定。抛锚式培训使学员适应日常生活，学会独立识别问题、提出问题、解决真实问题。

（5）实战模拟法。实战模拟就是假设一种特定的工作情景，由若干个受训组或小组，代表不同的组织或个人，扮演各种特定的角色。他们要针对特定的条件、环境及工作任务进行分析、决策和动作。这种职业模拟培训旨在让受训者身临其境，提高自身的适应能力和实际工作能力。实战模拟不仅适用于刚刚走上工作岗位而缺乏经验的新手，也适用于对于某项新任务来说缺乏能力的在职人员。它是职前实务训练中被广泛采用的一种方法，也称为沙盘模拟。

沙盘模拟训练是一种体验式、互动型的教学和学习方式。它通过模拟与培训主题相关的重要经营活动，使学员亲身参与模拟企业的成长与发展历程，在与其他模拟企业的激烈市场竞争和对自身不断地完善改进中，完成培训与学习。培训师根据需要，对学员进行必要的引导，适时启发学员思考，当学员陷入经营困境时提出建议，并对培训中的核心问题进行解析，学员通过对模拟企业管理成功与失败的反思与总结中，感受企业运营的规律，感悟经营管理的真谛。

除了以上所介绍的培训方法外，还有综合培训法。综合培训法主要有8种，分别是：①演示法；②测试法；③假想构成法；④交流法；⑤头脑风暴法；⑥角色扮演法；⑦演练法；⑧案例分析法。

五、培训的流程

培训流程一般可分为培训需求分析、培训的组织与实施、培训评估三个主要环节。

第二节 培训需求分析

一、培训需求分析的定义与过程

1. 培训需求分析。就是从组织角度、工作任务角度和员工个人角度去分析员工的现有知识、技能和态度和应有的知识、技能和态度之间的差距，从而明确培训的目的和目标，为后面的各项培训工作的开展奠定坚实的基础。培训需求分析是整个培训的首要工作，如同医生问诊。如果该项工作不规范、不细致，就会导致培训计划难以制订，使培训工作难以成为完整的系统，影响整体培训工作的开展。培训需求分析系统包括两项基本功能：

（1）明确培训对象，即确认有哪些员工需要进行培训。需要进行培训的员工主要分两种情况：一是由于工作岗位发生重大变革，而需要对该岗位的所有员工进行技术、知识、能力等方面的培训；二是由于员工个人原因适应岗位晋升需求等需要对其进行专门的培训。

（2）制订培训标准，即确定员工需要或不需要培训的具体标准，或员工培训后应达到什么程度的标准。

2. 培训需求的定义。根据有关论述和培训教育中的实践经验，一般把培训需求定义为：组织及其成员在绩效、行为、知识、技能、态度、观念等方面的实际情况与理想状态之间的，可以通过培训来加以改变的差距。即：培训需求 = 理想状态需要的 - 实际拥有的（理想状态是指培训组织为实现其经营战略目标而需要员工必须具备的知识、技能、行为、态度等）。

针对不同的主体，培训需求有所不同，培训主体的差异往往会导致需求内容的不同。根据不同的划分标准，可将培训主体分为以下三类：

（1）按岗位划分。新员工、一般员工、专业技术人员、管理人员、转岗人员、待岗人员。

（2）按范围划分。个人、团队、整个组织。

（3）按层次划分。高层管理者、中层管理者、基层员工。

二、培训需求分析的作用

培训需求分析具有很强的指导性，其在企业培训中的作用至关重要。通过培训需求分析可以起到以下作用。

1. 寻找组织绩效问题产生的原因。

2. 确认绩效差距以及达到一定绩效目标的差距。

3. 满足员工个人需求、赢得组织成员的支持。

4. 建立培训信息资料库，为进行培训项目效果评估做好准备。

5. 确定培训项目的成本和价值。分析培训项目的投入与产出，确定投资是否获得应有的产出。

只有明确培训需求产生的原因及分析培训需求的目的，我们才能更好地在企业中通过培训实现智力的投入与产出的有效施行。

培训需求分析评估的过程见图 5－1。

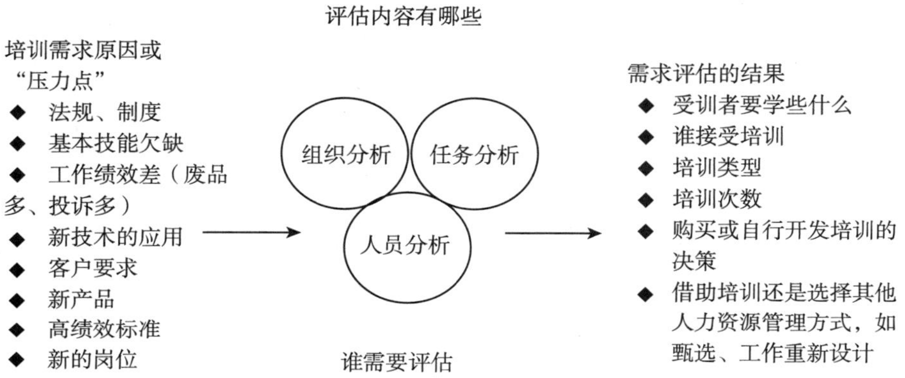

图 5－1 培训需求分析过程

资料来源：［美］雷蒙德·A. 诺伊：《员工培训与开发》，中国人民大学出版社，2002 年。

三、培训需求信息收集的方法

1. 培训需求信息收集的方法有很多种，各种方法之间的比较见表 5－1。

表 5－1 培训需求信息收集方法比较

信息收集方法	受训者的参与程度	管理层的参与程度	所需时间	所需成本	可用数量指标衡量
员工行为观察法	中	低	高	高	中
问卷调查法	高	高	中	中	高
管理层调查法	低	高	低	低	低
面谈法	高	低	高	高	中
关键事件法	高	低	中	低	高
集体（小组）讨论法	高	中	中	中	中
测试法	高	低	高	高	高

续表

信息收集方法	受训者的参与程度	管理层的参与程度	所需时间	所需成本	可用数量指标衡量
资料档案收集法	低	中	低	低	中
以前项目评估法	中	低	中	低	高
业绩考核法	中	高	中	低	高
顾问委员会研讨法	低	中	中	高	低
态度调查法	中	低	中	中	低
趋势研究法	低	中	高	低	低

资料来源：徐庆文，裴春霞．培训与开发．山东人民出版社，2004.

2. 培训需求分析模型。

除了表 5－1 中的方法外，还可以从培训分析模型来进行培训需求的分析。

（1）培训需求的循环评估模型。循环评估模型指对于员工培训需求提供一个连续的反馈信息流，以用来周而复始地估计培训需求。在每个循环中，都需要依次从组织整体层面、作业层面和员工个人层面进行分析。

这种评估模型的优势在于：①从组织整体到员工个人进行全面需求分析，避免发生遗漏；②使培训成为企业一项长期性制度。不足在于，工作量大：需要专门人员定期执行，同时需要管理者和员工的积极支持和参与。

（2）任务—绩效评估模型。培训需求分析的目的是了解员工和管理者在某方面的培训需求，因此，可以根据新员工和原职工的不同情况分别进行评估。员工培训的主要作用是通过提高员工的工作能力来改进工作绩效。

这种模型的优势在于：比较明确具体地找出培训需求；操作较容易，可根据目标任务或绩效标准与实际绩效考核情况比较，并结合技能与态度分析进行；可在各班组全面展开，提高员工的参与性；可揭示企业人力资源管理中存在的其他问题。局限性在于，它主要适用于操作性员工。此外，它需要有良好的工作岗位设计与分析资料，并具备完善的员工绩效考核体系。

（3）培训需求差距分析模型。该模型表明，“理想状态”同“现实状态”总会形成一定的差距，这些差距主要包括以下几个方面：现有知识与技术水平程度、能力水平、认识与态度水平、绩效水平、劳动者素质以及目标，培训活动的宗旨在于消除或缩小这种差距。

（4）胜任力特征模型。胜任力特征指能将某一工作（或组织、文化）中表现优异者与表现平庸者与表现不合格者区分开来的个人表层特征与深层特征，也就是说，这个岗位的人，要履行他的岗位职责，他需要培训什么样的内容，包括知识、技能、社会角色、自我概念、特质和动机等可以通过测量或计算来显著区分优秀绩效和一般绩效或合格绩效与不合格绩效的个体特征。它是一种战略导向的分析方法。其优势在于通过对职位和个人胜任力的规范评价，为培训需求分析与预测提供可靠而有效的依据或标杆，从而使培训需求分析更精确。但是，建立胜任力特征模型要求相当专业的访谈技术和后期分析处理技巧，且耗时、费力、成本高。

四、培训需求分析技术及其优缺点

培训需求分析技术包括：观察法、调查问卷法、阅读技术手册和记录，以及访问专门项目专家等，各种技术的优缺点见表 5－2。

表 5－2　　培训需求分析技术的优缺点

技术	优点	缺点
观察法	◆ 得到有关工作环境的数据 ◆ 将评估活动对工作的干扰降至最低	◆ 需要水平高的观察者 ◆ 员工的行为方式有可能因为被观察而受到影响
调查问卷	◆ 费用廉价 ◆ 可从大量人员那里收集到数据 ◆ 易于对数据进行归纳总结	◆ 时间长 ◆ 回收率可能会很低，有些答案不符合要求 ◆ 不够具体
阅读技术手册和记录	◆ 有关工作程序的理想信息来源 ◆ 目的性强 ◆ 有关新的工作和在生产过程中新产生的工作所包含任务的理想信息来源	◆ 你可能不了解技术术语 ◆ 材料可能已经过时
访问专门项目专家	◆ 利于发现培训需求的具体问题，及问题的原因和解决办法	◆ 费时 ◆ 分析难度大 ◆ 需要高水平的访问者

资料来源：Based on S. V. Steadham, "Learning to Select a Needs Assessment Strategy," *Training & Development Journal*, January, 1980: 56－61; R. J. Mirabile, "Everything You Wanted to Know about Competency Modeling," *Training&Development Journal*, August, 1997: 74.

第三节　培训的组织与实施

一、概述

培训需求分析完成后，培训的目的和目标就非常清晰了，围绕这个目标的实现，要制订详细的培训计划。主要包括落实负责人和负责单位、进一步明确培训的目标和内容、选择适当的培训方法、选择学员和培训师以及制订培训计划。培训计划主要是明确培训的内容、时间、地点、方式和要求等，使人一目了然。按照所制订的培训计划加以贯彻实施，在实施过程中要完成培训课程的具体设计，包括确定每一门培训课程的目标、内容、教材、培训模式、培训策略、课程评价、组织、培训时间和空间等，然后按照课程设计的内容加以具体实施。

二、培训计划的内容

培训计划要解决以下基本问题：为什么要培训（why）？谁接受培训（for who）？培训什么（what）？谁实施培训（who）？如何培训（how）？

具体而言，培训计划的内容应包括：培训目的、培训目标、培训对象、培训规模、培训时间、培训地点、培训教师、培训方式、培训费用等九个方面。

（一）培训计划的分类

按计划层次来划分，培训计划可以划分为：①整体培训计划；②年度培训计划；③各部门培训计划。

其中各部门培训计划按照培训计划的时间长短又可以划分为：①长期培训规划；②中期培训计划；③单项培训计划。

（二）不同培训计划的内容

1. 整体培训计划的主要内容如下：

- 企业现状分析：对于目前本公司的员工人数、结构、学历、受培训经历、在职年限、工作责任、工作绩效、主管意见等进行分析。
- 长期培训需求分析：主要通过对企业发展战略和中长期营运目标分析，再确定企业的长期培训需求。
- 培训政策：制定相应的培训政策。
- 培训行动计划。
- 未来（规划期内）几年的培训规模、人次、层次、对象。
- 培训内容、培训方式计划。
- 公司培训制度改善计划。
- 公司培训体系改善计划。
- 培训机构发展计划。
- 师资计划。
- 培训效益分析与预测。

2. 年度培训计划的内容。

根据培训需求分析结果，企业一般是在每年第四季度开始制订下一年度培训计划，并制作“员工培训计划表”“年度培训计划汇总表”，对全年培训计划进行控制。

3. 部门长期培训计划的内容

- 对部门长期任务目标分析。
- 对部门目前的现状分析。
- 对部门长期培训需求进行分析。
- 部门长期培训目标是什么?
- 部门长期培训对象是谁?
- 部门需要的培训资源有哪些?
- 部门拥有的培训资源有哪些?
- 部门长期培训需要什么样的支援?
- 部门长期培训策略是什么?
- 部门长期培训政策是什么?
- 部门长期培训组织设置是怎样的?
- 部门长期培训的内容安排有哪些?
- 部门长期的培训行动有哪些?
- 对部门长期培训的效果进行预测。
- 对部门长期培训的效益进行预测。

4. 部门中期培训计划的内容。

其具体内容同“部门长期培训计划”，只是分析的时间区间及计划适用时间段改为“中期”。

5. 单项培训计划的内容。

- 课程名。
- 参训对象。
- 日期、培训时数。
- 培训地点。
- 培训日程表。
- 培训主体内容。
- 培训方式。
- 运用什么教材。
- 培训师。
- 培训设施、教具。
- 评估方法。
- 培训管理规定有哪些?
- 费用预算。

详细课程计划举例如表 5－3 所示。

表 5-3 详细课程计划举例

项目名称：进行有效的绩效反馈面谈
课程名称：在反馈面谈中应用问题解决法
课程时间：一整天
学习目的：
1. 准确描述绩效反馈使用的问题解决法的八个步骤。
2. 准确演示绩效反馈角色扮演的八个步骤。
目标学员：管理人员。
先决条件。
受训者方面：无。
培训教师方面：熟悉用于绩效评估反馈面谈的倾听与反馈技能及问题解决办法。
房间布置：扇形座位摆放。
所需资料：录像机、幻灯片投影仪、铅笔、幻灯片、“绩效评估面谈”录像带、角色扮演练习。
备注：在培训前两周把预读文章发下去

课程活动内容	培训教师活动	学员角色	时间安排
课程介绍	主讲	倾听	8：00～8：50am
观看三种绩效反馈类型的录像		观看	8：50～10：00am
休息			10：00～10：20am
讨论各种方法的优缺点	辅助者	参与	10：20～11：30am
午餐			11：30～13：00am
讲解问题解决法的八个步骤	主讲	倾听	13：00～14：00pm
角色扮演	看学员演练	练习使用关键行为	14：00～15：00pm
结束	回答问题	提问	15：00～15：15pm

资料来源：［美］雷蒙德·A. 诺伊著．徐芳译．员工培训与开发．中国人民大学出版社，2001.

三、培训实施

实施培训主要涉及以下几个方面的工作：

1. 确定培训师。培训师既可以是内部培训师，也可以是外部培训师，组织根据实际情况来加以选择。培训师的好坏直接影响到培训的效果。一位优秀的培训师既要有广博的理论知识，又要有丰富的实践经验和扎实的培训技能。

2. 确定教材。一般由培训师确定教材。教材来源主要有四种：外面公开出售的教材、企业内部的教材、培训公司开发的教材和培训师编写的教材。一套好的教材应该是围绕目标，简明扼要、图文并茂、引人入胜。

3. 确定培训地点。培训地点的优劣也会影响到培训的效果。培训地点一般有以下几种：企业内部的会议室（教室）、企业外部的会议室（教室）、宾馆内的会议室。要根据培训的内容来布置培训场所。

4. 准备好培训设备。如电视机、投影仪、屏幕、放像机、摄像机、幻灯机、黑板、白板、纸、笔等，尤其是一些特殊的培训，需要一些特殊的设备，事前一定要准备好。

5. 决定培训时间。要考虑是在白天还是在晚上，工作日还是周末，何时开始，何时结束等。

6. 发通知。要确保每一个应该来的人都收到通知，因此，最好有一次追踪，使每个人都确知时间、地点与培训基本内容。

四、培训方法及选择

1. 传统的培训方法。

传统的培训方法常见的有：案例分析法、研讨会法、讲授法、游戏法、角色扮演法、电视（录像）教学法、师带徒、仿真模拟、行动学习等。各种传统培训方法的选择，可从学习效果、学习环境、学习成本等多个角度进行比较，具体见表 5－4。

表 5－4　　对传统培训方法的选择

		演示法		传递法								团队建设法		
		讲授	录像	角色扮演	案例分析	游戏	在职培训	自我指导学习	师带徒	仿真模拟	行为示范	冒险性学习	团队培训	行动学习
学习成果	语句信息	是	是	否	是	是	是	是	是	否	否	否	否	否
	智力技能	是	否	否	是	是	否	是	是	是	否	否	是	否
	认知策略	是	否	是	是	是	是	是	否	是	是	是	是	是
	态度	是	是	是	否	否	否	否	否	否	否	是	是	是
	运动技能	否	是	否	否	否	是	否	是	是	是	否	否	否
学习环境	明确的目标	中	低	中	中	高	高	高	高	高	高	高	高	高
	实践机会	低	低	中	中	中	高	高	高	高	高	高	高	中
	有意义的内容	中	中	中	中	中	高	中	高	高	中	低	高	高
	反馈	低	低	中	中	高	高	中	高	高	高	中	中	高
	观察并与别人交流	低	中	高	高	高	高	中	高	高	高	高	高	高
培训转换		低	低	中	中	中	高	中	高	高	高	低	高	高
成本	开发成本	中	中	中	中	高	中	高	高	高	中	中	中	低
	管理成本	低	低	中	低	中	低	中	高	低	中	中	中	中
效果		对言语信息来讲效果好	一般	一般	一般	一般	对有组织的 OJT 效果好	一般	好	好	好	差	一般	好

资料来源：［美］雷蒙德·A. 诺伊. 员工培训与开发. 中国人民大学出版社，2002.

美国学者针对人事专家调查研究了各种培训方法在帮助员工获得知识、改变态度、提高解决难题的技巧、提高人际沟通技能、获得参与许可和知识保持等方面的有效性，研究结果见表5-5，表中所排列的次序越高，反映专家认为这种方法越有效。

表5-5　　培训方法的有效性比较

培训方法	获得知识	改变态度	解决难题技巧	人际沟通技能	参与许可	知识保持
案例分析	2	4	1	4	2	2
研讨会	3	3	4	3	1	5
授课（带讨论）	9	8	9	8	8	8
游戏	6	5	2	5	3	6
电影	4	6	7	6	5	7
程序化教学	1	7	6	7	7	1
角色扮演	7	2	3	2	4	4
敏感性训练	8	1	5	1	6	3
电视教学	5	9	8	9	9	9

资料来源：Terry L. Leap and Michael D. Crino, *Personal*, *Human Resource Management*, Macmillan, 1898, P. 291.

2. 新技术培训方法。

各种新技术培训方法的选择，也可从学习效果、学习环境、学习成本等多个角度进行比较，具体见表5-6。

表5-6　　新技术培训方法的比较

		计算机培训	光盘培训	国际互联网	内部网	远程培训	智能指导系统	虚拟现实
学习成果	语句信息运动技能	是	是	是	是	是	是	是
	智力技能	是	是	是	是	是	是	否
	认知策略	是	是	是	是	是	是	是
	态度	否	是	否	否	否	否	否
	运动技能	否	否	否	否	否	是	是
学习环境	目标明确	中	高	高	高	中	高	高
	实践机会	中	高	中	中	低	高	高
	有意义的内容	中	高	高	高	中	高	高
	反馈	中	高	中	中	低	高	高
	观察及与他人的交流	低	高	中	中	低	低	低

续表

		计算机培训	光盘培训	国际互联网	内部网	远程培训	智能指导系统	虚拟现实
培训转化		中	高	中	中	低	高	高
成本	开发成本	高	高	高	高	中	高	高
	管理成本	低	低	低	低	低	低	低
成效		中	高	不确定	不确定	中	不确定	高

资料来源：[美] 雷蒙德·A. 诺伊. 员工培训与开发. 北京人民大学出版社，2002.

第四节　培训评估

一、培训评估的范围

一般的，培训评估的范围包括以下几项：

1. 培训需求分析、培训计划与培训方案评估、培训过程评估、培训效果评估。

2. 受训者的反应、知识技能的增长、工作表现，以及组织效益的评估。

3. 对培训目标与内容、培训工作过程进行评估，培训结束后的受训者考核评估，运用人力资本投资计算培训的收益，跟踪评估。

参见如图 5－2 所示的评估范围大纲，该图将培训过程分为三个过程，每一阶段的培训评估的重点不一样。

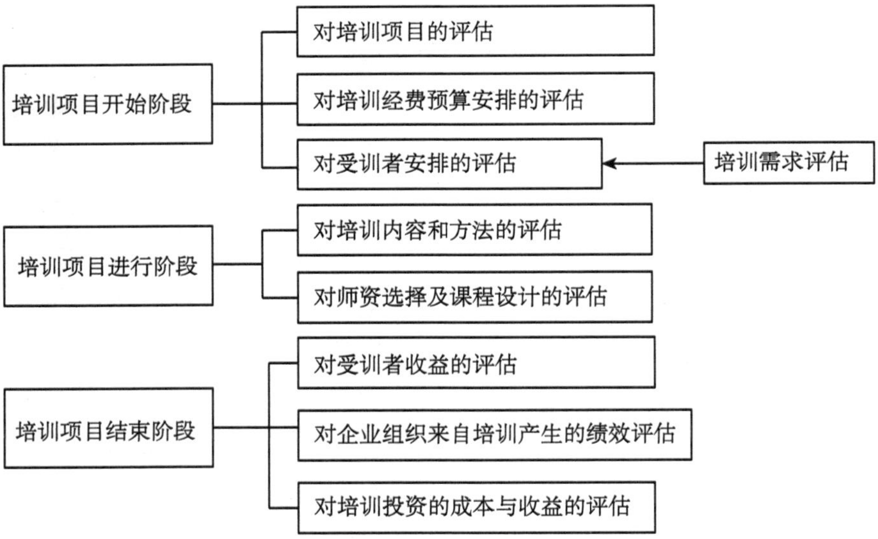

图 5－2　培训评估范围大纲

资料来源：唐志红，骆玲. 人力资源：招聘·培训·考核. 首都经济贸易大学出版社，2003.

二、培训评估的信息收集方法

培训评估的信息收集方法见表 5－7。

表 5－7　　培训评估的信息收集方法

方法	内　　容
收集资料	培训方案 有关培训方案的领导批示 有关培训的录音、调查问卷统计分析资料 有关培训的考核资料 有关培训的录像资料 有关培训的实施人员写的会议纪要、现场记录等 编写的培训教程 有关培训师的资料等
实地观察	培训组织准备工作观察 培训实施的现场观察 培训对象参加培训过程的观察 培训对象对培训的反映状况观察 培训后一段时间内培训对象的工作过程的行为变化观察
访问	访问培训学员 访问培训的实施者 访问培训的管理者 访问培训的学员的领导和下属
问卷调查	培训的需求调查 培训的组织调查 培训的内容及形式调查 培训的讲师调查 培训的效果综合调查

资料来源：李燕萍．培训与发展．北京大学出版社，2007：336.

三、培训效果评估模型

常见的培训效果评估模型包括柯克帕特里克四级评估模型、菲利普斯的五级投资回报率模型等（见表 5－8 和表 5－9）。

表 5-8　　柯克帕特里克四级评估模型

层次	可以问的问题	衡量方法
反应层	受训人员喜欢该项目吗？对培训人员和设施有什么意见？课程有用吗？他们有些什么建议	问卷
学习层	受训人员在培训前后，知识以及技能的掌握方面有多大程度的提高	笔试、技能操作和工作模拟
行为层	培训后，受训人员的行为有无不同？他们在工作中是否使用了在培训中所学到的知识	由监工、同事、客户和下属进行绩效评估
结果层	组织是否因为培训经营得更好了	事故率、生产率、流动率、质量、士气

资料来源：D. L. Kirkpatrick, "Evaluation", *in the ASTD Training and Development Handbook*, 2nd ed., R. L. Craig (New York: MeGraw-Hill, 1996).

表 5-9　　五级投资回报率模型

级别	评　估
1. 反应和既定的活动	学员队培训项目的反应以及描述事实的明确计划
2. 学习	技能、知识或观念的变化
3. 在工作中的应用	工作中行为的变化以及对培训知识与技能的确切应用
4. 工作业绩结果	培训项目对工作业绩的影响
5. 投资回报率	培训结果的货币价值以及培训项目的成本，往往用百分比表示

资料来源：李燕萍．培训与发展．北京大学出版社，2007：330.

【人力资源管理师应试真题范例】

1.（　　）是现代培训活动的首要环节。

（A）培训需求分析　　（B）培训效果评估

（C）培训计划设计　　（D）培训方法选择

【答案】 A

【解析】 培训需求分析具有很强的指导性，是确定培训目标、制订培训计划、有效实施培训的前提，是现代培训活动的首要环节，是进行培训评估的基础，对企业的培训工作至关重要，是使培训工作准确、及时和有效的重要保证。

2. 培训项目规划中较容易被企业忽略的是（　　）。

（A）培训内容的开发　　（B）培训资源的筹备

（C）培训成本的预算　　（D）项目的评估规划

【答案】 D

【解析】培训项目规划中包含了许多的不同内容，其中较容易被企业忽视的就是培训项目的评估规划。培训评估对所有参加培训的企业来说都是必不可少的一个环节，可以对培训效果进行正确合理的判断，确定受训人知识技术能力的提高或行为表现的改变是否直接来自培训的本身，找出培训的不足，发现新的培训需要，检查出培训的费用效益，客观地评价培训者的工作。为管理者决策提供所需的信息。

3. 为了保证培训取得预期的效果，必须对培训进行全程（　　）。

（A）监控和反馈　（B）监控和评估　（C）监控与规划　（D）监控与协调

【答案】B

【解析】为了保证培训取得预期的效果，就必须对培训进行全程监控和评估。对培训进行全程监控，可以保证培训活动按照规划进行，保证及时解决培训过程中出现的问题，还能够将各种影响培训效果的因素记录下来，以便在以后的培训中加以改进和提高。

4. 培训课程设计步骤分为：①目标；②策略；③模式；④定位；⑤评价。正确的顺序为（　　）。

（A）④①②③⑤　（B）①④②③⑤　（C）①④③②⑤　（D）④①③②⑤

【答案】A

【解析】通过对培训课程设计过程中各个环节的具体分析，可以更清楚地理解培训课程设计的全部过程。课程设计过程分为以下几个阶段。（1）定位：确定培训课程的基本性质和基本类别。（2）目标：明确培训课程的目标领域和目标层次。（3）策略：根据培训目的与学习者的学习风格设置课程系列。（4）模式：优化培训内容、调动培训资源、遴选培训方法。（5）评价：检测目标是否达到。

5. 以下对头脑风暴法操作要点的表述，正确的是（　　）。

（A）只规定一个主题　（B）要保证讨论议题的内容比较广泛

（C）组织者应评议他人的建议和方案　（D）事中注意收集每个参加者的意见

【答案】A

【解析】头脑风暴法只规定一个主题，即明确要解决的问题，保证讨论内容不泛滥。把参加者组织在一起，无拘无束地提出解决问题的建议或方案，组织者和参加者都不能评议他人的建议和方案。事后再收集各参加者的意见，交给全体参加者。然后排除重复的、明显不合理的方案，重新表达内容含糊的方案，组织全体参加者对各可行方案逐一评估，选出最优方案。

6. 培训激励制度不包括（　　）。

（A）对员工的激励　（B）对培训师的激励

（C）对部门及主管的激励　（D）对企业的激励

【答案】B

【解析】企业培训制度的主要目的是激励各个利益主体参加培训的积极性，激励制度包括 3 个方面：（1）对员工的激励；（2）对部门及其工管的激励；（3）对企业的激励。

7. 在培训活动的设计中，可以采用小组活动的方式，具体包括（　　）。

（A）案例分析　（B）商业游戏　（C）角色扮演　（D）行为示范

（E）敏感训练

【答案】ABCD

【解析】在培训活动的设计中，可以大量采用小组活动的方式，通过学员的讨论与交流，鼓励学员表达自己的思想和情感，强化学员对概念的理解，鼓励人际交往和决策的制定。小组活动包括案例分析、商业游戏、角色扮演、行为示范、拓展训练等形式，要求学员以小组为单位分析并讨论问题，最后找到解决问题的方案。

8. 培训效果的行为评估方法主要有（　　）。

（A）前后对照法　（B）面谈法　（C）问卷调查法　（D）观察法

（E）行动计划法

【答案】ACD

【解析】培训评估的方法一般有观察法、问卷调查法、测试法、情境模拟测试、绩效考核法、360 度考核、前后对照法、时间序列法和收益评价法等。

9. 现代培训按照其性质可分为（　　）几个层次。

（A）知识培训　（B）技能培训　（C）态度培训　（D）观念培训

（E）心理培训

【答案】ABCDE

【解析】现代培训按其性质分为 5 个层次，即知识培训、技能培训、态度培训、观念培训、心理培训。这 5 个层次的培训是由表层逐步深入且相互联系的，不同性质的培训，其深度也是不同的。

10. 分析受训者群体特征可使用（　　）等参数。

（A）学员构成　（B）工作适应性　（C）工作压力　（D）工作特殊性

（E）工作可离度

【答案】ACE

【解析】分析受训者群体征可使用以下参数：（1）学员构成，在目标参数条件既定的情况下，学员构成这一参数通过学员的职务特征、技术心理成熟度和学员个性特征 3 个方面来影响培训方式的选择。（2）工作可离度。如果学员工作的可离度低，进行集中培训会影响其业务的开展。当学员工作可离度高时，企业可以根据其他条件对培训方式进行选择。（3）工作压力。当企业中员工的工作压力很大，内外部竞争激烈时，使企业不组织集中正式培训，员工也会为了提高自己的竞争实力而去自学，此时适合采用控制力较弱的学习方式。当企业中员工的工作压力较小时，由于其控制力弱，员工的学习惰性往往会导致培训的失败，因而，此时适合正式的培训，如目前企业在制度中对员工的职业资格、素质标准做出硬性规定，通过对员工施加制度压力的方式来促进企业内学习风气的养成。

【案例分析】

案例1 如何进行培训需求信息的收集和培训结果的分析与输出

某起重机械总公司由于海外市场的不断扩大，每年都会引进一批既有一定技术或经营管理水平，又能熟练使用英语与客户进行交流的专业人员，但囿于当地人才市场的局限性，经常出现人才供不应求的情况，极大地影响了海外市场业务的开展。因此，公司领导决定从企业内部选拔一批既有工科背景，又达到一定外语水平的新毕业的大学生作为公司外派人员的后备人选，并要求人力资源部制订一个切实可行的培训计划，培训时间一般不超过3月，力求在一年之内培养出50名左右的专门人才。人力资源部经过认真的讨论，制订一个具体实施方案。在该实施方案中，提出的第一项任务就是要求培训项目主管进行一次全面培训需求调查，并通过各种渠道和方法广泛地收集培训需求信息。

请结合本案例，回答以下问题：

（1）可采用哪些方法收集这批受训者真实、全面的培训需求信息？

（2）在取得受训者需求信息后，应如何分析与输出培训需求结果？

答：（1）可以采用的培训需求信息的收集方法有：

①面谈法。这种方法有利于培训双方相互了解，建立信任关系；使培训工作得到员工的支持；而且能使培训对象更深刻地认识到工作中存在的问题和自己的不足，激发学习的动力和参加培训的热情。但会在一定程度上可能会影响员工的工作；占用培训者大量的时间；对培训者的面谈技巧要求高。

②重点团队分析法。这种方法是在培训对象中选出一批熟悉问题的员工作为代表参加讨论，以调查培训需求信息。不必和每个员工逐个面谈，花费时间和费用少；可以发挥出头脑风暴法的作用，得到的培训需求信息更有价值。但是对协调员和讨论组织者要求高；可能导致小组讨论时大家不会说出自己真实想法，反映真实情况；使得某些问题的讨论可能会限于形式。

③工作任务分析法。这种方法以工作说明书、工作规范或工作任务分析记录表作为确定员工达到要求所必须掌握的知识、技能和态度的依据，将其和员工平时工作中的表现进行对比，以判断员工要完成工作任务的差距所在。

④观察法。这种方法是指培训者与培训对象亲自接触，对他们的工作有直接的了解。但观察员工需要很长的时间，观察效果受培训者对工作熟悉程度影响，另外，观察者的主观偏见也会对调查结论有影响。

⑤调查问卷。调查问卷发放简单，节省双方时间，成本低，所得资料来源广泛。但调查结果是间接取得，无法断定真实性，而且问卷设计和分析工作难度较大。

答：（2）分析与输出培训需求结果

①对培训需求调查信息进行归类、整理。培训需求调查的信息来源于不同的渠道，信

息形式有所不同，因此，有必要对收集到的信息进行分类，并根据不同的培训调查内容的需要进行信息的归档，同时要制作表格对信息进行统计，并利用直方图、分布曲线图等工具将信息所表现的趋势和分布状况予以形象的处理。

②对培训需求进行分析、总结。对收集上来的调查资料进行仔细分析，从中找出培训需求。此时应注意个别需求和普遍需求、当前需求和未来需求之间的关系。要结合业务发展的需要，根据培训任务的重要程度和紧迫程度对各类需求进行排序。

③撰写培训需求分析报告。对所有的信息进行分类处理、分析总结以后，就要根据处理结果撰写培训需求调查报告，报告结论要以调查信息为依据，不能以个人主观看法做出结论。

案例 2　销售人员培训需求分析报告

某外资保险公司在 2007 年年末对一线销售人员采用问卷调查法进行培训需求分析，发放给所有销售人员调查问卷 1 072 份，收回有效问卷 982 份。经过对这些答卷的统计和分析，形成了下述培训需求分析报告，作为 2008 年开展销售培训计划、实施和评估的依据。

一、背景信息

（一）销售人员的工作经验

公司现有 1 072 名销售人员中，从来没有从事过保险销售额的人员有 457 人，占销售总人数的 42.6%。这一数据说明了自 2005 年中国保险行业对外资开放后，由于大批外资保险企业的进入，造成近两年对保险销售人员大量需求，而劳动力市场的现有存量不能满足这一需求，相当一部分没有保险销售背景的人员被招募进企业，带来普遍的销售行为不够专业的问题，导致老顾客投诉率上升甚至退保，而新客户开发成功率也远远低于行业的平均值。

对这些没有从事过保险销售的销售人员，公司应该提供保险基础知识、有别于工业品和快速消费品的保险销售技巧，制订培训后行动计划，促进培训成果加速转化为销售行为，从而提高销售业绩。

（二）销售人员的学历

982 份有效调查答卷显示了目前公司销售人员的学历情况，如表 5－10 所示。

表 5－10　　公司销售人员的学历

学历 人数及所占比率	博士	硕士	本科	大专	职高	高中	初中	其他
人数	0	9	68	179	365	253	97	11
所占比率（%）	0	0.9	6.9	18.2	37.2	25.8	9.9	1.1

由此可以看出，一线销售人员的学历主要集中在职高和高中两个层次，占总销售人数的 63%，面对这样低的学历水平，有必要进行系统的培训，提高他们的知识水平和销售技能。

（三）销售人员的职位分析

982 名一线销售人员如果按职位分类，其统计如表 5－11 所示。

表 5－11　　销售人员职位分布

职级 人数及所占比率	总监级	经理级	客户主任级	客户代表级
人数	23	132	256	571
所占比率（%）	2.3	13.4	26.1	58.1

根据表中的职级分级，可以划分为两大类：管理人员（总监＋经理）和直接面对客户的销售人员（客户主任＋客户代表），对两类人员的培训应有区别。

二、分析方法

采用问卷调查方法。调查问卷的编制完全采用集团公司的标准模块，内容根据国内的实际情形组织和编排。

三、分析结果

在有关销售技巧培训的需求问题中，有 7 个比较突出的问题，如表 5－12 所示（按所占比率的大小排序）。

表 5－12　　销售技巧培训的需求

培训需求 人数及所占比率	如何促成客户签单	如何发现潜在客户	如何消除顾客异议	如何接近客户	如何维护客户关系	如何介绍产品/服务	如何与客户沟通
人数	670	649	572	390	375	275	219
所占比率（%）	68.2	66.1	58.2	39.7	38.2	28.0	22.3

四、结论和建议

（一）需求分析结论

根据本次需求分析，可以得到下列结论。

（1）一线销售人员学历普遍较低，需要补习相关基础知识。

（2）有 42.6% 的销售人员来自非保险行业，应对其进行保险行业基础知识的培训。

（3）36% 的销售人员还在试用期内，应加强新员工的入职引导。

（4）有 43% 的销售人员对完成销售指标没有信心，需要加强对管理者进行管理技能目标设定、沟通和激励等技巧的培训。

（5）有 46% 的销售人员认为公司的营运活动没有围绕客户和销售为中心，需要在公司战略和文化上进行变革。

（二）培训项目建议

1. 培训项目/课程建议。

根据上述调查、分析和结论，对一线销售人员的培训建议如下。

（1）按照技能和态度进行两个类别的销售培训。

（2）按照职级分两批分别进行管理技能（管理人员）和基础销售行为（一线销售人员）的培训。

具体培训项目/课程内容如表5－13所示。

表5－13　　　　　　　　培训项目/课程内容

培训项目/课程名称	培训主要内容	参加对象
销售的“临门一脚”	捕捉客户购买信号，及时获取保单	客户主任和客户代表
发现客户从身边开始	寻找和锁定目标客户的方法	客户主任和客户代表
如何消除客户异议	接受客户异议，发现异议背后的原因	客户主任和客户代表
接近客户的九大途径	用不同的方法接近不同的客户	客户主任和客户代表
产品/服务基础知识	以客户为中心的产品和服务价值介绍	客户主任和客户代表
卓越客户服务	用服务赢得客户的尊重和忠诚	所有销售人员
销售目标管理	目标设定的基本原则和测量方法	总监和经理
团队领导技能	领导、激励、人际关系等	总监和经理

2. 培训项目/课程费用预算（略）。

五、附件

培训需求分析调查问卷（略）。

（资料来源：葛玉辉主编．员工培训与开发实务．清华大学出版社，2011：57－60.）

思考题：

1. 案例中的某外资保险是从哪些角度来进行培训需求分析的？
2. 案例中采用了哪些培训需求信息收集的方法？除这些方法外，还有哪些方法可用？
3. 案例中采用了怎样的培训需求分析技术？该技术有何优缺点？

案例3　××公司教育培训管理标准（节选）

一、范围

本标准规定了公司教育培训的管理职责、内容、程序与方法，以规范教育培训管理，完善教育培训体系，全面提升公司系统员工素质。本标准适用于公司系统各单位。

二、规范性引用文件

下列文件中的条款通过本标准的引用而成为本标准的条款：《中华人民共和国劳动法》《中华人民共和国职业教育法》《××公司教育培训管理规定（试行）》××人〔2010〕13号。

三、术语和定义（略）

四、职责

（一）主管领导

领导并部署公司的员工教育培训工作。

（二）人事部

1. 贯彻落实公司有关教育培训工作的方针、政策和法规，负责制定公司教育培训工作的有关规划、计划和管理制度，对公司系统教育培训工作进行指导、服务、协调、监督和考核。

2. 对公司系统教育培训资源的优化整合进行宏观指导，对承担公司教育培训任务的机构进行资质审定。

3. 制定公司教育培训年度工作要点和公司年度培训计划，审核备案基层各单位上报的年度培训计划。

4. 汇总、审核公司系统教育培训经费预算，并对预算的使用进行审核和监督。

5. 归口管理公司各类专家库建设，配合组织公司级技能竞赛、技术比武和普考等活动。

6. 负责公司系统优秀人才库的建设；实施 A 级管理人员公共必修课培训；统筹安排 B 级、C 级管理人员公共必修课和专业课的轮训；统筹安排技术技能人员的轮训；指导和监督基层各单位开展差别化的技术技能培训。

7. 统筹负责公司培训管理、培训课程、培训师资、培训基地和培训网络建设，完善教育培训体系。

8. 组织教育培训工作交流与研讨，开展教育培训工作的理论研究和实践创新。

9. 指导××公司职工培训中心（简称“培训中心”）开展工作。

10. 完成上级主管部门下达的各项教育培训任务。

（三）公司本部各部门主要职责

1. 根据业务工作需要，对本部门的业务培训进行科学的需求分析，向公司人事部提交年度培训需求。

2. 按照公司下达的年度培训计划，落实本部门主办的培训项目，组织相关人员参加培训，编审本专业的培训教材和培训课件，培养本专业的培训师资等。

3. 参与培训效果的评估和反馈，提出改进意见和建议。

（四）××公司职工培训中心

1. 加强培训中心（基地）建设，为培训项目落实提供良好的条件和服务。

2. 负责培训项目的质量管理，实现培训需求、培训策划、培训实施、培训评估的闭环管理，提高培训效果。

3. 协助指导基层各单位教育培训实操基地开展教育培训工作。

4. 完成上级主管部门下达的各项教育培训任务。

（五）基层单位

1. 贯彻落实公司、省公司有关教育培训方针、政策和规定，制定本单位的教育培训工作规划、年度培训计划以及相关培训制度，并组织实施。

2. 规范、明确各业务部门和所属各级单位的教育培训职责，加强对所属各单位培训工作计划及执行情况的指导、服务、协调、监督和考核。

3. 在公司统一部署下，组织开展本单位的培训管理、培训课程、培训师资、培训基地和培训网络五大子系统建设。

4. 开展教育培训工作的理论研究和实践创新，总结提炼和深化推广所属各单位教育培训工作的新鲜经验和有效做法。

5. 完成上级主管部门下达的各项教育培训任务。

五、管理活动的内容与方法

（一）本标准依据的流程（略）

（二）总则

1. 坚持以人为本，创建学习型企业，树立终身学习理念，逐步建立企业按计划开展和员工自主参加相结合的教育培训机制，实现企业发展与员工发展的协调统一。

2. 树立大教育、大培训的观念，按照重要人才重培训、优秀人才加强培训、紧缺人才抓紧培训、年轻人才经常培训的原则，搞好人才培养工作。重点培养学习能力、实践能力、着力提高创新能力。努力造就适应公司改革和发展需要的高素质员工队伍。

3. 按照“统一规划、统筹指导、分层管理、分层实施”的原则，实行××公司、基层单位二级教育培训管理体制。

4. 各单位开展教育培训工作应当坚持“讲求实效、按需施教、学以致用”的原则。

5. 员工参加各类教育培训应当遵循“学用一致、工学兼顾、个人申请、组织审批”的原则。

（三）组织机构

1. 公司成立由公司领导、人事、财务、生产等部门负责人组成的公司教育培训委员会。其主要职责包括：

（1）审定教育培训中长期规划和年度计划；

（2）推进教育培训、使用、待遇一体化机制的建立与实施；

（3）研究有关教育培训的保障措施；

（4）对教育培训工作及经费使用进行监督审查。

2. 各单位相应成立教育培训委员会，主要负责审核本单位教育培训规划和年度教育培训计划，研究本单位有关教育培训的保障措施，对本单位教育培训工作及经费使用进行监督审查。基层各单位要明确一名班子成员分管教育培训工作，班子的其他成员要组织好分管范围内的业务培训。

3. ××公司职工培训中心，是公司实施员工教育培训的主要场所，在公司人事部的指导下开展工作。

（四）培训类别与方式

1. 培训类别。员工教育培训主要包括准入资格培训、职业资格培训、岗位胜任力培训、在职学历（位）教育等四个类别。

（1）准入资格培训。准入资格培训是指员工为获取国家、行业、企业所规定的岗位准入资格而参加的各类培训。对从事国家、行业、企业规定必须持准入资格证的岗位的员工和新入企员工、转岗、晋岗员工，必须参加准入资格培训，经考试、评价合格后，取得国家、行业、企业所颁发的准入资格证。

(2) 职业资格培训。职业资格培训是指员工为获取管理类、技术技能类职业资格证书而参加的各类培训。员工应积极参加职业资格培训，经评价合格后，取得相应等级水平的职业资格证书。

(3) 岗位胜任力培训。岗位胜任力培训是指员工在达到岗位基本准入要求、具备相应等级的职业资格后，还要依据岗位所需的素质和能力要求，结合组织需求和员工能力现状，持续参加针对性和实效性强的学习培训，不断提升岗位胜任力能力。主要包括相关的课程轮训、岗位适应性培训以及新文化、新知识、新技术和新技能培训等。

(4) 在职学历（位）教育。在职学历（位）教育是提高员工文化水平和改善专业知识结构的重要途径，各单位要根据公司发展需要，鼓励员工提升学历水平和优化专业知识结构。

2. 培训方式。各类别的教育培训主要采取脱产集中培训、在岗培训和业务自学等三种方式进行。

3. 员工培训实行积分管理，各类人员每年培训积分应达到公司规定的教育培训年度积分达标标准。

（五）培训经费

公司的职工教育培训经费按照《××公司职工教育培训经费暂行规定》（见附录 B）执行。公司系统每年一线员工培训经费使用应不少于当年总使用经费的 70%。

（六）培训的实施

1. 每年 10 月底，公司本部各部门向人事部报送《××公司教育培训计划申报表》。

2. 每年第四季度人事部根据公司的发展战略目标、教育培训规划和所收集到的培训需求信息，制定公司下一年度的教育培训计划，报公司教育培训委员会审批后发文执行。

3. 各单位应根据人事部下发的年度教育培训计划，制定本单位的年度培训计划并组织实施，年度培训计划于下一年度第一季度上报公司人事部备案。

4. 公司各独立核算单位根据本单位生产经营的实际需求，组织制定本单位的年度教育培训计划，并组织实施。年度教育培训计划应于下一年度第一季度报公司人事部备案。

5. 公司本部举办的培训，由培训中心按照《××公司本部培训办班实施细则》（见附录 C）执行。各基层单位可参照本实施细则制定本单位具体的职工教育培训实施办法，并组织实施。公司本部和各基层单位举办的培训班，必须通过公司教育培训管理信息系统走办班管理流程，利用系统进行管理。

6. 对于没有列入年度教育培训计划，但因上级要求或单位急需举办的培训项目（又称“计划外培训”），由培训主办部门填写《××公司计划外培训项目申请表》，在预备开办前一个月送教育培训管理部门审核，经单位教育培训委员会审批后执行。

7. 对培训学时为 6 学时及以上的培训项目，培训主办部门必须做培训需求分析，对于

3 天及以上的重点培训项目必须进行班前测试。

8. 培训结束后，学时为 6 学时及以上的培训项目必须进行一级评估（即组织学员对课程、师资、服务等内容进行满意度测评）；3 天及以上的培训项目和所有重点培训项目结束后，必须进行二级评估（组织学员参加培训后的考试考核，评估对所学内容掌握的程度）；逐步建立培训效果跟踪监察机制，对学员进行培训后随访评价（即三级评估）和对培训后团队绩效的改善进行评估（即四级评估）。

9. 培训结束后，培训组织部门要在 1 周内进行总结，填好《××公司培训项目档案》，送单位教育培训管理部门存档。

10. 培训结束后，培训组织部门要及时对学员进行培训积分评定。

11. 员工参加培训，应填写《××公司员工培训申请表》，按有关程序审批。培训结束后，填写《××公司员工培训情况反馈表》，送所在单位教育培训管理部门存档。

12. 员工参加各类教育培训结束后，应及时持相关培训证书、培训积分评定单、学历证书，到单位教育培训管理部门登记、存档。

13. 各单位要建立教育培训档案管理制度，存档内容应包括本单位的需求计划、年度计划、员工教育培训经历、经费使用情况记录、授课教师资料等。

14. 各单位要建立贯穿员工职业生涯发展全过程、个性化的员工培训档案，引导员工主动参与培训，提高培训的针对性和实效性。培训档案包括：员工个人信息、员工所在岗位知识和技能要求、员工的能力现状、员工培训需求、员工培训记录、培训后员工行为和绩效改变等。

15. 每年 11 月底前，各单位及培训中心对本年度的职工教育培训工作进行总结，上报公司人事部。

（七）培训课程子系统建设

1. 建立和完善课程体系。在公司统筹部署下，各单位要结合实际编写或选用相关培训教材、课件，逐步形成拥有公司自主知识产权、特色鲜明、覆盖主要岗位的课程体系，实现菜单式选学。

2. 开展课程的自主开发。各单位结合实际，自主开发和推广使用适合差别化培训和在岗培训需要的课程与教材，完善与丰富课程体系。

（八）培训师资子系统建设

1. 各单位要计划底选聘优秀管理人才、技术技能专家和业务骨干担任兼职培训师，定期组织专兼职培训师的培训，提升培训师教学水平。

2. 各单位要完善师资管理制度，健全机制，规范培训师资队伍的使用与考核。建立本单位内部师资库，实行动态管理，资源共享。

（九）培训基地子系统建设

培训中心和各单位的教育培训基地要在公司统一指导下，围绕中心工作，强化体系建设，规范制度流程，创新方式方法，不断提升办班质量和运作效率，坚持培训资源向一线倾斜，保持培训设备与生产现场同步。

（十）培训网络子系统建设

1. 培训中心要不断优化和完善教育培训管理信息系统的有关功能，满足网络化的培训管理、培训管理交互和员工在线网络学习培训、自主学习的需要。

2. 各单位要有效使用教育培训管理信息系统，加强网络在线培训工作，鼓励员工自主选学，缓解工学矛盾，开展网络化考试，提高教育培训管理信息系统的使用率；积极利用教育培训管理信息系统，做好培训要情通报和培训新闻报导的报送工作。

（十一）相关规定

1. 各单位应优先安排劳动模范、先进生产（工作）者参加培训。

2. 对于社会团体举办的各类培训班，各单位在选送学员时要认真审核，严格把关，按需送培。

3. 对于未获得本岗位国家职业资格证书或企业岗位资格证书的在职员工，单位应创造条件，组织其参加相应的职业技能和岗位培训，使其掌握相应的知识和技能，取得本岗位必需的资格证书。对于经过培训仍达不到本岗位要求的，应调离现岗位。

（十二）考核

1. 各单位应按照《××公司员工教育培训积分管理办法》（见附录D），逐步建立员工个人教育培训效果的考核与评估制度，把员工参加教育培训的考核评估结果作为其上岗、转岗、定级、任职、评优和晋升职务等的重要依据之一。

2. 根据《××公司教育培训目标考核办法》，公司人事部每年底对各单位履行培训职责的情况、员工参加培训的态度、效果等进行全面的考核、检查和评估。并与公司责任制考核挂钩。

附录：（略）

思考题：

1. ××公司要制订了哪些类别的培训计划，分别应当包含哪些内容？

2. ××公司采用了哪些培训类别与方式？

3. ××公司采取了哪些措施来保证培训效果的转化？

第六章 绩效管理

第一节 绩效管理概述

一、绩效概述

（一）绩效的含义

绩效是一个多义的概念。从管理学的角度看，绩效是组织期望的结果，可分为员工个人绩效、团队绩效和组织绩效三个层次。组织绩效和团队绩效更侧重于强调集体性绩效，这样的绩效主要用产量、盈利、员工满意度等指标来衡量；相对于组织绩效和团队绩效，员工个人绩效更倾向于强调个体性绩效。绩效的这三个层次既有差异，又密切相关。

随着管理实践深度和广度的不断增加，人们对绩效含义的认识也在不断加深。一种被接受的观点认为：绩效是指员工在工作过程中所表现的与组织目标相关的并且能够被评价的工作业绩、工作能力和工作态度，其中工作业绩就是指工作的结果，工作能力和工作态度则是指工作的行为。

简单地说，绩效就是：结果（做了什么）+过程（如何做的）。

（二）绩效的特点

1. 多因性。

绩效的多因性指员工个人绩效的优劣取决于多个因素的影响，要受到员工个人（智商、情商、所拥有的技能和知识结构）以及工作环境（企业的激励因素）、社会环境、机遇等多种因素的影响。这些因素共同作用于绩效，只是在不同的时间、不同的情境下某一种或某几种因素是起着决定作用的，表面上容易表现出单一性。要抓住目前影响绩效的关键因素，这样才能更有效地对绩效进行管理。影响绩效的因素可分为内因和外因，如图 6－1 所示。

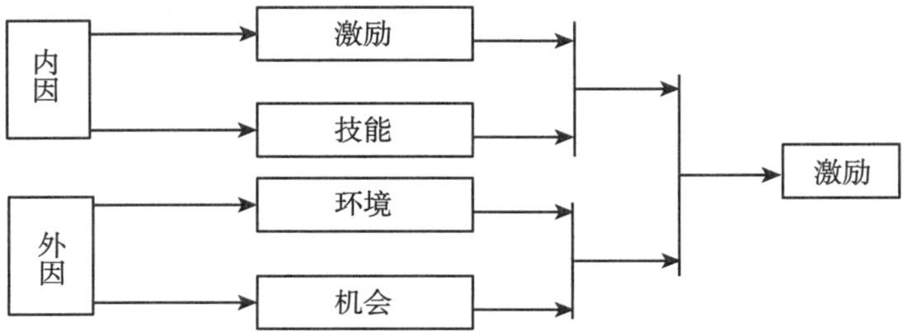

图 6－1 影响绩效的因素

绩效和影响绩效之间的关系还可以用一个公式表示：

$$P = f(S, O, M, E)$$

公式中，P（performance）代表绩效，S（skill）代表技能，O（opportunity）代表机会，M（motivation）代表激励，E（environment）代表环境。

2. 多维性。

指要从多个维度去分析与评估绩效，才能取得比较合理的、客观的、易接受的结果。比如评估一个销售经理的绩效时，不仅要看他个人的销售业绩，还要综合考虑他的管理指标等。对部下的监控、指导以及整个销售部门完成业绩的情况、整个团队是否有创造性等。通常要综合考虑员工的工作能力、工作态度和工作业绩三个维度的情况，只是根据不同的评估目的，在选择不同维度的评估标准和不同的评估指标体系时其权重各不相同。

3. 动态性。

绩效的动态性是指员工的绩效会随着时间的推移、职位情况的变化而发生变化，即绩效的好坏并不固定，原来较差的绩效有可能变好，原来较好的绩效也可能变差。因此管理者应防止晕轮效应和马太效应，切不可凭一时印象，以僵化的观点看待员工的绩效。要充分考虑到绩效的动态性，用发展眼光和思维来掌握员工的绩效情况。

二、绩效考评与绩效管理

（一）绩效考评

是指一套正式的结构化的制度，用来衡量、评价并影响与工作有关的特性、行为和结构，考察员工的实际绩效，了解员工可能发展的潜力，以期获得员工与组织的共同发展。

绩效考评作为绩效管理的重要支撑点，它从制度上明确地规定了员工和组织绩效考评的具体程序、步骤和方法，从而为绩效管理的运行与实施提供了前提和依据。

（二）绩效管理

为实现组织发展战略和目标，采用科学的方法，通过对员工或群体的行为表现、劳动态度和工作绩效以及综合素质的全面监测、考核、分析和评价，充分调动员工的积极性、主动性和创造性，不断改善员工和组织的行为，提高员工和组织的素质，挖掘其潜力的过程。

绩效管理的目标是不断改善组织的氛围，优化作业环境，持续激励员工，提高组织效率。

（三）两者的区别与联系

在实践中，很多管理者将绩效考评与绩效管理混为一谈，以绩效考评代替绩效管理。实际上绩效考评中只是绩效管理的一个核心环节，有效的绩效考评可为绩效管理提供科学、客观、公正的资料。两者的区别如表 6－1 所示。

表 6 - 1　　绩效评估与绩效管理的区别

	绩效考评	绩效管理
人性观	人性恶	人性善
内容	事后评价	事后评价 + 绩效改进
参与方式	员工不参与	管理者和员工共同参与
目的	制定薪酬、晋升等人力资源政策	开发员工潜能、员工职业规划辅导
效果	不能真实反映客观情况	较能真实反映客观情况
侧重点	评估过程的执行	持续沟通和反馈

第二节　绩效管理过程

完整的绩效管理是由绩效计划、绩效实施、绩效考评和绩效反馈这四个部分构成的一个系统（见图 6 - 2）。

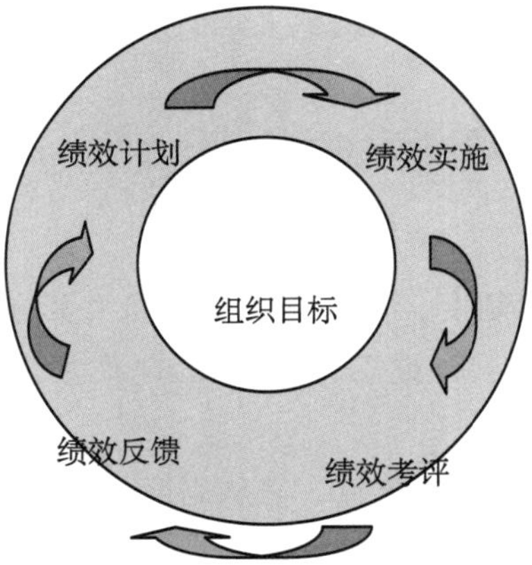

图 6 - 2　绩效管理系统

一、制订绩效计划

绩效计划是整个绩效管理系统的起点，是在绩效周期开始时，由上级和员工一起就员工在绩效考核周期内的绩效目标、绩效过程和手段等进行讨论并达成一致。

绩效计划的制定过程强调通过互动式的沟通手段，使管理者和员工在如何实现预期绩效的问题上达成共识。通常的情况下，绩效计划主要回答以下四个问题：

（1）该完成什么工作？

（2）按照什么样的程序完成工作？

（3）何时完成工作？

（4）花费多少？使用哪些资源？

总的来说，绩效目标是绩效计划的第一步，也是最重要的一部分。在确定绩效目标时有一个重要的原则是 SMART 原则，具体内容见表 6－2。

表 6－2　SMART 原则

S-Specific	代表“具体的”
M-Measurable	代表“可度量的”
A-Attainable	代表“可实现的”
R-Realistic	代表“现实的”
T-Time-bound	代表“有时限的”

其中，S 代表“具体的”，主要指将目标细化，并可随情境改变；M 代表“可度量的”，指目标可度量化或行为化；A 代表“可实现的”，指所制定的目标不高也不低，并在适度的期限内可实现；R 代表“现实的”，是指目标结果可观察或证明；T 代表“有时限的”，是提示制定者要关注效率。

二、绩效实施与辅导

绩效实施与辅导是指在整个绩效期间内，通过上级和员工之间持续的沟通来预防或解决员工实现绩效时可能发生的各种问题的过程。

在整个绩效期间内，管理者需要不断地对员工进行指导、监督和反馈，对发现的问题及时予以解决，并根据实际情况对绩效计划进行调整。

三、绩效考评

绩效考评是指确定一定的考核主体，借助一定的考核方法，对员工的工作绩效做出评价。

绩效考评是绩效管理工作中的核心内容，也是组织管理员工的一个重要职能。绩效考核评价结果可以为员工的甄选、提升、培训、奖励等方面提供重要的参考价值。因此在绩效考评中选择适当的考评方法，确保考评的民主性、公开性与公平性，避免出现晕轮误差、趋中误差、宽厚误差、苛严误差、优先和近期效应等。

四、绩效反馈与改进

绩效反馈是指绩效周期结束时在上级和员工之间进行绩效考核面谈，由上级将考核结果告诉员工，指出员工在工作中存在的不足，并和员工一起制订绩效改进的过程。绩效反馈是使员工了解自身绩效水平的绩效管理手段，也是绩效沟通最主要的形式。它如同一面镜子，让员工知道自己做得怎么样、在同事领导心中是个什么样的形象，以及领导对自己的期望是什么，从而根据要求不断提高。

绩效改进是指在分析员工绩效考核结果的基础上，找出员工绩效中存在的问题，有针对性地制订合理的绩效改进方案，加以实施。

五、绩效监控与沟通

（一）绩效监控的内涵

绩效监控是指管理者始终关注下属的各项活动，以保证它们按计划进行，并纠正各种重要偏差的过程。

管理者进行绩效监控要承担的两项任务：

一是通过持续不断地沟通对员工的工作给予支持，并修正工作任务实际完成情况与目标之间的偏差；二是记录员工工作过程中的关键事件或绩效数据，为绩效考评提供信息。

（二）绩效监控的目的和内容

绩效监控的目的就是要始终关注员工工作绩效，旨在通过提高个体绩效水平来改进部门和组织的绩效。

绩效监控的内容一般是在确定的绩效周期内员工对绩效计划的实施和完成情况，以及这一过程中的态度和行为。

（三）绩效沟通

绩效沟通是绩效管理的核心，是指考核者与被考核者就绩效考评反映出的问题以及考核机制本身存在的问题展开实质性的面谈，并着力于寻求应对之策，服务于后一阶段企业与员工绩效改善和提高的一种管理方法。

绩效沟通贯穿于整个绩效管理过程，在绩效管理的各个阶段，都需要通过有效的沟通，来实现绩效管理效用的最大化。

（四）绩效沟通的内容

绩效沟通的内容如图 6－3 所示。

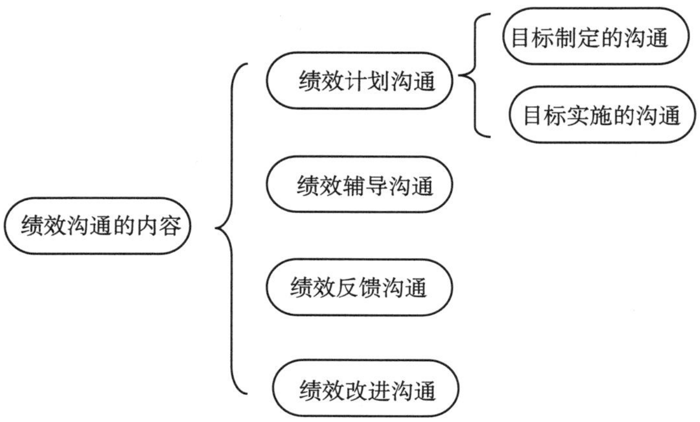

图 6－3　绩效沟通的内容

（五）绩效沟通的方式

正式、非正式。

（六）不同绩效管理阶段沟通的目的和侧重点

1. 在绩效执行阶段：员工汇报，寻求帮助和解决方法；主管对目标偏差进行纠正。

2. 在绩效考评的反馈阶段：为了合理、公正、全面的评价；确定下一改进重点。

3. 在绩效考评后：跟进了解整改措施的落实并提供支持。

第三节 绩效考评体系

绩效考评是绩效管理过程中最重要的环节，构建有效的绩效考评体系关乎绩效管理工作的成败。

一、适用不同对象范围的考评体系

◆ 组织绩效考评体系

按工作性质不同，分为生产型组织的绩效考评、技术型组织的绩效考评、管理型组织的绩效考评、服务型组织的绩效考评。一般以最终的工作成果如质量和数量为主要考核指标，同时也要考评工作方式、组织氛围。

◆ 个人绩效考评指标体系

按岗位分类分级的结果，对各类人员制订相应的考评指标体系，涉及品质特征要求、工作行为表现、产出结果。

◆ 不同性质指标构成的考评体系：品质特征型，行为过程型和工作结果型。

二、选择考评者

合格的绩效考评者应了解被考评者岗位的性质、工作内容、要求以及绩效考评标准，熟悉被考评者的工作表现，最好有近距离观察其工作的机会，同时要客观公正。多数企业选择被考评者的上级、同事、下属、本人和外部的客户、专家等作为考评者，如图 6－4 所示。

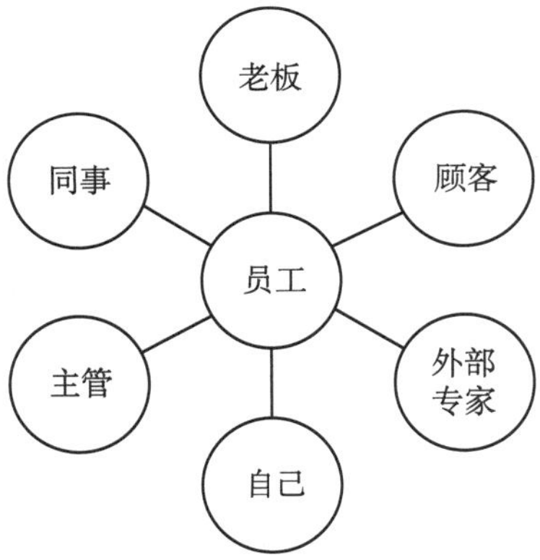

图 6－4　绩效考评者来源

三、绩效考评指标的作用

1. 绩效考评指标使员工绩效与企业发展战略相挂钩，有助于战略的落实和达成。
2. 有效的绩效指标有助于改善组织的内部管理。
3. 有效的绩效指标有助于指引员工的行为契和组织正确的发展方向。

四、绩效考评指标的来源

1. 组织战略与经营规划。
2. 部门职能与岗位职责。
3. 绩效短板与不足。

五、设计考评指标

不同的企业目标与性质不同，所塑造的企业文化导向不同，从而绩效指标也就不同。在众多的指标中，企业要集中精力做好关键绩效指标的设计。

1. 关键绩效指标，是通过对组织内部某一流程的输入端、输出端的关键参数进行设置、取样、计算、分析，衡量流程绩效的一种目标式量化管理指标，是把组织的战略目标分解为可运用的远景目标的工具。

关键绩效指标主要有四种类型：质量（合格率、准确性等）、数量（产量、销售量、利润等）、成本（单位产品成本、投资回报率等）和时限（及时性、供货日期等）。

2. 绩效考评指标体系设计程序的步骤：

①工作岗位分析（岗位分析）。

②理论验证：依据绩效考评的基本原理和原则，对所设计的绩效考评指标进行论证，

使其具有一定的科学依据。

③进行指标调查、确定指标体系。

④进行必要的修改和调整：修改和调整分为两种：

◆ 考评前的修改调整。通过进一步的调查分析，将所确定的指标体系提交领导、专家会议讨论，征求相关主管人员和专家的意见，修改、补充、完善绩效考评指标体系。

◆ 考评后的修改调整。根据考评的过程及考评结果应用之后发现的问题，经过认真对照比较和分析，对指标体系进行必要的修改，使考评指标体系更加充实和完善。

六、建立考评标准

1. 根据绩效考评标准的不同程度要求，一般可分为基本标准与卓越标准。两者的定义及特点如图 6－5 所示。

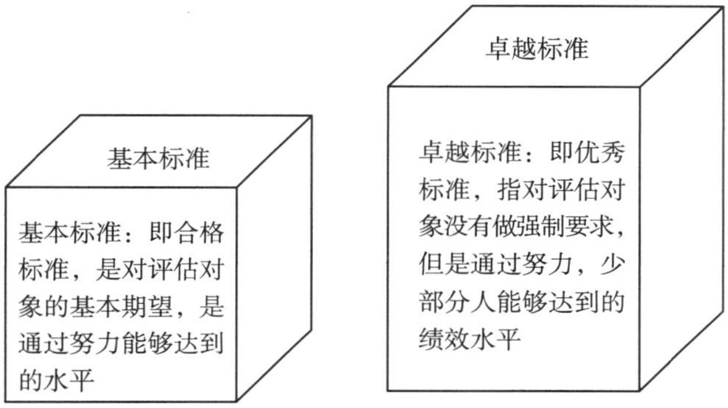

图 6－5　绩效考评标准的分类

2. 绩效考评标准主要由标志和标度两部分构成，一般分为：①量词式的考评标准；②等级式的考评标准；③数量式的考评标准；④定义式的考评标准。

3. 绩效考评标准设计原则：

（1）定量准确的原则：

①标准的起止水平应合理确定。

②标准的含义、相互间的差距应当明确合理，评分尽可能采用等距式量表。

③选择的等级档次数量要合理，不宜过多或太少，控制在 3～9 级为宜。

（2）先进合理的原则：①先进：反映当前水平＋超前性；②合理：大部分员工经过努力可以接近或达到。一般情况下，应以多数员工（70%～80%）能达到的水平作为绩效考评指标的评定标准。

（3）突出特点的原则：要突出各岗位的性质和特点。

（4）简洁扼要的原则：大众语言，表达简洁扼要。

七、设置绩效考评周期

绩效考评周期就是多长时间进行一次评价。考评周期的设置要针对企业的性质、行业特征、岗位层级、岗位的工作特点等实际情况来开展，既不宜过长，也不宜过短。周期过长则绩效考评的准确性和员工工作的积极性会受影响，周期过短则会消耗组织过多的资源。一般的考评周期主要分为年度、半年、季度等。不同考评周期的考评内容和结果运用不尽相同。

八、确定考评内容

由于绩效的多因性，绩效考评的内容也颇为复杂。我国很多企业按照以下四方面内容进行绩效考评，具体内容见图 6－6。

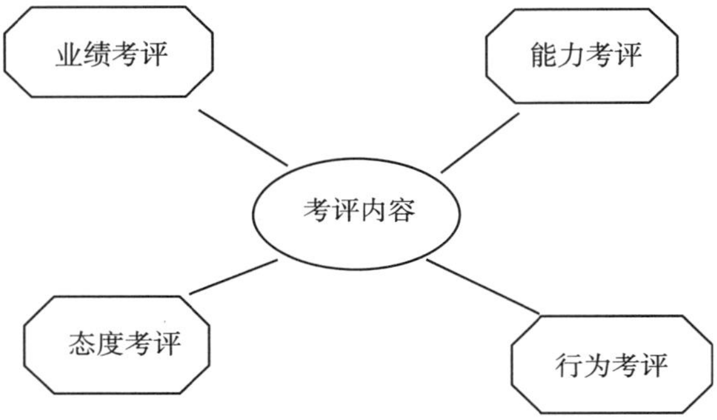

图 6－6　绩效考评内容

1. 工作业绩考评。

工作业绩考评是指对员工工作效率和工作结果进行考核和评价。它是对员工贡献程度的衡量，是所有工作绩效考评中最基本的内容，主要包括员工完成工作的数量、质量、成本费用、利润等。

2. 工作能力考评。

工作能力考评是指对员工在工作中表现出来的能力进行考评，主要体现在四个方面：①专业知识和相关知识；②相关技能、技术和技巧；③相关工作经验；④所需要的体能和体力。这四个方面是相互联系又有区别的，技能和知识是基础，体能和体力是必要条件。

3. 工作行为考评。

工作行为考评是指对员工在工作中表现出的相关行为进行考核和评价，衡量其行为是否符合企业的规范和要求。在实际工作中，对于员工的行为进行考评主要包括出勤率、纪律性、事故率、主动性、客户满意度、投诉率等方面。

4. 工作态度考评。

工作态度考评是指对员工在工作中的努力程度进行考评，即工作积极性的衡量。常用的考评指标包括：团队精神、忠诚感、责任感、创新精神、敬业精神、进取精神、事业心和自信心等。工作态度很大程度上决定了工作能力向工作业绩转换的效果，因此对员工工作态度的考评是非常重要的。

由于各企业所处的环境不同，完成目标管理工作中具体的特点不同以及经营者的偏好不同，实际执行过程中考评可能会偏重于其中一项或几项。

九、绩效考评指标体系的设计方法

1. 要素图示法。
2. 问卷调查法。
3. 个案研究法。
4. 面谈法。
5. 经验总结法。
6. 头脑风暴法。

第四节　绩效考评方法

一、绩效考评的效标

效标（criteria）即指评价员工绩效的指标及标准，为了实现组织目标，对个人或集体的绩效应当达到的水平要求。可分为以下几种：

1. 特征性效标。即考量员工是怎样的一个人，侧重点是员工的个人特质，如忠诚度、可靠度、沟通能力、领导技巧等。即，这个人怎么样？个性、态度、心理等。

2. 行为性效标。其侧重点是考量“员工如何执行上级指令，如何工作”，这类效标对人际接触和交往频繁的工作岗位尤其重要。即，做了什么？怎么做的？重过程而非结果。

3. 结果性效标。其侧重点是考量“员工完成哪些工作任务或生产了哪些产品，其工作成效如何？”即，做出了什么？重结果而非过程。

二、绩效考评方法的种类

1. 绩效考评的方法。按照所选择的效标不同，可以区分为五种类型：品质主导型的考评办法、行为导向型的主观考评方法、行为导向型的客观考评方法、结果导向型的考评方法、综合型的考评方法。以下是除品质主导型外的其他四种类型。

（1）行为导向型主观考评：

①排列法。

②选择排列法。

③成对比较法。

④强制分布法。

⑤结构式叙述法。

（2）行为导向型客观考评：

①关键事件法。

②强迫选择法。

③行为定位法。

④行为观察法。

⑤加权选择量表法。

（3）结果导向型考评：

①目标管理法。

②绩效标准法。

③短文法。

④直接指标法。

⑤成绩记录法。

⑥劳动定额法。

（4）综合型考评：

①图解式评价量表法。

②合成考评法。

2. 绩效考评方法的比较（见表6－3）。

表6－3　　不同绩效考评方法的比较

方法类型	优点	缺点	适应的行业或职业
品质主导型	操作简单，能够激励员工提高技能，或培养职业需要的个人素质	主观性强，标准设定和描述比较困难，技能好未必能带来良好的工作业绩	变化剧烈，需要大量的知识能力，作为业绩支持的行业，如IT行业
行为主导型	开发成本小，反馈功能好，具有较强的连贯性	受主观影响大，需要经常关注员工的行为	管理人员，行政人员，流水线工人等单个个体，难以量化衡量，或者在团队中完成工作的人
结果主导型	实施成本低廉	短期效应比较强	销售人员等容易单独量化计算的职位

五、国内常用的绩效考评方法

（一）KPI关键绩效指标法

关键绩效指标（key performance indicator，KPI）的内涵：①特指绩效考评指标体系中那些居于核心或中心地位，具有举足轻重的作用，能够制约影响其他变量的考评指标；②代表了绩效管理实践活动中所派生出来的一种新的管理模式和管理方法。

1. 设定关键绩效指标的原因。

设定关键绩效指标有三个方面的原因：（1）绩效管理参与者对绩效考评的结果并不是很清晰。（2）绩效管理参与者即使知道工作绩效应该从什么方面来考评，也不知道该如何去衡量。（3）由于考评对象和范围多样性，也增加了考评指标选择的难度。

2. KPI与一般绩效考核体系的区别（见表6－4）。

表6－4　　KPI和一般绩效指标的区别

从目的看	战略	控制为中心
指标产生	自上而下	自下而上
指标构成	财务与非财务	财务为主
指标来源	战略	与战略无关

3. 选择关键绩效指标的原则。

整体性：必须是定量化或是行为化的。

增值性：能对企业的发展具有举足轻重的作用，能对公司整体价值和业务重点产生重要的影响，使组织不断增值。KPI是针对组织目标起到增值作用的工作产出而设定的指标。

可测性：指标标准有明确的界定和简便易行的计算方法。

可控性：应当限定在员工通过努力可以达到的水平上。

关联性：指标之间在时间和空间上具有相互依存性。

4. 提取关键绩效指标的方法。

（1）目标分解法。

（2）关键分析法：寻求一个企业成功的关键点。

（3）标杆基准法：是企业将自身的关键绩效行为，与那些在行业中领先的、最具影响的或最具竞争力企业的关键绩效行为作为基准，进行深入全面的比较研究。

在KPI指标和指标值的设定上，可以选择的参考企业至少有三种：

①本行业领先的最佳企业；

②居于国内领先地位的最优企业；

③居于世界领先地位的顶尖企业。

5. 审核关键绩效指标和标准。

审核KPI的要点包括：

（1）工作产出是否为最终产品。

（2）多个考评者对同一个绩效指标和标准进行评价，其结果是否具有可靠性和准确性。

（3）KPI 的总和是否可以解释被考评者 80% 以上的工作目标。

（4）KPI 和考评标准是否具有可操作性。

（5）KPI 的标准是否留有可操作的空间。绩效水平应控制在大多数被考评者通过努力可以达到的范围之内，对于超过这个范围的绩效表现，可以将其认定为卓越的绩效表现。

（二）目标管理法

1. 自现代管理大师彼得·德鲁克于 1954 年在其著名管理实践中提出目标管理思想以来，目标管理在企业管理过程中得到广泛应用，它是企业内部各个部门以至每个人从上到下围绕企业总目标，制订各自目标，确定行动方针，安排工作进度，有效组织实现，并对结果严格考核的一种管理制度，他通过划分组织目标与个人目标的方法，将许多关键的管理活动结合起来，实现全面有效的管理。

2. 目标管理的作用。目标管理是一项有效的管理手段和管理模式，它以目标的设置和分解目标的实施，以及完成情况的检查和奖惩为手段，通过员工自我管理来实现企业的目标。它的精髓在于，通过对目标的管理，取代传统的以控制为目的的管理，以期完成组织的目标，目标管理有利于促进企业各项指标的全面实现，确保企业产品质量的稳步提高，增强企业的核心竞争力。

3. 目标管理法的基本步骤。

①战略目标设定。由组织的最高层领导制定总体战略规划，明确总体发展方向。

②组织规划目标。在总方向和总目标确定的情况下，分解目标，逐级传递，建立被考评者的目标。

③实施控制。在目标实施过程中，管理者应监控员工完成目标的进展程度，并给予必要的指导。

4. 目标管理法的优点。

①评价标准明确，结果易于观测，便于对员工进行反馈和辅导。

②由员工参与制订目标，易于调动员工的积极性，增强其事业心和责任感。

5. 目标管理法的缺点。

①没有在不同部门、不同员工之间设立统一目标，难以对不同员工和不同部门之间的工作绩效做横向比较。

②不能为以后的晋升决策提供依据。

（三）BSC 平衡记分卡

20 世纪 90 年代初，哈佛商学院的罗伯特·卡普兰教授和诺朗诺顿研究所所长戴维·诺顿提出一种全新的组织绩效管理方法：平衡记分卡（balanced score card，BSC）。该方法打破了传统的只注重财务指标的业绩管理方法，而强调组织应从财务、客户、流程、学习与成长四个角度来审视自身业绩，通过将这 4 个方面的指标衡量与公司战略相衔接，实现对战略的管理与控制。平衡记分卡首先是在美国的众多企业得到实施，现今已经推广到全球很多国家的企业。

1. 平衡记分卡的内容。

平衡记分卡在传统的财务评价指标的基础上，还兼顾了其他三个重要方面的绩效反映，即客户维度、内部流程维度、学习与成长维度（见图6-7）。它使企业中的各层经理们能从四个重要方面来观察企业，并为四个基本问题提供了答案。

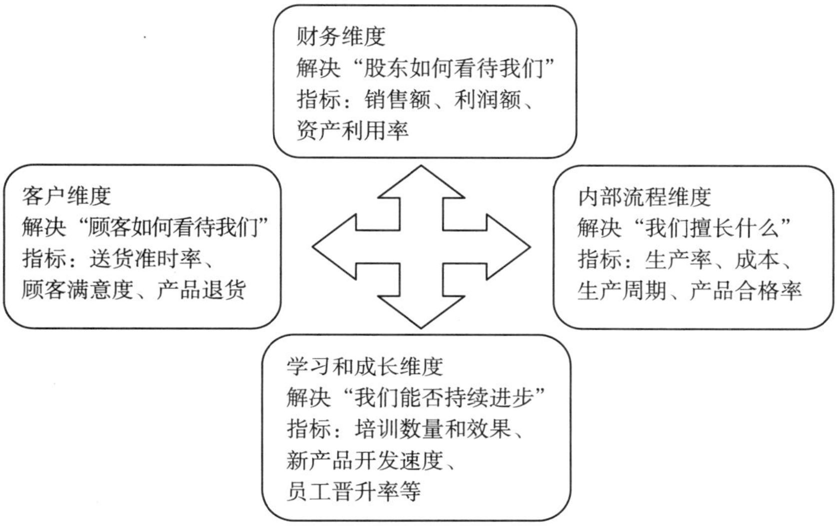

图6-7 平衡记分卡的四个维度

（1）以财务为核心（财务维度）。

以财务为核心，就是在绩效评估过程中，要从股东与出资人的立场出发，树立“企业只有满足投资人和股东的期望，才能取得立足与发展所需要的资本”的观念。从财务的角度看，公司包括“成长”“保持”与“收获”三大战略方向；从而形成“收入成长与组合”“成本降低—生产力改进”“资产利用—投资战略”三个财务性主题。企业应根据所确定的不同的战略方向、战略主题而采用不同的绩效衡量指标。

（2）以客户为核心（顾客维度）。

顾客是企业之本，是现代企业利润之源。如果无法满足或达到客户的需求，企业的远景目标是很难实现的。企业为了获得长远的财务业绩，就必须创造出受客户满意的产品和服务。以客户为核心所设计的平衡记分卡包括以下五个方面：市场占有率、客户的获得、客户的保持、客户满意度与客户获利能力，且每一方面都有其特定的衡量指标。

（3）以内部运营为核心（内部流程维度）。

内部流程角度着眼于企业的核心竞争力，回答“我们必须擅长什么?”的问题。企业内部业务包括三个方面：革新过程、营运过程、售后服务过程。企业因资源有限，为有效地运用和发挥内部资源与过程的有效，首先需要以客户的需求和股东的偏好为依据，需要重视价值链的每个环节，设法分析企业的优势在哪里，向哪个方向发展，才能创造全面和长期的竞争优势。提出了四种绩效属性：质量导向的评价、基于时间的评价、柔性导向评价和成本指标评价。

（4）以学习和成长为核心（学习与成长维度）。

学习与成长维度着眼于解决“我们能否持续提高并创造价值”的问题。只有持续不断地开发新产品，为客户创造更多价值并提高经营效率，企业才能打入新市场，增加股东价值。因此以学习和成长为核心，将企业的员工、技术和企业文化作为决定因素，分别衡量员工保持率、员工生产力、员工满意度的增长等指标，以评估员工的才能、技术结构和企业文化等方面的现状与变化。

2. 平衡记分卡的特点。

（1）组织内部群体评价指标与外部群体评价指标的平衡。

在平衡记分卡中，股东与客户为外部群体，员工和内部业务流程是内部群体，平衡记分卡认识到在有效实施战略的过程中平衡这些群体间矛盾的重要性。平衡记分卡将评估的视线范围由传统的只注重企业内部评估，扩大到企业外部，包括股东、客户；将以往只看内部结果，扩展到既着重结果同时还注意企业流程与企业的学习和成长这种企业的无形资产。平衡记分卡还把企业管理层和员工的学习成长视为将知识转化为发展动力的一个必要渠道。

（2）财务指标和非财务指标的平衡。

传统企业考核的一般是财务指标，而对非财务指标的考核很少，缺乏系统性和全面性。而平衡记分卡是从财务、客户、内部业务流程及学习与创新四个维度全面地考察企业，它体现了财务指标（财务）与非财务指标（客户、内部业务流程及学习与创新）之间的平衡。

（3）领先指标与滞后指标之间的平衡。

财务、客户、内部业务流程、学习与成长这四个方面包含领先指标和滞后指标。财务指标就是一个滞后指标，它只能反映公司上一年度发生的情况，不能告诉企业如何改善业绩。平衡记分卡对于领先指标（客户、内部业务流程、学习与成长）的关注，使企业更关注于过程，而不仅仅是事后的结果，从而达到了领先指标和滞后指标之间平衡。

（4）短期目标和长期目标之间的平衡。

平衡记分卡是一种战略管理工具，是从企业的战略开始，也就是从企业的长期目标开始，逐步分解到企业的短期目标。在关注企业长期发展的同时，平衡记分卡也关注了企业近期目标的完成，使企业的战略规划和年度计划很好地结合起来，解决了企业战略规划可操作性差的缺点。平衡记分卡不但关注企业的有形资产，同时关注为企业带来超额利润的无形资产。这种无形资产包括企业的品牌、人力资源、企业的信息系统和企业的组织优势等。

（四）360 度考评法

所谓360 度考核，就是在组织结构图上，位于每一个员工上、下、左、右的公司内部其他员工（也就是上级、下级及同事）、被考核的员工本人以及顾客，一起来考核这个员工的绩效，并通过反馈来提高员工的绩效。

1. 360 度考评方法的内涵。

①上级评价；

②同级评价；

③下级评价；

④客户评价；

⑤自我评价。

2. 360 考评方法的优缺点。

（1）优点。

①360 度考评具有全方位、多角度的特点。

②360 度考评方法考虑的不仅是工作产出，还考虑深层次的胜任特征。

③360 度考评有助于强化企业的核心价值观，增强企业的竞争优势，建立更为和谐的工作关系。

④360 度考评采用匿名的评价方式，消除考评者的顾虑。

⑤360 度考评充分尊重组织成员的意见，这有助于组织创造更好的工作气氛，从而激发组织成员的创新性。

⑥360 度考评加强了管理者与组织员工的双向交流，提高了组织成员的参与性。

⑦促进员工个人的发展。

（2）缺点。

①360 度考评侧重于综合评价，定性评价比重较大，定量的业绩评价较少，因此经常与 KPI 关键绩效评价相结合，使评价更全面。

②360 度考评的信息来源渠道广，但从不同渠道得来的并非总是一致的。

③360 度考评收集到的信息比单渠道评价方法更多，考评更加全面，但同时也增加了收集和处理数据的成本。

④在实施 360 度考评的过程中，如果处理不当，可能会在组织内部造成紧张气氛，影响组织成员的工作积极性，甚至带来企业文化震荡、组织成员忠诚度下降等现象。

【人力资源管理师应试真题范例】

1. 绩效管理系统的设计包括绩效管理程序的设计与（　　）。

（A）绩效管理目标的设计　　（B）绩效管理制度的设计

（C）绩效管理方法的设计　　（D）绩效管理内容的设计

【答案】 B

【解析】 绩效管理系统的设计包括绩效管理制度的设计与绩效管理程序的设计两个部分。

2. 上下级之间的（　　）是企业绩效管理活动的基本单元。

（A）考评关系　　（B）引导关系　　（C）沟通关系　　（D）协作关系

【答案】A

【解析】上级主管与下属之间所形成的考评与被考评的关系，是企业绩效管理活动的基本单元。

3. 在绩效管理的各个环节中，管理者关心的中心和焦点应当始终是（　　）。

（A）考评目的　　（B）考评标准　　（C）考评方法　　（D）被考评者

【答案】D

【解析】为了使绩效管理的双重功能得以贯彻和体现，在绩效管理各个环节中，被考评者应当始终是管理者关注的中心和焦点，其一言一行都应当置于考评者的关怀之中，使被考评者在优化的宽松氛围和环境中得以提高和发展。

4. 以下关于行为主导型绩效考评的表述，不正确的是（　　）。

（A）适合生产操作性岗位采用　　（B）适合管理性工作岗位采用

（C）重在工作过程而非工作成果　　（D）考评标准容易确定，操作性较强

【答案】A

【解析】由于行为主导型的考评重在工作过程而非工作结果，考评的标准较容易确定，操作性较强。行为主导型适合于对管理性、事务性工作进行考评，特别是对人际接触和交往频繁的工作岗位尤其重要。

5.（　　）是要求评定者根据某一工作行为发生的频率或次数的多少，对被评定者打分的绩效考评方法。

（A）关键事件法　　（B）行为锚定量表法

（C）行为观察法　　（D）加权选择量表法

【答案】C

【解析】行为观察法是在关键事件法的基础上发展起来的，与行为锚定等级评价法大体接近，只是在量表的结构上有所不同。本方法不是首先确定工作行为处于何种水平上，而是确认员工某种行为出现的概率，它要求评定者根据某一工作行为发生频率或次数的多少来对被评定者打分，如从不（1分）、偶尔（2分）、有时（3分）、经常（4分）、总是（5分）。

6. 分析工作绩效差距的方法不包括（　　）。

（A）目标比较法　　（B）水平比较法　　（C）横向比较法　　（D）时间比较法

【答案】D

【解析】在对员工绩效进行考评时，不但要对员工绩效计划的实施情况进行评价，分析其工作行为、工作结果，以及计划目标实现的程度，还要找出其工作绩效的差距和不足，具体有目标比较法、水平比较法、横向比较法3种方法。

7. 绩效管理是一系列以员工为中心的干预活动过程，它包括（　　）。

（A）目标设计　　（B）过程指导　　（C）行为导向　　（D）考核反馈

（E）激励发展

【答案】ABDE

【解析】目前，国内具有一定代表性的意见认为，绩效管理是一系列以员工为中心的干预活动过程。它包括4个环节，分别是目标设计、过程指导、考核反馈和激励发展。

8. 以下关于对考评周期的表述，正确的有（　　）。

（A）一般情况下考评时间要与考评目的以及管理制度相协调

（B）以定期提薪和奖金分配为目的的绩效考评总是定期进行

（C）晋升晋级的绩效考评，一般在岗位出现空缺或人员晋升时组织进行

（D）用于培训的考评，一般在员工绩效降低或推广新技术新技能时进行

（E）晋升晋级的绩效考评与进行培训需求分析的绩效考评属于定期考评

【答案】ABCD

【解析】一般情况下，考评时间要与考评目的、企业管理制度相协调，以定期提薪和奖金分配为目的的绩效考评总是定期进行的，而且与企业的薪酬奖励制度的要求相适应相配套。用于培训的考评，可以在员工提出申请时或企业发现员工的绩效降低或是有新的技术和管理要求时组织进行，以便正确地进行员工培训与技能开发的需求分析，制定有针对性的培训计划和培训实施方案。用于员工晋升晋级的绩效考评，其考评时间一般是在一出现职位空缺或准备提升某类人员的时候进行，它属于不定期的绩效考评。

9. 一个有效的绩效管理系统，其环节包括（　　）。

（A）目标　　（B）计划　　（C）监督　　（D）指导

（E）评估

【答案】ABCDE

【解析】一个有效的绩效管理系统是通过以下几个环节提高员工工作绩效从而保持和增强个业的竞争优势：目标第一、计划第二、监督第三、指导第四、评估第五。

10. 行为锚定等级评价法的优点，包括（　　）。

（A）对员工的考评更加精确　　（B）绩效考评标准更加明确

（C）具有良好绩效反馈功能　　（D）具有良好的连贯性和较高的信度

（E）考评维度清晰便于综合评价判断

【答案】ABCDE

【解析】行为锚定等级评价法的优点主要有：（1）对员工绩效的考量更加精确。由于参与本方法设计的人员众多，对本岗位熟悉，专业技术性强，所以精确度更高。（2）绩效考评标准更加明确。评定量表上的等级尺度是与行为表现的具体文字描述一一对应的，或者说通过行为表述锚定评定等级，使考评标准更加明确。（3）具有良好的反馈功能。评定量表上的行为描述可以为反馈提供更多必要的信息。（4）具有良好的连贯性和较高的信度。使用本方法是对被考评者使用同样的量表，对同一个对象进行不同时间段的考评，能够明显提高考评的连贯性和可靠性。（5）考评维度清晰，各绩效要素相对独立性强，有利于综合评价判断。

【案例分析】

案例1　行为锚定等级评价法的具体步骤及优缺点

富凯公司是一家超市连锁公司，在当地拥有相当大的客户群，然而随着几家超市在当地开业，使富凯公司在当地的销售额和日客户量逐渐下降，该公司调查发现：其下属超市的硬件设施、配套环境、人员比例、所销售货物的质量与数量都与竞争对手没有本质区别，有的方面甚至还有优势。但一线人员在服务态度、责任心、主动性和积极性却存在严重问题，为改变这一现状，富凯公司制定了一系列措施，其中包括要对员工的考评方式和内容进行全面调整。以前公司将员工绩效考评的核心和重点放在考查其完成任务上，现在决定重点放在工作行为上，拟采用行为锚定等级评价法进行员工绩效考评，从而加大对员工工作积极性和主动性的考评力度。

（1）采用行为锚定等级评价法对营业人员进行考评，应采取哪些具体工作步骤？

（2）行为锚定等级评价法具有哪些优势和不足？

答：（1）工作步骤：①进行岗位分析，获取本岗位的关键事件，由其主管人员作出明确简洁的描述。

②建立绩效评价等级，一般为5～9级，将关键事件归并为若干绩效指标，并做出确切定义。

③由另一组管理人员对关键事件作出重新分配，将它们归入最合适的绩效要素及指标中，确定关键事件的最终位置，并确定出绩效考评指标体系，审核绩效考评指标等级划分的正确性，由第二组人员将绩效指标中包含的重要事件，从优到差、从高到低进行排列建立行为锚定法的考评体系。

（2）优势：①对员工绩效的考量更加精确。由于参与本方法设计的人员众多，对本岗位熟悉，专业技术性强，所以精确度更高。

②绩效考评标准更加明确。评定量表上的等级尺度是与行为表现的具体文字描述一一对应的，或者说通过行为表述锚定评定等级，使考评标准更加明确。

③具有良好的反馈功能。评定量表上的行为描述可以为反馈提供更多必要的信息。

④具有良好的连贯性和较高的信度。使用本方法是对被考评者使用同样的量表，对同一个对象进行不同的时间段的考评，能够明显提高考评的连贯性和可靠性。

⑤考评维度清晰。各绩效要素相对独立性强，有利于综合评价判断。

不足：①设计和实施的费用高；②比许多考评方法费时费力。

案例2　在企业中如何有效推行绩效管理系统

A公司是一家著名的乡镇化工企业。2010年10月，该公司在某咨询公司和人力资源部的共同努力下，设计和引进了一套科学高效的绩效评估系统。该系统包括职务说明书，绩效目标管理卡，绩效考核体系，薪酬和发展系统等部分。然而该系统在实施过程中，人力资源总监却遇到了以下五个问题：

1. 虽然整个系统非常科学和实用，但管理者仍然反映不知道如何对部属进行迅速、合理和真实的评估；

2. 每当考核完毕，被考核人经常以结果不公平为由，直接向人力资源部申诉，要求公平和公正，搞得人力资源总监疲于应付而影响了其他工作；

3. 一部分员工对绩效评估提出质疑：绩效评估是不是就是烦琐的填表和交表？是不是就是为了找员工的不足与缺陷？

4. 管理者对评估结果的描述和运用简单，而且缺少变化，让部属感到无所适从或不被重视；

5. 管理者认为考核过程太烦琐，耽误很多时间。

咨询公司和人力资源部对绩效考核工作中出现的问题进行了总结，打算在公司实施大规模的绩效评估培训。计划由人力资源部负责，管理者和员工共同参与来完成。希望从三个方面实施培训。

1. 使管理者和员工认识绩效评估系统。对管理者而言，通过评估，可以不必介入所有的具体事务中；通过赋予员工必要的知识来帮助他们进行合理的自我决策，从而节省管理者的时间；减少员工之间因职责不明而产生的误解。对员工而言，通过评估可以得到有关他们工作业绩情况和工作现状的反馈；帮助员工搞清楚他们应该做什么和为什么要这样做；使员工具有进行日常决策的能力。

2. 培养责任感。绩效评估是一项从公司总体战略着眼，本着提高公司整体业绩为目的，从员工个人业绩出发，对员工和整体进行考核的业绩管理制度。培养管理者和员工的责任感是有效实施绩效评估的必要条件。

3. 掌握绩效评估的技巧和方法。一个完整的绩效评估系统，会涉及许多种评估方法，以及相应的评估技巧。通过培训，使管理者能制定出部属的工作要项和工作目标；了解绩效评估方法、程序和评估标准；如何做好绩效评估面谈及相应的技巧；如何制定绩效改进计划；如何实施对部属的辅导。例如，可以设计三级评估体系，即被考核人进行自我考核和由直接领导进行评估的同时，又受到绩效评估委员会的审核和监督，并且整个执行过程是一个被考核人始终与上级领导相互沟通，上下级之间相互交换意见的过程。这保证了评估过程和结果的公平性和公正性。例如，如果直接领导的评估结果欠公平或偏离事实，绩效评估委员会可通过审核监督来进行调整。

绩效评估是一件复杂和细化的工作，所以许多管理者和员工认为评估过于烦琐，耽误工作时间。而事实上，如果绩效评估系统运行了 2～3 个周期以后，考评双方会发现通过上下级之间的业绩目标合作，可以实现更有效的工作授权；通过考核中的监督和指导，可实现管理者对部属的工作指导；通过沟通，可以找出工作中的优点、差距，有效确定改进方向和措施。绩效评估使管理工作变得简单和高效。这需要通过外聘 HR 顾问和内部人员的大量沟通来实现。绩效评估实践对管理者和员工也会产生重大影响。

请就本案例思考回答以下问题：

1. 该系统在实施过程中，人力资源总监遇到了五个问题，你认为A公司的绩效考核工作主要存在什么问题？

2. 如何改进A公司的绩效考核工作？

3. 评价对有关人员的培训在绩效考核中的意义。

答案：

1. A公司绩效考核工作主要存在的问题有：

（1）管理者对绩效系统认识不够，经常陷入没有必要的具体事务中，从而无法对员工进行迅速、合理和真实的评估。

（2）员工对绩效系统产生误解。员工认为绩效评估就是烦琐的填表和交表以及找员工的不足与缺陷。此外，员工之间经常因职责不明而产生摩擦。

（3）在实行绩效评估系统前，没有培养员工的责任感，致使员工的个人目标和企业发展方向无法统一，绩效评估系统在实施中遇到员工的抵触。

（4）缺乏有效沟通。在绩效考评过程中，因管理者没有和员工进行有效沟通，导致员工经常认为结果不公平，并认为自己没有得到上级的重视和尊敬。

2. A公司绩效考评工作改进的方法主要有：

（1）加强培训工作。使管理者和员工了解绩效评估系统，改变管理者和员工的观念，使他们明白，通过评估，对其能力提升和职业生涯规划将会起到更有效的推动作用。管理者和员工不应把实施绩效评估系统看作一种负担，而应当看作一种先进的管理方式。还可以建立绩效评估申诉制度。

（2）培养员工的责任感。鼓励他们把自己的职业发展方向与公司的发展方向统一起来，提高他们对公司的荣誉感和忠诚度。

（3）加强沟通工作。有效的沟通可以消除上下级之间的意见不合，促进绩效评估的公平，同时还可以促进员工积极投入绩效考评系统中来。

（4）提高考评人员的考评技巧和方法。考评者需提高以下技巧：准确制定出部属的工作要项和工作目标；了解绩效评估方法、程序和评估标准；如何实施和提升绩效评估面谈及技巧；如何制定绩效改进计划；如何实施对部属的辅导。

3. 有关人员的培训在绩效考核工作中的意义。

（1）通过对员工培训，让员工了解绩效评估系统的意义，知道绩效评估将带给自己带来的益处，使他们主动参与到绩效考评中来，并积极与上级沟通，纠正考核中不合理的地方，促进考核系统的完善，保证考核结果的公平性。

（2）通过对管理人员进行培训，让他们改变观念，认识到实施绩效评估系统不是一种负担，而是一种先进的管理方式；提高他们的考评技巧和方法，更加公平、有效地对员工进行考核；帮助管理人员以身重范，促进绩效评估思想在员工中的普及。

（本案例来自“233网校”模拟题库）

案例3 绩效面谈应该如何做？

2010年年底的一个周三下午，安徽合肥高新区某IT公司销售部员工张三被其主管销售部赵经理请到了二楼会议室。张三进门时，看见赵经理正站在窗户边打手机，脸色不大好看。约五分钟后，赵经理匆匆挂了电话说：

“刚接到公司一个客户的电话……前天人力资源部长找我谈了谈，希望我们销售部能带头实施面谈。我本打算提前通知你，好让你有个思想准备。不过我这几天事情比较多，而且我们平时也常沟通，所以就临时决定今天下午和你聊聊。”

等张三坐下后，赵经理接着说：“其实刚才是蚌埠的李总打来电话，说我们的设备出问题了。他给你打过电话，是吧？”张三一听，顿时紧张起来：“经理，我接到电话后认为他们自己能够解决这个问题的，就没放在心上。”张三心想：这李总肯定向赵经理说我的坏话了！于是变得愈加紧张，脸色也变得很难看。

“不解决客户的问题怎么行呢？现在市场竞争这么激烈，你可不能犯这种低级错误呀！这件事等明天你把它处理好，现在先不谈了。”说着赵经理拿出一张纸，上面有几行手写的字，张三坐在对面没看清楚。赵经理接着说：“这次的绩效考评结果我想你也早就猜到了，根据你的销售业绩，你今年业绩最差。小张呀，做市场是需要头脑的，不是每天都出去跑就能跑到业务的。你看和你一起进公司的小李，那小伙子多能干，你要向他多学着点儿！”张三从赵经理的目光中先是看到了批评与冷漠，接着又看到了他对小李的欣赏，张三心里感到了刺痛。

“经理，我今年的业绩不佳，那是有客观原因的。蚌埠、淮南等城市经济落后，产品市场还不成熟，跟江浙地区不能比。为了开拓市场，我可费了很多心血才有这些成绩的。再说了，小李业绩好那是因为……”张三似乎有满肚子委屈，他还想往下讲却被赵经理打断了。

“小张，你说的客观原因我也能理解，可是我也无能为力，帮不了你啊！再说，你来的比他们晚，他们在江浙那边已经打下了一片市场，有了良好的基础，我总不能把别人做的市场平白无故地交给你啊。你说呢？”赵经理无奈地看着张三说。

“经理，这么说我今年的奖金倒数了？”张三变得沮丧起来。

正在这时销售部的小吴匆匆跑来，让赵经理去办公室接一个电话。赵经理匆匆离去，让张三稍等片刻。于是，张三坐在会议室里，心情忐忑地回味着经理刚才讲过的话。大约过了三分钟，赵经理匆匆回到了会议室坐下来。

“我们刚才谈到哪儿了？”赵经理显然把话头丢了。张三只得提醒他说到自己今年的奖金了。

“小张，眼光要放长远，不能只盯着一时的利益得失。今年业绩不好，以后会好起来的。你还年轻，很有潜力，好好干会干出成绩来的。”赵经理试图鼓励张三。

“我该怎么才能把销售业绩做得更好呢？希望经理你能多帮帮我呀！”张三流露出恳切的眼神。

“做销售要对自己有信心，还要有耐心，慢慢来。想当年我开辟南京市场时，也是花了近一年的时间才有了些成效。那个时候公司规模小，总经理整天带着我们跑市场。现在我们已经有了一定的市场占有率了，公司知名度也有所提高，应该讲现在比我们那时候打市场要容易些了。”

张三本正打算就几个具体的问题请教赵经理时，赵经理的手机突然响了，他看了一眼号码，匆忙对张三说：“我要下班接儿子去了，今天的面谈就到这里吧，以后好好干！”说罢匆匆地离开了会议室，身后留下了一脸困惑的张三。

（资料来源：徐天坤．一次绩效反馈面谈诊断．人力资源管理，2008（12）.）

思考题：

1. 赵经理在绩效面谈中存在哪些问题？
2. 绩效面谈在绩效管理中的作用和地位如何？
3. 如何让绩效面谈变得更加有效？

第七章　薪 酬 管 理

第一节　薪酬管理概述

一、薪酬的含义及构成

薪酬是员工为企业提供劳动而得到的各种货币与实物报酬的总和，包括工资福利和社会保险，企业补充保险等各种直接或间接的薪酬。

薪酬可分为货币薪酬（或称经济薪酬、外在薪酬）和非货币薪酬（或称非经济薪酬、内在薪酬）。货币薪酬，又可分为直接薪酬和间接薪酬，其中直接薪酬包括基本工资、绩效工资、奖金、津贴等，一般以现金形式支付；而间接薪酬则包括社会保险、员工福利、股票期权等，一般以非现金形式延期支付。

非货币薪酬则指，由工作本身、工作环境和组织特征，带来的愉悦和满足感等，主要是一种心理效应。非货币性薪酬主要可分为两种：一种是与职业发展有关，称为职业性肯定；另一种与工作环境有关，称为社会性肯定。

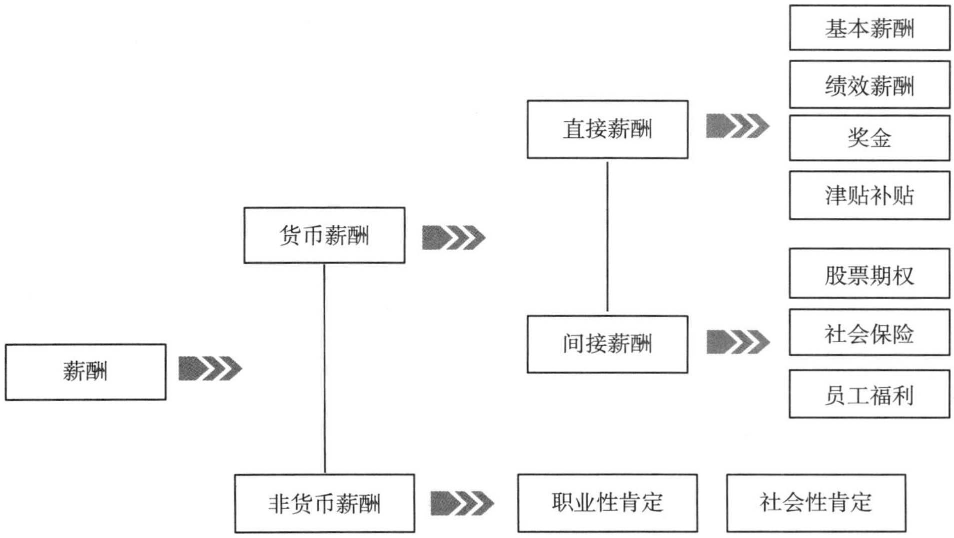

图 7－1　薪酬的组成以及基本形式

二、薪酬的功能

任何管理行为都是管理者与被管理者的互动过程，企业薪酬作为连接雇主和雇员劳动关系的纽带，对双方都有不可替代的作用。

1. 薪酬对于企业的功能。

①增值功能。②控制企业成本。③发送经营绩效。④塑造企业文化。⑤支持企业变革。⑥配置功能。⑦导向功能。

2. 薪酬对于员工的功能。

传统的工资主要有两种功能：满足基本物质需求的功能和满足安全需求的功能。

现代薪酬功能：①保障功能。②激励功能。③社会信号功能。

3. 薪酬的社会功能。

薪酬对社会的功能体现在对劳动力资源的再配置。薪酬作为劳动力价格的信号，调节着劳动力的供求和劳动力的流向。

三、薪酬管理的原则

薪酬管理指企业在发展战略指导下，综合考虑内外部各种因素的影响，确定自身的薪酬水平、薪酬结构，并进行薪酬调整和控制的整个过程。

有效的薪酬管理应当遵循一些基本原则，具体见图 7－2。

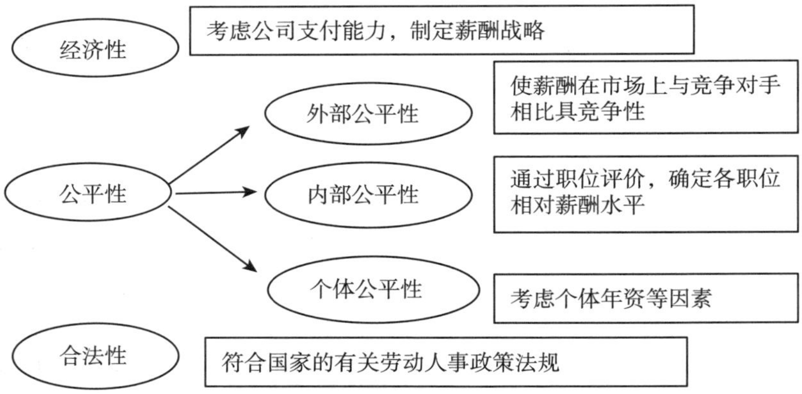

图 7－2　薪酬设计的基本原则

四、薪酬管理的内容

薪酬管理是在组织发展战略指导下，对员工薪酬支付原则、薪酬策略、薪酬水平、薪酬结构、薪酬构成进行确定、分配和调整的动态管理过程。

薪酬管理，包括薪酬体系设计、薪酬日常管理两个方面。薪酬体系设计主要是薪酬水平设计、薪酬结构设计和薪酬构成设计；薪酬日常管理是由薪酬预算、薪酬支付、薪酬调整组成的循环，这个循环可以被称为薪酬成本管理循环。

1. 企业员工工资总额管理。

工资总额管理不仅包括工资总额的计划与控制，还包括工资总额调整的计划与控制。国家统计局对于工资总额构成的界定：

$$\text{工资总额} = \text{计时工资} + \text{计件工资} + \text{奖金} + \text{津贴和补贴} + \text{加班加点工资} + \text{特殊情况支付的工资}$$

工资总额的管理方法，首先要权衡确定合理的工资总额需要考虑的因素，如企业支付能力、员工的生活费用、市场薪酬水平以及员工现有薪酬状况等，然后计算合理的工资总额，可以采用工资总额与销售额的方法推算合理的工资总额，或采用盈亏平衡点方法推算合理的工资总额，还可以采用工资总额占附加值比例的方法来推算合理的工资总额。

2. 员工薪酬水平的控制。

企业要明确界定各类员工的薪酬水平，以实现劳动力与企业之间公平的价值交换，这是薪酬管理的重要内容。及时对企业员工的总体薪酬水平适时进行调整，以最大限度地调动企业内各方面的工作积极性、主动性和创造性。

3. 企业薪酬制度设计与完善。

企业薪酬制度设计与完善，是企业薪酬管理的一项重要任务，包括工资结构设计，还包括工资等级标准设计、薪酬支付形式设计等。

4. 日常薪酬管理工作。

日常薪酬管理工作具体包括：

（1）开展薪酬的市场调查，统计分析调查结果，写出调查分析的报告。

（2）制定年度员工薪酬激励计划，对薪酬计划执行情况进行统计分析。

（3）深入调查了解各类员工的薪酬状况，进行必要的员工满意度调查。

（4）对报告期内人工成本进行核算，检查人工成本计划的执行情况。

（5）根据企业薪酬制度的要求，结合各部门绩效目标的实现情况，对员工的薪酬进行必要的调整。

五、影响薪酬管理的主要因素

在市场条件下，企业的薪酬活动会受到内外部多种因素的影响，为了保证薪酬管理的有效实施，必须对这些影响因素有所认识和了解。一般来说，影响企业薪酬管理各项决策的因素主要有三类：一是企业外部因素；二是企业内部因素；三是员工个人因素。具体内容见图 7－3。

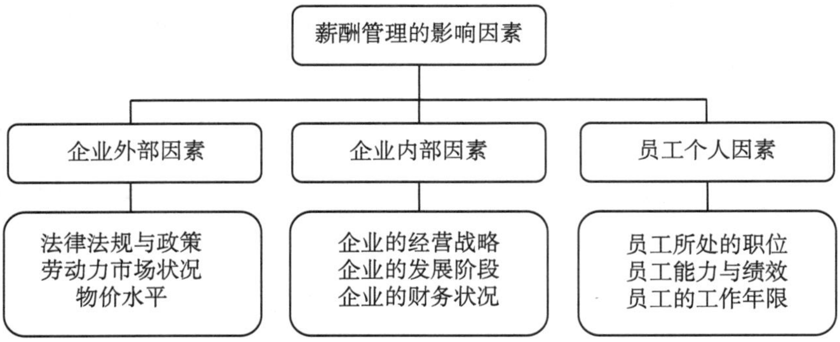

图 7－3　影响薪酬管理的主要因素

第二节　薪酬水平与结构

一、薪酬水平策略

薪酬水平指企业内部各类岗位以及企业整体平均薪酬的高低状况，它反映了企业支付薪酬的外部竞争性。

薪酬水平策略主要指面对当地市场薪酬行情和竞争对手薪酬水平，企业如何决定自身的薪酬水平。根据企业薪酬水平与市场水平的比较情况，企业选择的薪酬水平策略主要有市场领先型策略、市场追随型策略、市场滞后型策略和混合型薪酬策略，如图 7－4 所示。

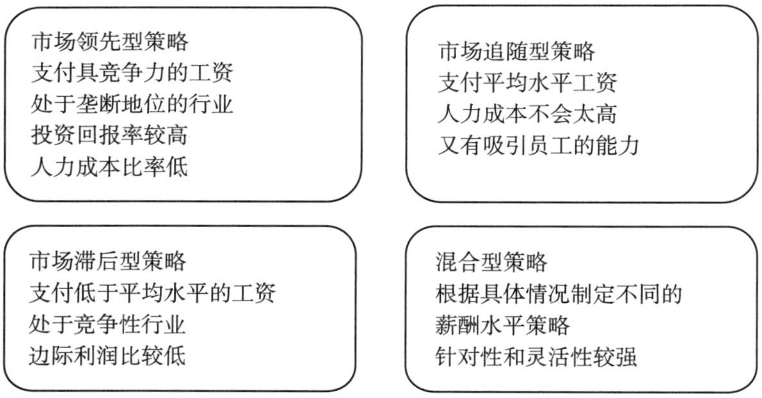

图 7－4　薪酬水平策略

二、薪酬结构策略

1. 薪酬结构。指薪酬的构成，即一个人的工作报酬由哪些部门构成。本节的薪酬结构主要指工资结构。员工工资通常分为若干个部分，如基本工资、岗位工资、绩效工资、技能工资和辅助工资等。

（1）基本工资指员工在法定工作时间内完成工作任务或劳动定额时企业必须支付的基本劳动报酬。

（2）岗位工资指以岗位劳动责任、劳动强度、劳动条件等评价要素确定的岗位系数为依据的工资支付。有些企业将基本工资与岗位工准则合并，统称为岗位工资。

（3）绩效工资指通过对员工或组织的工作业绩、工作态度、工作技能等方面的综合考评，依据考评结果发放的工资。

（4）技能工资指以员工个人所掌握的知识、技术和所具备的能力为基础支付的工资。

（5）辅助工资指根据员工的特殊劳动条件和工作特性，以及特定条件下的额外生活费用计付的劳动报酬。

2. 薪酬结构策略。

根据总体薪酬与企业效益挂钩程度的不同，可以将薪酬结构策略分为高弹性、高稳定和混合型三种，具体内容和特点如图 7 –5 所示。

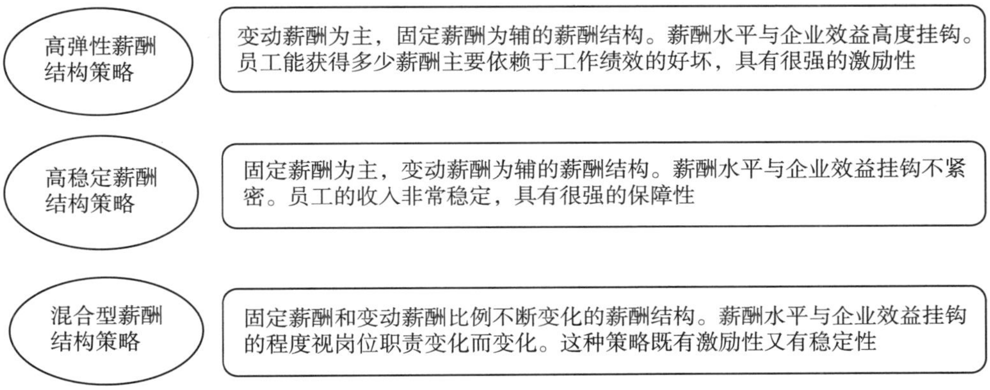

图 7 –5　薪酬结构策略

第三节　薪酬体系设计

科学合理的薪酬体系是企业人力资源管理的一项重要工作。一般而言，企业要建立的是一种既能让多数员工满意，又能确保企业利益的互利双赢薪酬设计模式。其流程一般可分为以下几个步骤（见图 7 –6）。

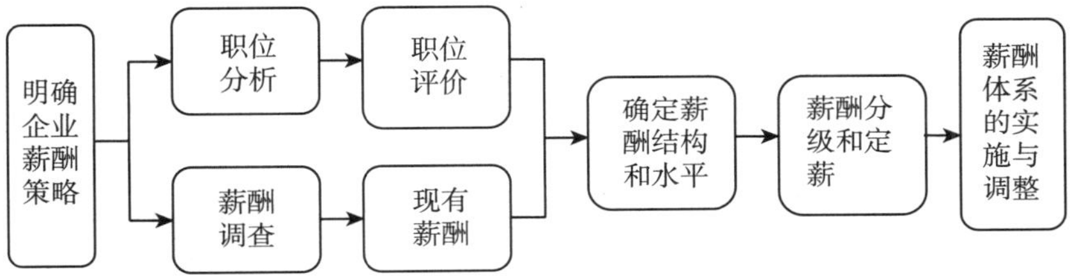

图 7 –6　薪酬体系设计流程

一、明确企业薪酬策略

在企业既定的总体战略之下，企业需要制订薪酬决策一般包括：

（1）薪酬管理的目标是什么？如何支持企业战略的实施？

（2）如何适应组织外部市场的竞争性？

（3）如何达到组织薪酬的内部协调一致性。

（4）如何提高薪酬成本有效性。

二、职位分析与职位评价

职位分析是薪酬管理的基础工作，即采用一定的科学方法全面地调查和分析组织中各个职位的任务、职责、权限等情况，并在此基础上对所需要具备的基本资格条件作出规定。

职位分析使我们了解各种职位或岗位的特点及对员工的要求，但还不能回答怎么样为这些职位或岗位制订报酬系统。还需要通过职位评价，确定不同职位在本企业的相对价值，制订相应的职位等级，以确定工资收入的计算标准。

常见的职位评价方法有：职位排序法、职位分类法、因素比较法、要素计点法等。

（1）职位排序法。即根据一些特定的标准，如工作的复杂程度、对企业的贡献大小等，对各个职位的相对价值进行整体比较，进而将职位按照相对价值的高低排列出一个次序的岗位评价方法。

（2）职位分类法。即通过制定出一套职位级别标准，将职位与标准进行比较，并归到各个级别中去。职位分类法的关键是建立一个职位级别体系，包括确定等级数量和为每个等级建立定义和描述。

（3）因素比较法。首先要分析基准职位，找出一系列共同的薪酬因素，然后按照这些因素将不同职位进行排序。

（4）要素计点法。即选取若干关键性的薪酬因素，并对每个因素的不同水平进行界定，同时给各个水平赋予一定的分值（点数），然后按照这些关键的薪酬因素对岗位进行评价，得到每个岗位的总点数，以此决定岗位的薪酬水平。

三、薪酬调查分析

主要是调查本行业、本地区，尤其是主要竞争对手的薪酬状况，以保证企业薪酬制度的内部和外部公平合理性。薪酬调查分析的主要内容一般包括以下三方面：（1）目标企业的薪酬政策。（2）目标企业的薪酬结构信息。（3）目标企业的薪酬水平信息。

四、现有薪酬体系诊断

在调查了解的基础上进行分析和诊断，明确改革方向和设计目标。薪酬体系的诊断主要包括以下几个方面：

（1）明确本企业所处的发展阶段。

（2）企业组织结构和各类人员组成分布是否适应企业发展战略。

（3）明确薪酬政策应向何种工作岗位、何种员工倾斜。

（4）确定劳动力成本在企业总成本中的比例范围。

五、确定薪酬结构和水平

薪酬结构是指工作的相对价值与其对应的工资之间保持的一种关系。这种关系不是随意的，是以服从某种原则为依据，具有一定的规律，通常使用“工资结构曲线”来表示。

通过薪酬调查以及对企业内、外部环境的分析，可以确定企业内各职位的薪酬水平，从而规划各个职位的薪酬幅度、起薪点和顶薪点等关键指标。

六、薪酬分级和定薪

在实际操作中，为了降低管理成本，企业会将众多类型的职位薪酬标准再组合成若干等级，形成一个薪酬等级标准系列。通过职位评价所得的分数高低与薪酬分级标准对应，可以确定每个职位工作的具体薪酬范围或标准，以确保职位薪酬水平的相对公平性。

七、薪酬体系的实施和调整

薪酬体系制定以后，投入正常运作的基础和前提就是企业应建立客观、公正、科学的绩效考核机制，对各层级员工的工作业绩等进行认真的考核评估。同时，在实施过程中，要及时沟通，不断地反馈在操作中出现的问题，并不断地予以修正与调整，使薪酬体系设计尽量趋于合理或使员工满意。

第四节 员工福利

一、福利的含义

员工福利是企业基于雇用关系，依据国家强制性法令及相关规定，以企业自身的支付为依托，向员工所提供的用以改善其本人和家庭生活质量的各种以非货币工资和延期支付形式为主的补充性报酬与服务。

二、福利的基本特点

1. 针对性。

企业为员工提供的福利一般具有明显的针对性。如集体宿舍、接送员工上下班的交通车、职工食堂等都是用于满足员工的某一特定需求而设定的。

2. 补偿性。

福利是对员工为企业提供劳动的一种物质补偿，也是员工薪酬收入的补充分配形式，直到满足员工有限生活需求的作用。

3. 均等性。

福利与员工的业绩和贡献无关，只要是符合享受条件的企业员工，不管是谁都可以享受。

4. 强制性。

法定福利是国家依法强制实施的对员工的社会保护政策，被保险人必须参加，承保人必须接受，没有讨价还价的余地。

5. 凝聚性。

员工福利大多以员工集体消费或共同使用的公共物品为主要形式，因此员工可以在享受集体性福利的需求之外，自身还可以感受到团队的关怀和帮助。因而对企业会产生一种归属感、安全感或团队意识感，由此增强了团队凝聚力。

三、福利的基本类型

（一）法定福利

1. 社会保险。

（1）养老保险。养老保险是国家为劳动者或全体社会成员依法建立的老年收入保障制度。当劳动者或社会成员达到法定退休年龄时，由国家或社会提供养老金，保障退休者的基本生活。目前世界各国的养老保险制度大体分为国家统筹模式、投保自助模式和强制储蓄模式三种模式。

（2）医疗保险。医疗保险是由国家立法，按照强制性社会保险原则，由国家、用人单位和个人集资建立的医疗保险基金，当个人因病接受医疗服务时，由社会医疗保险机构提供医疗费用补偿的社会保险制度。

（3）失业保险。失业保险是国家以立法形式，集中建立失业保险基金，对因失业而暂时中断收入的劳动者在一定期间提供基本生活保障的社会保险制度。

（4）生育保险。生育保险是国家通过立法，筹集保险基金，对生育子女期间暂时丧失劳动能力的职业妇女给予一定的经济补偿、医疗服务和生育休假的社会保险制度。一般包括产假、生育津贴、生育医疗服务等。

（5）工伤保险。工伤保险是国家立法建立的，对在经济活动中遭受意外伤害或患职业病导致暂时或永久丧失劳动能力以及死亡时，劳动者或其遗属从国家和社会获得物质帮助的一种社会保险制度。

2. 法定假期。

法定假期是企业职工依法享有的休息时间，在法定休息时间内，职工仍可获得与工作时间相同的工资报酬。

（1）法定节假日。

法定节假日是指根据国家、各民族的风俗习惯或纪念要求，由国家法律统一规定的用以进行庆祝及度假的休息时间。目前全体公民放假的节日共 11 天：①元旦（1 月 1 日）；②春节（农历除夕、正月初一、初二）；③清明节（清明当日）；④劳动节（5 月 1 日）；⑤端午节（农历端午当日）；⑥中秋节（农历中秋当日）；⑦国庆节（10 月 1 日、2 日、3 日）。

（2）公休假日。

指职工工作满一个工作周以后的休息时间。按《劳动法》第 38 条规定，用工单位应当保证劳动者每周至少休息一天，一般情况下安排在每个星期六和星期日。

（3）带薪年假期。

我国《劳动法》第 45 条规定，国家实行带薪年休假制度，劳动者连续工作一年以上，就可以享受一定时间的带薪年假。

3. 住房公积金。

住房公积金指国家机关、国有企业、城镇集体企业、外商投资企业、城镇私营企业及其他城镇企业、事业单位、民办非企业单位、社会团体及其在职职工缴存的长期住房储金。按照国家规定，雇主和员工都按照员工工资的一定比例缴纳住房公积金，存入职工公积金账户。

（二）企业福利

1. 企业补充养老保险。

随着我国人口老龄化加剧，国家基本养老保险负担过重的状况日趋严重，补充养老保险开始成为企业建立的旨在为其员工提供一定程度退休人员收入保障的养老保险计划。2000 年企业补充养老保险正式更名为“企业年金”，是我国社会保障制度改革的重要内容。

2. 健康医疗保险。

健康医疗保险的目的是减少当员工生病或遭受事故时本人及其家庭所遭受的损失。企业通常以两种方式提供这种福利：集体投保或者加入健康维护组织。

3. 集体人寿保险。

人寿保险是市场经济体制国家的一些企业所提供给员工的一种最常见的福利。大多数企业都是为其员工提供团体人寿保险。

4. 住房或购房计划。

为了更有效地激励和留住员工，除了住房公积金外，企业还采取多项住房福利项目支持员工购房，如住房贷款利息给付计划、住房津贴。

【人力资源管理师应试真题范例】

1. (　　) 通常是指员工所获得的全部报酬。

(A) 收入　　(B) 奖励　　(C) 薪金　　(D) 工资

【答案】A

【解析】收入指员工所获得的全部报酬，包括薪资、奖金、津贴和加班费等项目的总和。

2. 影响企业员工个人薪酬水平的主要因素不包括(　　)。

(A) 薪酬策略　　(B) 工作岗位　　(C) 工作绩效　　(D) 工作条件

【答案】A

【解析】影响员工薪酬的因素包括影响员工个人薪酬水平的因素和影响企业整体薪酬水平的因素。影响员工个人薪酬水平的因素包括劳动绩效、职务或岗位、综合素质与技能、工作条件、年龄与工龄。

3. 适当拉开员工之间的薪酬差距，体现了薪酬的(　　) 原则。

(A) 对外具有竞争力　　(B) 对员工具有激励性

(C) 对内具有公正性　　(D) 对成本具有控制性

【答案】B

【解析】目前，企业普遍认为进行有效的薪酬管理应遵循以下原则：(1) 对外具有竞争力原则；(2) 对内具有公正性原则；(3) 对员工具有激励性原则；(4) 对成本具有控制性原则。适当拉开员工之间的薪酬差距，体现了薪酬的对员工具有激励性原则。

4. 以下有关工作岗位评价的说法，不正确的是(　　)。

(A) 岗位评价的中心是现有的人员　　(B) 以岗位员工的工作活动为对象

(C) 工作岗位分析的进一步延续　　(D) 为岗位的分类分级提供了前提

【答案】A

【解析】岗位评价的中心是“事”不是“人”。岗位评价虽然也会涉及员工，但它是以岗位为对象，即以岗位所担负的工作任务为对象进行的客观评比和估计。

5. 人员流向属于(　　) 要素的评价指标。

(A) 劳动责任　　(B) 劳动技能　　(C) 劳动强度　　(D) 社会心理

【答案】D

【解析】社会心理是指社会对某类岗位的各种舆论，对该类岗位人员在心理上所产生的影响。主要采用人员流向指标。人员流向属于心理因素，它是由于岗位的工作性质和地位对员工在社会心理方面产生的影响而形成人员流动的趋势。

6.（　　）是通过建立一定指标（简称效标）来检查岗位测评结果的效度。

（A）内容效度　　（B）统计效度　　（C）过程效度　　（D）结构效度

【答案】 B

【解析】 统计效度也称经验效度，简称效标。它是通过建立一定的指标来检查测评结果的效度。内容效度是指评价要素和评价标准体系反映岗位特征的有效程度。

7. 薪酬的具体形式包括（　　）。

（A）奖金津贴　　（B）工资　　（C）销售提成　　（D）福利

（E）劳动分红

【答案】 ABCDE

【解析】 薪酬泛指员工获得的一切形式的报酬。包括薪资、福利和保险等各种直接或间接的报酬，薪酬有不同的表现形式；精神的与物质的、有形的与无形的、货币的与非货币的、内在的与外在的等等。奖金津贴、工资、销售提成、福利、劳动分红均是薪酬的具体形式。

8. 企业员工薪酬管理的基本目标包括（　　）。

（A）保证薪酬具有竞争性　　（B）吸引并留住优秀人才

（C）对员工贡献给予肯定　　（D）使员工及时得到回报

（E）不断压缩企业人工成本

【答案】 ABCD

【解析】 企业薪酬管理的基本目标：（1）保证薪酬在劳动力市场上具有竞争性，吸引并留住优秀人才。（2）对各类员工的贡献给予充分肯定，使员工及时地得到相应的回报。（3）合理控制企业人工成本，提高劳动生产效率，增强企业产品的竞争力。（4）通过薪酬激励机制的确立，将企业与员工长期、中短期经济利益有机地结合在一起。促进公司与员工结成利益关系共同体，谋求员工与企业的共同发展。

9. 薪酬体系设计要体现薪酬的基本职能，主要包括（　　）。

（A）改善职能　　（B）效益职能　　（C）激励职能　　（D）调节职能

（E）补偿职能

【答案】 BCDE

【解析】 薪酬职能是指薪酬在运用过程中的具体功能的体现和表现，是薪酬管理的核心，包括补偿职能、激励职能、调节职能、效益职能和统计监督职能。

10. 岗位劳动责任主要包括（　　）。

（A）质量责任　　（B）产量责任　　（C）看管责任　　（D）安全责任

（E）消耗责任

【答案】 ABCDE

【解析】 劳动责任是指岗位在生产过程中的责任大小，主要反映岗位劳动者智力的付出和心理状态。主要包括质量责任、产量责任、看管责任、安全责任、消耗责任和管理责任。

【案例分析】

案例1　核算人工成本的方法及步骤

某公司是一家有色金属产品加工企业，近年来，由于外部市场激烈的竞争，特别是人工成本的大幅度上升，使企业盈利水平出现了急剧下降的趋势。公司总经理在审定人力资源部2015年度工作计划时，做出如下批复："人力资源部应将人工成本核算问题作为本年度的工作重点之一，通过人工成本核算全面掌握劳动力使用成本，找出适合的人工成本投入产出点，既达到以最佳投入换取最佳利益，又能激发员工积极性的目的。"人力资源部张经理根据总经理的要求，随即专门召开了专题工作会，围绕人工成本核算等问题进行了深入的讨论。

请结合本案例，回答下列问题：

1. 企业核算人工成本时，首先需要核算如下基本指标？

2. 核算人工成本投入产出指标时，需要核算哪些指标？

答：

1. 核算人工成本时，需要核算如下基本指标：

（1）企业从业人员年平均人数。

（2）企业从业人员年人均工作时数。

（3）企业销售收入（营业收入）。

（4）企业增加值（附加值）。

生产法 = 总产出 − 中间投入

收入法 = 劳动者报酬 + 固定资产折旧 + 生产税净额 + 营业盈余

（5）企业利润总额。

（6）企业成本（费用）总额。

（7）企业人工成本总额。

2. 核算人工成本投入产出指标，需要核算的指标如下：

（1）销售收入（营业收入）与人工费用比率。

人工费用率 = 人工成本（费用）/销售收入（营业收入）

（2）劳动分配率。

劳动分配率 = 人工成本（费用）/增加值（纯收入）

案例2　某企业销售人员的薪酬激励案例

一、咨询背景

1. 经营背景。

A公司是国内一家以某机械配件产品销售为主的贸易型公司，同时也是一大型国有机械制造公司的子公司。产品的来源有三种：①母公司；②OEM 制造商；③代理的国外品牌制造商。

公司主要面向国内市场销售个性定制化产品，其产品的规格型号多达上万种，属于小批量多订单型业务模式。

客户群分为两类：长期配套客户和散单客户。

2. 销售部职能与架构。

A 公司销售部主要负责客户开发、维护和接单工作，接单后的订单处理、采购、仓储、物流等职能均由其他部门分别完成。销售部内部架构如图 7 –7 所示。

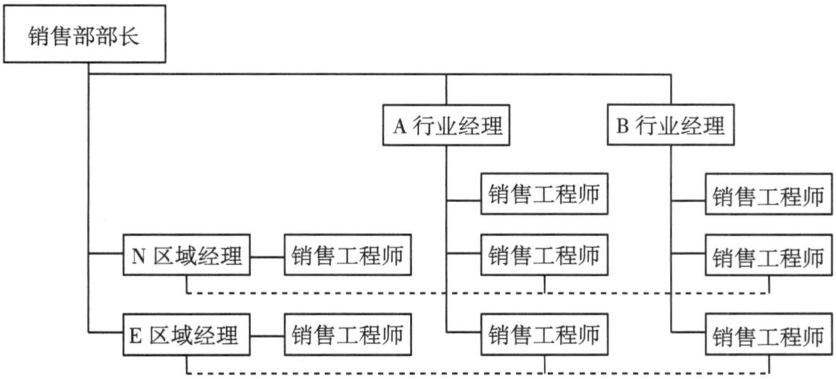

图 7 –7 销售部内部架构

如图 7 –7 所示，行业经理负责全国的某行业业务，而行业经理们未涉及的其他行业未进行行业细分，分别由各个区域的区域经理负责。行业经理下属的销售工程师，在公司本部由行业经理直接管理。被派驻其他区域，由区域经理对其履行一定的日常行政管理工作，并对其业务提供一定的支持，但在业务上还是对行业经理负责。因此行业经理和区域经理的团队在业务上是不交叉的。

二、总经理的困惑

销售部是公司的“火车头”，A 公司领导一直非常重视销售部，给予的报酬同市场薪酬相比也比较有竞争力。然而公司总经理近来却感到非常困惑，向我们吐露了他的一些心声。

1. 销售经理“吃老本”。

“各个行业经理、区域经理在公司从事销售工作已有多年，客户资源越积越多，很多已经形成了多年的关系户。在国家整体经济大环境比较好的情况下，客户的快速发展拉动对公司产品的需求，导致即使不开发新的客户，经理们的业绩也会出现较快的自然增长。当前经理们的主要收入来源之一，是按实际销售额乘以一个提成率得出的提成，该提成率已经有多年未变。在这种情况下，经理们即使不需付出多大努力，收入也可以获得不错的增长，导致其动力不足。”

2. “蛋糕切的大小不一”。

“为了专业化和避免内部竞争的需要，公司以行业和区域为依据对市场进行了切分。

然而在切分时，未充分考虑各个行业和区域的市场潜力、市场成熟度和开发难度的差异，导致有些经理感到不公平，认为如果自己去另一个行业或区域付出同样的努力可以获得更高的销售额，从而获得更高的收入。”

3. 片面追求销售额，牺牲了利润。

“现在的提成计算方法容易导致员工片面追求销售额而忽视利润，我们也看到了这一点，认识到以利润为基数进行提成计算会更科学一点。然而采购价格、利润等数字是公司的商业机密，知道的人越少越好，因此不适宜用来作为计算提成的直接依据。”

4. 面临出现梯队断层的危机。

“经理们担心：招收一个新的销售工程师会分散自己的客户资源，降低自己的影响力；而销售工程师一旦成长起来，被提拔成经理后脱离了自己的团队，会带走自己的客户，给自己造成损失。基于这两个方面的原因，经理们带新人的积极性不高，有些甚至宁可单兵作战，这样容易形成人才断层，不利于公司的长远发展。”

5. 年轻销售人员流失严重。

“公司销售人员的薪酬模式是最常见的‘底薪＋提成’模式，所有经理的底薪都是一样的；所有销售工程师的底薪也是一样的。我们的出发点是完全以业绩为导向来进行激励，这是我们认为最公平也最简捷的激励方式。然而销售人员尤其是销售工程师对此意见比较大，流失比较严重。”

（资料来源：代桂旭．激励“火车头”：销售人员薪酬设计．中外管理，2006（6）.）

思考题：

1. 该公司在对销售人员的薪酬管理上存在哪些问题？

2. 请根据该公司的具体情况设计一套销售人员薪酬管理方案。

案例分析：

一、该公司对销售人员的薪酬管理存在问题

顾问组进驻后，又通过对A公司相关人员的访谈对其销售激励政策作了更进一步的了解。总结出其主要存在以下问题，这些问题是导致总经理产生上述困惑的原因：

1. 公司对销售人员的薪酬政策保健有余，但是激励不足。

由于公司的大部分业务都是为配套型客户提供配件，这些客户对产品的需求是周期性的、稳定的，一旦开发出此类客户之后，只要花比较少的精力来维护客户关系，确保客户不流失，就可以获得比较稳定的销售业绩。随着时间的推进，这类客户累积得越来越多，带来了销售人员稳定的收益，变成销售人员的一种福利，起不到什么激励作用了。

2. 缺乏目标激励机制。

各个行业和区域的市场潜力、成熟度以及开发难度存在差异，以销售额的绝对值作为激励的直接依据，自然不公平。而如果根据行业和区域差异设定不同的业绩目标，再以业绩目标的达成度来作为激励依据就会更加合理。

3. 缺乏科学的业绩评估。

“吃老本”“片面追求销售额”等现象的出现，都与缺乏科学全面的销售人员业绩评估机制有关。

4. 缺乏有效的晋升机制。

目前销售人员只有行政晋升一条通道：即销售工程师→行业经理/区域经理→市场部长，晋升机会有限，并且晋升时间会比较漫长。在当前的薪酬政策下，行政晋升又基本上是工资增长的唯一途径。这是年轻销售人员流失的非常重要的一个原因。

5. 缺乏有效的团队激励机制。

由于缺乏对销售团队的整体激励和未理清团队内部利益分配关系，导致出现部分销售经理宁愿“单干”的现象。

二、解决方案

基于以上诊断，我们提出了一整套以薪酬设计为核心的销售人员激励解决方案。

1. 确定薪酬总体构成。

首先确定薪酬总体构成为标准工资和提成两大部分，其中标准工资又被分为基本工资和绩效工资两个小部分。如表 7－1 所示。

表 7－1　销售人员薪酬构成

标准工资		提成
基本工资	绩效工资	

2. 确定标准工资水准。

该部分的设计有三个步骤：

步骤一：拓宽晋升通道，将行业经理/区域经理、销售工程师分别划分为 5 个级别，见表 7－2。

表 7－2　销售人员晋升通道

级别	行业经理/区域经理	销售工程师
1	资深经理	资深业务员
2	高级经理	高级业务员
3	中级经理	中级业务员
4	初级经理	初级业务员
5	见习经理	实习生

步骤二：建立各级别经理/业务员的任职资格标准，并建立规范的任职资格评价程序。根据任职资格标准和任职资格评价程序对现有销售人员进行了资格评定，划分出不同级别。并规定今后每年都定期（实习生转为初级业务员除外）对销售人员进行任职资格评定。

步骤三：对不同级别的经理/业务员设定了不同的标准工资水准。

3. 确定标准工资结构。

该部分主要存在三方面的问题：

(1) 对于经理和销售工程师，基本工资和绩效工资的比例分别设定为70%：30%和80%：20%。例如，假设中级经理的标准工资为4 000元，那么其基本工资和绩效工资分别为2 800元和1 200元。

(2) 每月对销售人员进行绩效考核，根据考核等级对绩效工资进行上下浮动（浮动比例见表7－3），作为实际获得的绩效工资。

表7－3　　绩效工资系数

A级	B级	C级	D级	E级
150%	120%	100%	90%	60%

例如，两个中级经理，绩效考核分别得到A级和E级，那么其实际得到的绩效工资分别为1 800元和720元，其总工资分别为4 600元和3 520元。

(3) 绩效考核采用柏明顿首创的"8＋1"绩效量化技术来操作，考核指标有：销售额目标达成率、销售费用率、新客户开发、货款回收率、呆账发生率等。

4. 确定提成办法。

(1) 基本提成规则。

首先设定一个目标提成额，该目标提成额＝工资标准×λ。对于业务经理，我们把λ设定为100%；而对于销售工程师，我们把λ设定为60%。λ数字设置不同，决定了提成占销售人员总薪酬的比例不同。

而员工的实际提成额＝目标提成额×提成实现率。提成实现率，我们设定受销售额目标达成率和销售价格实现率两个因素影响（见表7－4）。

表7－4　　提成实现率查询表

销售目标达成率	150%	110%	120%	130%	140%	150%	160%	170%	180%	190%	200%
	140%	104%	113%	122%	131%	140%	149%	158%	167%	176%	185%
	130%	98%	106%	114%	122%	130%	138%	146%	154%	162%	170%
	120%	92%	99%	106%	113%	120%	127%	134%	141%	148%	155%
	110%	86%	92%	98%	104%	110%	116%	122%	128%	134%	140%
	100%	80%	85%	90%	95%	100%	105%	110%	115%	120%	125%
	90%	60%	68%	75%	83%	90%	95%	101%	106%	112%	117%
	80%	40%	50%	60%	70%	80%	86%	92%	97%	103%	108%
	70%	20%	33%	45%	58%	70%	76%	82%	89%	95%	99%
	60%	0	15%	30%	45%	60%	66%	72%	78%	84%	90%
	—	60%	70%	80%	90%	100%	110%	120%	130%	140%	150%
	销售价格实现率										

其中，

$$销售额目标达成率 = 实际销售额 \div 目标销售额 \times 100\%$$

$$销售价格实现率 = \frac{\sum(实际销售价格 \times 销量)}{\sum(目标销售价格 \times 销量)} \times 100\%$$

（2）团队激励。

分为两个步骤：

步骤一：计算团队提成总额。

团队提成总额可以按照基本提成规则来进行计算：

$$团队实际提成总额 = 团队目标提成总额 \times 团队提成实现率$$

其中，团队目标提成总额为团队所有个人目标提成额之和；团队提成实现率在计算团队销售额目标达成率和销售价格实现率之后根据查表得出。

步骤二：团队内部分配。

首先，对团队负责人的提成进行分配：

$$团队负责人的实际提成 = 团队实际提成总额 \times \frac{团队负责人目标提成}{团队目标提成总额}$$

然后，对团队一般成员的提成进行分配：

$$\begin{aligned}销售工作师的实际提成 = &(团队实际提成总额 - 团队负责人的实际提成)\\ &\times \frac{个人目标提成 \times 个人提成实现率}{\sum(个人目标提成 \times 个人提成实现率)}\end{aligned}$$

（3）滚动发放。

提成部分按季度（每月预发一部分）累积支付，即：

在第一季度末根据第一季度的绩效目标完成情况支付第一季度的提成；

在第二季度末根据第一和第二季度绩效目标之和完成情况支付第一和第二季度应得提成扣除第一季度已支付部分；

在第三季度末根据第一至第三季度绩效目标之和完成情况支付前三个季度应得提成扣除第一和第二季度已支付的部分；

在年末根据全年的绩效目标完成情况支付全年的提成扣除前三个季度已支付部分。

案例3　某房地产公司的奖金分配方案

位于海南某县城的某房地产公司成立才4年，但在公司领导的带领下，公司规模不断扩大，所开发的地产项目由原来的50多亩地增至500多亩。该公司现有职工人数为253人，其中第一负责人为11人，主管级员工为27人，普通员工为215人；部门划分为：总经办、营销部、财务部、工程部、采购部、物业部、人力资源部、行政部、开发部等，核心部门分别是工程部和营销部。近年来在全体员工的努力下，公司的项目销售非常成功，销售额突破6亿元人民币，使公司获利颇丰，不仅如此，还在海南的地产界站有一席之地。为此，公司领导层决定拨下300万元奖金，奖励为公司做出巨大贡献的全体员工，但这笔奖金具体应怎么进行分配是公司领导和人力资源部该值得思考的问题。

于是，公司领导决定召集各部门的经理层开了一个“年终奖金分配”的会议。总经理首先在会议发言，他说：“公司这几年的快速发展及盈利速度是与公司全体员工的努力分不开的，为了奖励全体员工对公司所做的贡献，年底将发放丰厚的年终奖金。在年终奖金的分配上，应该大家人人都有份，但是不能吃“大锅饭”，因为每个人对公司所做的贡献都不一样，大小各异。如果每个人都拿一样的奖金，则会出现平均主义，对其他做出巨大贡献的员工来说就会产生奖金分配不公的现象，将会严重打击员工的工作积极性。为了防止出现奖金分配不公的现象，因此特召集各部门负责人前来进行奖金分配问题的商讨。下面就由人力资源部李经理向大家介绍一下奖金分配方案的初稿。”

李经理说：“奖金分配第一步：首先确定大致的分配档次，主要分三个档次，部门第一负责人的奖金基数为15万元或以上（其中，工程部负责人18万元，开发部负责人16万元，其他各部门负责人15万元），主管级员工的奖金基数为5万元或以上（其中，工程部主管8万元，工程师7万元，其他部门主管级员工为5万元），普通员工的奖金基数为5个月的月工资，营销部属于核心部门，年终奖则分开分配；第二步：奖金分配标准根据以下公式来进行测算：个人奖金金额 = 奖金基数 × 部门系数 × 岗位系数 × 考核系数。各部门系数、岗位系数和考核系数的确定如表7－5、表7－6、表7－7所示。

表7－5　部门系数

级别＼部门	工程	财务	营销	采购	开发	人力资源	行政	总办	物业
第一负责人	1.2	1.1	1.2	1.2	1.2	1.1	1.1	1.1	0.8
主管级	1	1	1	1	1	0.9	0.9	0.9	0.9
普通员工	0.7	0.7	0.7	0.7	0.7	0.6	0.6	0.6	0.6

表7－6　岗位系数

序号	级别	岗　　位	岗位系数
1	第一负责人	分管策划副总经理、工程总监、财务总监、人力资源经理、开发经理、物业经理、采购副经理、办公室主任、工程部经理	1.5
2	主管级	主管、会计、工程师、出纳	1
3	基层员工	专员、文员、前台、助理、收银、保安队长、副队长、资料员、司机、厨师、测量员、材料员、水电工、保安班长、保安、吧员、保洁、帮厨、车队长、法务专员、总务处长	注：不参与此测算方法，则不设系数

表 7-7　　考核系数

奖惩标准	奖		惩
	提前、超额、超质完成工作任务	正点、按质、按量完成工作任务	没有完成工作任务
考核分数及等级	（80≤X<100）	（60≤X<80）	（X<60）
考核系数	1~1.2	0.6~1	0

说明：各系数区间包含下限，不包含上限

方案介绍完毕后，各部门经理纷纷提出不同的意见。管财务的刘经理说："我个人认为这个分配方案挺好的，能够鼓励大家努力工作，但我觉得奖金分配基数的档次太少，档次之间的差距太大，而且如果普通员工都以5个月月工资作为奖金基数的话，可能会造成平均主义的产生，而且会影响到员工的工作积极性。因为员工觉得，无论我做出多大的贡献，我的奖金基数跟其他人一样，这样造成分配不公的现象。"

工程部的李经理接着说："刘经理说的对。我觉得奖金方案只有拉开差距，尤其是要结合每个部门和每个岗位的贡献来发，才能有效调动员工积极性。像我们工程部可以说是全公司最辛苦的一个部门，公司的业绩很大程度上取决于我们部门员工的努力。所以我建议我们部门的分配系数至少要比其他部门高0.2点数才合理。"

李经理的话音未落，营销部的王经理、采购部的张经理、开发部的赵经理也纷纷发言，表白自己部门的辛劳，要增加部门的分配系数。会场顿时乱成一团。总经理看着嘈杂的会场，心中烦扰不已，这笔资金到底应该如何分配才能让大多数员工都满意呢？

（资料来源：邢贞娟，2013，海南人力资源管理论坛）

思考题：

1. 此案例中的奖金分配是否合理？
2. 案例中的各部门经理的观点是否正确？
3. 请为该房地产公司设计一个更加合理的奖金分配方案。

第八章　职业生涯规划与管理

第一节　概　　述

一、职业生涯

1. 职业：个人在社会生活中所从事的作为主要生活来源的工作。

2. 职业生涯：一个人一生的工作经历，特别是职业、职位的变动及工作理想实现的整个过程。

（1）外职业生涯——“我在干什么”

①外职业生涯略超前时有动力；

②超前较多时有压力；

③超前太大时有毁灭力！

（2）内职业生涯——“我想干什么”

①内职业生涯略超前时很舒心；

②超前较多时很烦心；

③超前太大时要变心！

只有内、外职业生涯同时发展，职业生涯之旅才能一帆风顺！

二、职业生涯规划

（一）个人职业生涯规划

个人根据自身的主观因素和客观环境的分析，确立自己的职业生涯发展目标，选择实现这一目标的职业，以及制订相应的工作、培训等计划，并按照一定的时间安排，采取必要的行动实施职业生涯目标的过程。

（二）组织职业生涯规划

组织根据自身的发展目标，结合员工的发展需求，制订组织职业需求战略、设计组织职业通道，并采取必要措施对其加以实施，以实现组织与员工职业发展目标相统一的过程（见图 8－1）。

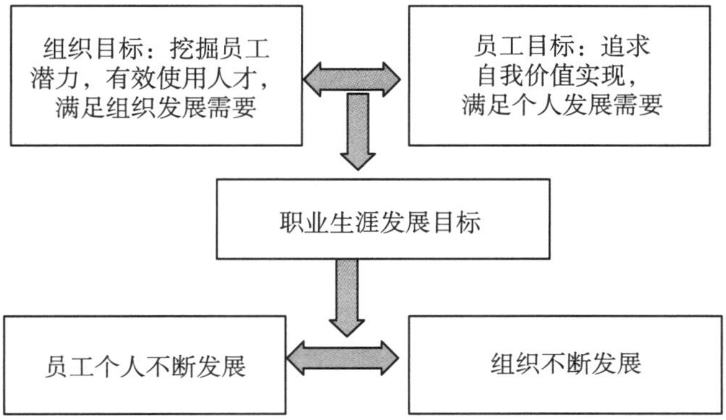

图 8－1 职业生涯发展中的组织与员工关系

三、职业生涯管理

职业生涯管理是指在一个组织内，为其成员实现职业目标，实现职业发展道路，充分挖掘员工的潜能，使员工贡献最大化，从而促进组织目标实现的活动过程。更具体地说，它是企业将员工的个人发展与企业发展的目标相结合，在对决定员工职业生涯发展的主客观因素进行全面测定分析的基础上，通过职业生涯的设计、规划、执行、评估和反馈，使每位员工的职业生涯目标与企业发展的战略目标相一致，从而促进企业与员工共同进步和发展的一种管理机制。

（一）组织职业生涯管理（organizational career management）

由组织实施的、旨在开发员工的潜力、留住员工、使员工能自我实现的一系列管理方法。

（二）个人职业生涯管理（individual career management）

社会行动者在职业生命周期（从进入劳动力市场到退出劳动力市场）的全程中，由职业发展计划、职业策略、职业进入、职业变动和职业位置的一系列变量构成。

四、职业生涯管理的意义

（一）从组织层面考虑

1. 企业动机：尊重人和用人。

2. 企业目标：高归属感和高效率。

（二）从个人层面考虑

1. 个人动机：我的未来不是梦；归属感；成就感。

2. 个人目标：为未来投资。

第二节 个人职业生涯规划

个人职业生涯规划有助于客观全面地认识自我，树立明确的职业发展目标增强人生动力，全面提高自我素质和能力，把握人生发展方向，创造成功人生。

一、职业选择理论

（一）特质—因素理论

“特质”是指每个人所具有的独特的人格特点与能力模式，它是可以测量的；“因素”是指产生令人满意的工作绩效所需要的条件。

帕森斯提出职业选择由以下三个步骤组成：①自我分析，即评价自我的生理和心理特点；②工作岗位分析，即分析各种职业对人的要求；③人职匹配，即实现个人与职业间的匹配。

威廉森强调在职业指导的过程中，对于职业选择有困难的人，必须进行仔细的诊断，分析求职者的个人特点，将个人情况与职业要求相对照，分析其匹配程度，以协助求职者做出职业选择。

（二）职业锚理论

职业锚理论由美国麻省理工学院斯隆管理学院教授埃德加·H. 施恩（Edgar H. Schein）提出。职业锚是指个人经过探索所确定的长期职业定位，它由三部分组成：

1. 各种作业环境中的实际成功为基础，认识到的自己的才干和能力；

2. 以实际情境中的自我测试和自我诊断以及他人的反馈为基础，认识到的自我动机和需要；

3. 以自我与组织和工作环境之间关系的实际状况为基础，认识到的自己的态度和价值观。

施恩提出了八种类型的职业锚：技术/职能型、管理能力型、创造型、安全感型、自主型、纯挑战型、服务型、生活型。

（三）人格类型理论

美国约翰·霍普金斯大学心理学教授霍兰德于20世纪60年代创立了人格类型理论。

1. 大多数人的人格类型可以归纳为以下六种，即现实型、研究型、艺术型、社会型、企业型、常规型。每一种特定类型的人，会对相应职业类型中的工作或学习感兴趣。

2. 现实中存在与上述人格类型相对应的六种环境类型。

3. 人们在积极寻找那些适合他们的职业环境，以求在其中能够充分展示自己的技能和能力，表达自己的态度和价值观，并且能够完成那些令人愉快的使命和任务。

4. 个人的行为是其个性特征和环境特征共同作用的结果。

二、职业生涯规划的方法

（一）“五 What”法

有以下五个需要思考的问题，以确定自己的职业生涯规划。

What are you?

What do you want?

What can you do?

What can support you?

What can you be in the end?

（二）生涯愿景模型法

主要从自我形象、有形财产、家庭生活、个人健康、人际关系、职业状况、个人休闲等方面考虑建立个人职业生涯愿景：

1. 想象实现愿景后的情景；
2. 形容个人愿景；
3. 检验并弄清楚个人愿景。

（三）PPDF 法

个人职业发展档案法，主要内容包括：个人基本情况、个人发展现状和个人未来的发展三个部分。

三、职业生涯规划的步骤

职业生涯规划的步骤如图 8－2 所示。

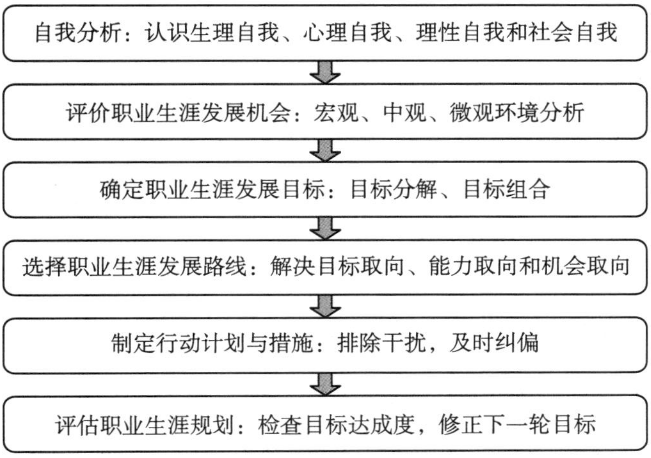

图 8－2 职业生涯规划的步骤

第三节 组织职业生涯规划

一、组织目标与要求

（一）组织目标及要求与个人需求相匹配

组织目标及要求与个人需求要相匹配，如图 8－3 所示。

图 8－3 组织目标及要求与个人需求匹配关系

（二）建立组织与员工的心理契约

组织的责任在于向员工提供评估工具、开放的环境和机会，以发展员工的技能。

员工的责任是管理自己的职业生涯，并且只要在某个组织工作，就要对这个组织的目标做出某种承诺。

（三）基于人力资源管理职能的职业生涯管理之道

基于人力资源管理职能的职业生涯管理之道如图 8－4 所示。

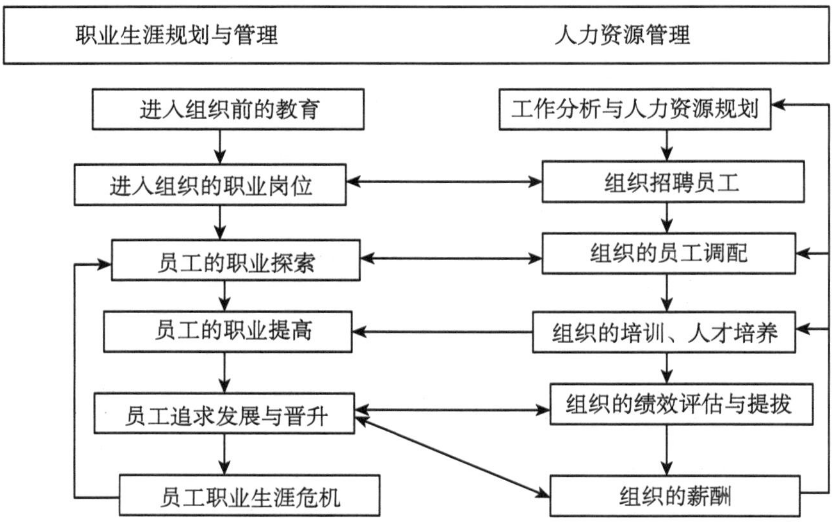

图 8－4 基于人力资源管理职能的职业生涯管理

二、组织方法

（一）开展职业生涯咨询活动

管理人员或资深人员针对员工在职业生涯规划和职业发展过程中的困惑和问题，进行诊断并提供咨询建议。

（二）举办职业生涯研讨会

1. 针对新员工的研讨会是为同一批次招聘进来的新员工举办的，一般安排在岗位培训前或穿插在岗位培训中进行。

2. 针对老员工的研讨会是定期举办的（一般 1 年 1 次），旨在帮助他们修订职业生涯规划。研讨会除参会的员工、部门负责人外，还可以邀请组织高层管理者、业内专家、成功人士等参加。

（三）编制职业生涯指导手册

由于社会剧变、政策与法律调整、技术上的重大突破、组织的创新与变革、组织岗位设置与工作岗位分析的变更等，都会影响员工的职业设计与发展，因此需要不断对手册内容进行更新。人力资源管理部门在编制职业生涯指导手册的过程中应加强沟通与交流，反复征求各方面意见。

三、实施措施

（一）开展工作岗位分析

工作岗位分析是应用系统方法，收集、分析、确定组织中的职位定位、目标、工作内容、职责权限、工作关系、业绩标准、人员要求等基本因素的过程，工作岗位分析是制订职业生涯发展规划的起点。

（二）制订员工晋升、调动与配置规划

（三）设计职业生涯发展通道

（1）传统职业通道；（2）双重职业通道；（3）横向职业通道；（4）网状职业通道。

（四）重视职业发展中的培训与开发

（1）进行职业培训需求分析；（2）制订职业培训的计划；（3）实施职业培训计划；（4）进行职业培训效果的评估。

（五）建设和优化职业管理信息系统

（1）加强组织的发展战略与规划、人力资源的供求状况、职位的空缺与晋升等方面信息的动态发布与管理。

（2）加强员工职业信息的档案管理。

（3）要根据环境和情况的发展和变化，对组织和员工的职业信息不断进行更新和维持。

（六）建立职业生涯评审制度

年度评审会谈的内容一般包括以下方面：本年度的工作成绩与失误；本年度中观念的

转变与能力的变化；成绩与失误的原因分析；本年度中教育培训的效果；有关家庭和个人身体健康信息；本人对下年度工作的希望；本人对教育培训的需求等。

评审方式通常是在两个人、三个人乃至更多的人之间以谈话的方式进行。

第四节　职业生涯各阶段的管理

职业生涯各阶段的管理如图 8－5 所示。

职业生涯各阶段的管理

早期	自我管理：	良好第一印象；和谐人际关系；克服困难；完善自我
	组织管理：	做好规划；多种措施促进发展；相互接纳
中期	自我管理：	保持乐观；新角色决策；言传身教；平衡工作、家庭、自我
	组织管理：	创造机会；帮助实现价值；协调工作与家庭
晚期	自我管理：	调整心态；着手退休准备；转移生活重心
	组织管理：	退休教育；发挥老员工优势；做好工作衔接；关心老员工

图 8－5　职业生涯各阶段的管理

【人力资源管理师应试真题范例】

1. 职业生涯规划的主体是（　　）。

（A）企业　（B）员工个体　（C）人力资源部　（D）上级主管

【答案】 B

【解析】 职业生涯规划的主体是个人。制定和执行职业生涯规划的主体不是某个企业组织本身，而是企业中的员工个体。

2. 基本定型或趋于定型是在（　　）。

（A）职业选择与准备阶段　（B）职业生涯早期阶段

（C）职业生涯中期阶段　（D）职业生涯后期阶段

【答案】 C

【解析】 职业生涯中期阶段，个人事业发展基本定型或趋向定型，个人特征表现明显，人生情感复杂化，容易引发职业生涯中期的危机。

3. （　　）是通过员工自我评价收集职业发展信息的方法。

（A）情景模拟　（B）人事考核

（C）人事档案　（D）志向和兴趣调查

【答案】D

【解析】通过员工自我评价收集信息可运用以下六种方法：(1) 写自传；(2) 志向和兴趣调查；(3) 价值观调查；(4) 24 小时日记；(5) 与两个“重要人物”面谈；(6) 生活方式的描写。

4. 将员工的职业生涯划分为若干阶段体现了组织职业生涯管理的（　　）。

(A) 利益整合原则　　(B) 时间梯度原则

(C) 发展创新原则　　(D) 全面评价原则

【答案】B

【解析】组织职业生涯管理的原则分别为：(1) 利益事例原则。利益事例，即不同方面、不同主体的利益的有机结合。在职业生涯管理方面，利益事例是指员工利益与组织利益的整合，也包括与社会利益的结合。(2) 机会均等原则。机会均等原则要求企业在提供有关职业发展的各种信息、提供教育培训机会、提供任职机会时，秉持公开、公正原则，保持较高的透明度。(3) 协作进行原则。职业生涯开发的各项活动都要由组织与员工双方共同制定、共同实施、共同参与完成，使上下级相互信任，这样才有利于组织与员工双方的发展。(4) 时间梯度原则。由于人生具有发展阶段和职业生涯发展周期，职业生涯规划与管理的内容就必须分解为若干个阶段，并划分到不同的时间段内完成。时间梯度原则是由不同的时间阶段构成，每一时间阶段又有“起点”和“终点”，即“开始执行”和“完成目标”两个时间坐标。没有明确的时间规定，会使职业生涯规划陷入空谈和失败。(5) 发展创新原则。发展创新原则是指在人的职业生涯发展及组织的职业生涯管理中提倡发现和解决新的问题或用新的方法处理常规问题。(6) 全面评价原则。为了做到对员工的职业生涯发展状况和组织职业生涯管理工作状况有正确的了解，要由组织、员工个人、上级管理者、家庭成员以及社会有关方面对职业生涯进行全面的评价。

5.（　　）是基于过去组织内员工的实际发展道路而制定出的。

(A) 传统职业生涯路径　　(B) 网状职业生涯路径

(C) 横向职业生涯路径　　(D) 双重职业生涯路径

【答案】A

【解析】传统职业生涯路径是一种基于过去组织内员工的实际发展道路而制定出的一种发展模式。这种模式将员工的发展限制于一个职业部门内或一个组织单位内，通常是由员工在组织中工作年限来决定员工的职业地位。

6. 组织职业生涯管理的原则包括（　　）。

(A) 利益区分原则　　(B) 机会均等原则

(C) 上级评价原则　　(D) 时间梯度原则

(E) 发展创新原则

【答案】BDE

【解析】同第 4 题解析。组织职业生涯管理的原则分别为：(1) 利益整合原则。利益整合，即不同方面、不同主体的利益的有机结合。在职业生涯管理方面，利益整合是指员工利益与组织利益的整合，也包括与社会利益的结合。(2) 机会均等原则。机会均等原则要求企业在提供有关职业发展的各种信息、提供教育培训机会、提供任职机会时秉持公开、公正原则，保持较高的透明度。(3) 协作进行原则。职业生涯开发的各项活动都要由组织与员工双方共同制定、共同实施、共同参与完成，使上下级相互信任，这样才有利于组织与员工双方的发展。(4) 时间梯度原则。由于人生具有发展阶段和职业生涯发展周期，职业生涯规划与管理的内容就必须分解为若干个阶段，并划分到不同的时间段内完成。时间梯度原则是由不同的时间阶段构成，每一时间阶段又有"起点"和"终点"，即"开始执行"和"完成目标"两个时间坐标。没有明确的时间规定，会使职业生涯规划陷入空谈和失败。(5) 发展创新原则。发展创新原则是指在人的职业生涯发展及组织的职业生涯管理中提倡发现和解决新的问题或用新的方法处理常规问题。(6) 全面评价原则。为了做到对员工的职业生涯发展状况和组织职业生涯管理工作状况有正确的了解，要由组织、员工个人、上级管理者、家庭成员以及社会有关方面对职业生涯进行全面的评价。

7. 企业在制定组织的职业生涯发展规划时，(　　)。

(A) 应当尽可能考虑传统的职业通道

(B) 注重员工个人职业发展需要的满足

(C) 职业通道可以跨越不同部门、专业和岗位

(D) 应当为女性员工创造更优先的就业与发展机会

(E) 应通过由横向和纵向的工作变化来提供在职培训，继而改善业绩

【答案】 BCE

【解析】 在制订组织的职业生涯发展规划时，应注意以下几方面问题：(1) 为员工考虑新的或非传统的职业道路提供自我评价的机会。(2) 应该使跨越不同部门、专业和岗位的职业通道得到拓展。(3) 为所有的员工提供均等就业与发展的机会。(4) 注意员工个人发展需要的满足。(5) 通过由横向与纵向工作的变换而提供的在职培训来改善业绩。(6) 确定培训和发展需要的方法。

8. 关于职业锚，下列说法正确的是 (　　)。

(A) 是固定不变的　　(B) 不可能提前进行预测

(C) 产生于职业生涯早期阶段　　(D) 能帮助工作者更好地进行职业定位

(E) 是自身才干、动机和价值的体现

【答案】 BCDE

【解析】 职业锚的内涵：(1) 职业锚是自身的才干、动机和价值观的体现。(2) 职业锚产生于早期职业生涯阶段，以雇员习得的工作经验为基础。(3) 职业锚强调个人能力、动机和价值观三方面的相互作用与整合。(4) 职业锚不可能提前预测，也不是固定不变的。

9. 员工职业生涯中期的组织管理措施包括 (　　)。

(A) 实施工作轮换　　(B) 做好细致的思想工作

(C) 改善工作环境和条件　　(D) 安排富有挑战性的工作

（E）提拔晋升，职业道路畅通

【答案】ACDE

【解析】员工职业生涯中期的组织管理措施包括：（1）提拔晋升，职业通路畅通。（2）安排富有挑战性的工作和新的工作任务，或者安排探索性的职业工作。（3）实施工作轮换。（4）继续教育培训。（5）赋予员工以良师益友角色，提供适宜的职业机会。（6）改善工作环境和条件，增加报酬福利。（7）实施灵活机动的多形式的处理方案。

10. 职业生涯指导顾问的任务主要是（　　）。

（A）设定职业发展通道

（B）直接为员工的职业生涯发展提供咨询

（C）为组织制订和实施职业生涯管理战略

（D）负责整个组织中各类职业人员的开发和管理

（E）协助各级管理人员做好组织职业生涯管理工作

【答案】BE

【解析】职业生涯指导顾问的任务主要表现在如下四个方面：（1）直接为员工的职业生涯发展提供咨询；（2）帮助各级管理人员做好组织职业生涯管理工作；（3）协助组织做好员工的晋升工作，通过一系列方法，来明确可以提供的工作岗位、员工发展的愿望、人事变动的条件等；（4）协助组织做好各部门管理人员间的薪酬平衡。

【案例分析】

案例 1　企业导师制的是与非：N 集团导师辅导制度推行前后

一、引言

荷马史诗《奥德赛》中，特洛伊战争结束之后，奥德修斯将返回其位于伊萨卡岛的王国宫殿。临行前，奥德修斯给儿子留下睿智且值得信赖的好友门特（Mentor）来守护、教导儿子特勒马科斯（Telemachus）；Mentor 也因此成为西方文化语境下导师的代称。实际上，在世界各国的历史文化传承中，都不乏“导师”形象——孔子、释迦牟尼、苏格拉底、柏拉图等都是卓越超凡的“导师”。

企业导师制是指企业中经验相对丰富，有着较高技能的资深管理者或技术专家，与新入职员工或经验不足但有发展潜力的员工建立起的支持性关系。人力资源管理中设立导师制度，可以充分利用公司内部优秀员工的技能和经验，帮助新成员和转岗人员尽快提高业务技能，适应新岗位的任职要求。无疑，导师制有助于在企业智力层面构建起良好的工作和学习氛围，是一种依赖企业内部人力、智力资源，快速培养适合本企业发展的人才培养机制。很多跨国公司，包括微软、IBM、Intel、诺基亚、西门子等在内，都在公司内部倡导、推行导师制。

然而，“导师制”实行也不是无往而不利的。特别是在中国的文化背景下，企业推行“导师制”可能会遇到这样、那样的困惑和问题。这些问题在 N 集团推行导师辅导制度的实施过程中都曾以不同方式出现过……

二、成长的烦恼

N集团行政总裁高天一筹莫展地望着人力资源部提交的上年度年终总结报告，“两年以内招聘的新员工流失率为18.3%”，已经远高于业内的平均员工流失率。而N集团之前一直以员工的稳定性强而为业内企业所称道。而眼前这个触目惊心的数字显然让高天大失所望，他不由得皱起了眉头。

N集团是业内较为知名的一家软件服务企业。近几年，企业进入发展的黄金时期，业务量扩张迅速，在全国各地建立十余个软件开发与技术支持中心，并在40多个大中城市里构建营销与服务网络。与此同时，人力资源招聘力度也逐年增强，每年新入职员工数量增长速度都保持在20%左右。然后，这些以“70后”“80后”为主体的新员工似乎不太安分，也难以形成对企业的认同感和归属感，新员工流失率很高——不！是太高！

看完人力资源部的报告，高天仰靠在椅子上，闭上眼睛，陷入了冥想……忽然，一个词蹦进了他的脑海——导师制。他想起之前自己在清华大学EMBA听课时，一位教授曾说过，很多跨国公司都采用导师制来解决困扰公司成长的“人才培养、人才流失”等问题。导师制具有很多优点。例如，能够解决了引进人才的“水土不服”问题，缩短了引进人才的“同化期”，保证企业的人才供应；还能使员工对自己的发展前途和空间充满信心，降低公司人才流失比率。导师制在知识密集型企业的管理实践中应用尤为广泛，微软、IBM等都卓有成效地推行过导师辅导制度；导师制的有效推行可以最大限度地发挥人才潜能，提高员工综合素质和专业技能，培养出符合企业自身发展要求的人才；另外，导师制也有助于完善公司的学习型组织建设，发挥团队竞争优势。

想到这里，一贯以雷厉风行著称的高天迅速抄起手边的电话听筒，拨通了集团人力资源部的电话……

三、借力“导师制”

高天与人力资源部各部门主管一起召开了简短的会议。会上讨论并认可了推行“导师制”的可行性。大家一致希望以导师制引入为契机，推动新员工认同企业文化，提高员工凝聚力，并为企业培养一批既懂技术又懂管理的队伍。

会后，负责人才招聘、员工培训和员工发展等部门的主管分头行动，制订企业导师制规程和具体操作方案。几经修改完善，大致形成了N集团导师辅导制度以及相应操作规程。

N集团企业导师辅导制度与操作规程

（1）指导理念：坦诚开放、学习互助、共同发展，构建学习型企业。

导师制是N集团为组织构建的一种良好的工作学习氛围和机制。一方面，导师为新员工理解公司、融入公司发展及个人成长发展提供学习指导，从而为新员工的成长和职业发展营造了良好的心理氛围；另一方面，在导师和新员工“教学相长”的互动过程中，导师带领新员工工作、学习，同时，导师也向新员工学习，从而为导师锻炼、培养成未来的领导者提供了具体的管理实践机会。

（2）导师制工作流程。

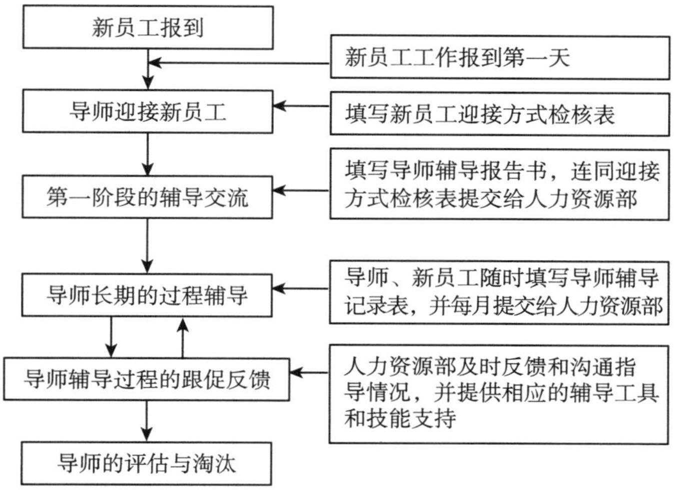

图 8－6 导师制工作流程

（3）导师制度实施预期效果。

通过导师对公司人本文化的理解和实践，保持和发展公司强有力的企业文化，加强公司的凝聚力，降低员工的流失率；加强对新员工的业务技能和生涯发展规划的指导，促进员工的个人发展；通过导师制，加快公司的知识技能资源的传授、学习和共享，提高公司整体的人均绩效；通过导师带人，培养一批既懂技术又懂管理的优秀管理者队伍。

（4）“导师”含义及导师聘任资格。

①“导师”的含义。

“导师”的全称“员工发展辅导导师”；是协助管理者指导和帮助员工在事业发展的理想、工作作风、业务知识技能等方面得到提升的公司内高一级技术或者管理人员。

②导师聘任资格（只有具备下列条件才能聘为“导师”）：

- 公司骨干员工或二级部部长以上干部；
- 认同公司理念和企业精神；
- 品行端正、为人正直；
- 具有较高的技术能力、工作经验比较丰富；
- 具有建立开放式和坦率气氛的能力，获得被指导人的充分信任；
- 乐于助人，对培养人感兴趣并愿意花费时间去做。

（5）导师的评聘管理。

①各级组织对导师的管理权限：

- 导师的评选与聘任工作由所在公司领导班子确定；
- 导师的管理由各企业人事管理部门负责；

- 导师辅导对象的指定由各主管部门和各公司人事管理部门负责；
- 对导师的评价和淘汰由各公司负责；
- 导师辅导技能培训工作由人力资源部负责组织；
- 方案设计、实施效果检查由人力资源部会同各企业人事部门共同负责。

②导师的聘任管理：

- 导师的聘任期是一年，每年根据评价重新评聘；
- 导师的聘任须在满足导师资格基础上，考虑员工担任导师的意愿，填写《导师申请和推荐表》；
- 指导的双方都可以提出变更指导关系的请求，变更请求由公司上级和人事管理部门共同负责处理；
- 历次导师的评价和评聘情况都及时记入干部档案，作为干部培养使用的依据之一。

（6）导师的培养。

①导师的培训。

- 对“导师”的辅导和培训由导师的上级、各公司人事部门、人力资源部共同负责；
- 公司将会向导师提供关于指导新员工技能、团队建设、生涯发展规划等方面的培训课程，并根据导师的需求调整培训内容；
- 公司将每年定期召开专题会议研讨“导师制”实施中问题。

②公司为导师提供具体的管理实践机会，并提供相应的管理技能方法的工具和知识，从而培养和提升导师的管理技能，脱颖而出的优秀导师作为公司的后备干部进行重点培养。

（7）导师辅导过程跟踪及反馈。

- 导师在新员工工作的第一天，迎接新员工，并负责安排和帮助解决新员工的办公及相关问题，填写《新人迎接方式检查表》；
- 在新员工工作1周以内，应进行至少一次交流活动，填写第1周的导师辅导报告和新员工评估建议书；
- 在新员工工作2周以内，应完成和提交公司分发给导师的测验作业（可通过邮件进行）；
- 导师进入指导新员工一个月后，导师和新员工应共同完成《导师辅导员工记录表》，并定时以邮件提交给人力资源部，新员工可以直接将导师指导情况反馈给人力资源部或内部网的导师论坛；
- 人力资源部将及时就指导过程中出现的问题同导师或领导进行沟通解决，同时导师指导的优秀经验和心得体会在内部网的导师论坛栏目发布或以邮件形式定时发给导师，让更多的导师共享；
- 人力资源部将会定时给导师发邮件，提供指导技能、方法以及管理知识等方面的资料，辅助导师的指导过程；
- 人力资源部将会定期组织导师活动（导师座谈会、联谊会等）。

（8）导师考核评价与淘汰。

①考核评价：

● 过程评价主要依据指导新员工的过程跟促及反馈情况；

● 工作效果评价结合指导满意度评估和指导的新员工留用情况综合评定；满意度评价采用360度的评价工具每年进行两次（与员工绩效考核同时进行）；指导的新员工留用情况是评价导师指导效果的重要因素之一。

②淘汰：

● 凡经过上述综合考核评价不能胜任导师工作的公司将随时解除聘任，下半年也不再续聘。

（9）导师激励机制。

● 导师辅导新员工数量一般限制在5人以内，辅导期前5个月共发放300元导师津贴，每年一月发放；当所有被辅导的员工满1年仍在职时，给予导师300元奖金，流失一名新员工扣除100元，全部流失不予发放奖金。

● 每年度公司将根据考核评价结果，评选出优秀导师，颁发证书和奖品。

● 优秀导师将作为公司后备干部队伍的人选，公司进行重点培养。

同年6月起，N集团导师辅导制度在人力资源部的推动下，正式开始在集团本部实施。实施对象主要面向应届毕业入职的新员工；当年公司遴选导师276名。考虑到导师制推行之初，很多人并不了解导师制的内涵。鉴于此，N集团在下发《N集团企业导师辅导制度与操作规程》文件的同时，又以行政总裁的名义给每位导师写了热情洋溢的第一封公开信（参见附件1）。

导师制试行之初，得到新员工的广泛认可。但是，公司的老员工特别是那些被遴选为“导师”，似乎没什么热情，参与度也不高，影响了导师制实际效果的发挥。在对结束入职培训新员工的问卷调查中，很多新员工反映：“导师”们不太热心，不同“导师”在对新员工的指导方式、指导内容等方面相去甚远；有些“导师”甚至只是拿人力资源部拨付的导师津贴，而并没有承担起指导的义务。

为了提高导师辅导制度实施效果和导师指导技能，N集团先后组织大型导师培训班5个班次，培训内容设计导师制度解析、公司文化、导师指导技能、管理沟通技巧、职业生涯规划、团队建设以及拓展训练等方面。同时，将集团本部当年新入职的员工全部纳入导师辅导制的指导范围，实际指导新员工850人。

集团人力资源部通过召开导师座谈会、新员工代表座谈、重点部门和关键员工访谈以及导师指导情况问卷调查等方式，针对导师辅导制实施效果进行跟踪和反馈，并在年底对导师辅导制度进行系统总结，制订下一阶段的推行计划。在新计划中，导师辅导制度覆盖范围由集团自身向所有成员企业扩散——各成员企业在下一个周期全面推动和落实导师辅导制度。导师制的辅导对象也从新入职员工扩大到有发展潜力的骨干员工——这部分辅导对象由各部门根据自身情况自行推选。同时，确定导师辅导制度的实施，由集团人力资源部会同各子公司行政副总共同推动。

为了督促被遴选的“导师”能够切实负担起指导任务，行政总裁又连续给每位导师写去了第二封、第三封公开信（参见附件2、附件3）。

四、“导师制”初显成效

N集团公司的导师辅导制度推行一个周期之后，已经初见成效。导师辅导制度的实施效果集中体现为以下几方面：

（1）加速了应届毕业新员工从学校人向社会人的角色转变。在导师指导下，新员工能够快速了解到在公司工作过程中需要掌握的相关人际技能和管理技能，从而符合企业发展的需要，快速融入社会中。

（2）促进新员工对公司文化的认同和融合。通过导师的指导，新员工能够更好地了解公司，并从导师的实际工作过程中感受企业文化，营造出浓厚的企业文化氛围，增强新员工对公司文化的认同，从而促进新员工与公司迅速融合。

（3）新员工技术纯熟期缩短。根据各部门统计，一般情况下的软件开发人员技术纯熟期在24个月左右，而实施导师制之后，应届毕业的新入职员工技术纯熟期缩短到12～15个月之间。

（4）新员工流失率有所下降。通过导师辅导制度实施，新员工流失率同比显著下降（员工流失率下降至12.26%，已经低于业内同期的平均水平）。其中，应届毕业新员工年流失率从18.3%降至14%。

（5）成为公司培养人才的有效途径。通过导师制的实施，实现导师与学员的教学相长，促进导师指导技能的提升，在公司内部建立起“双赢”的互动式学习机制，促进各类人才的快速成长，有助于解决公司发展所面临的人力资源问题。

五、“导师制”之惑

然而，问题似乎并没有最终解决。随着导师辅导制度在公司的全面推行，一系列问题也接踵而来。其中，有些问题原本不应该发生。负责跟进导师辅导制度的人力资源部的员工发展专员张杰在导师辅导制推行以来一直为此头疼不已。

在人力资源部对被指导员工的匿名问卷调研中发现，不少新员工认为导师辅导员制度是“形式大于内容”；有接近20%的学员对于导师的指导效果感到失望。一位学员在开放式问卷中写道：“我们部门的导师就是我们的上级，本部门6个新学员都归他一个人指导；部门领导平时工作很忙，分给我们每个人的指导时间太有限，效果也不明显！”还有一部分学员在选择导师以及与导师沟通上存在各种各样的困难。另外，也有个别学员对导师的能力、性格甚至人品存在着质疑。而人力资源部员工发展小组在对离职员工的座谈也发现一些了新问题。一位接受导师辅导却在第二年离职的员工，表达了自己对职业前景的不满情绪——他本来抱着很高的期望参与导师辅导制，却没有获得所预期的职位晋升，因此愤然离职，另谋高就。另一位员工辞职的动机却很耐人寻味——他的“导师”被另一个公司重金挖走，这位忠实的“弟子”决定追随其“导师”。

而人力资源部对导师们的访谈中，所呈现的问题则更为多样化，有的问题甚至让人啼笑皆非。某部门的负责人在座谈中明确表示，有的新员工在选择导师过程中有着明显的目的性和功利性，不是真正想要通过导师辅导提升自己的专业技能，而是寄希望于申请职位、级别高的领导作为导师，以图获取自己未来职业晋升的捷径。另一位导师遇到的问题更是让人哭笑不得，他的一位新入职学员不厌其烦地“骚扰”自己，很多时候只是问一些非常简单的基础性知识，而这些知识点原本都应该学过或者在书本上可以查到。实际上，为数不少的导师向人力资源部表达了对导师辅导制的失望，对很大一部分新员工的表现也给出较低的评价。

张杰把重点访谈与问卷调研中所发现的各类问题整理汇报给集团行政总裁高天。被这一大堆问题纠缠着的高天，又陷入了苦苦求索之中……

案例使用说明

一、启发思考题

1. 请指出本案例N集团推行导师辅导制度的在导向性和具体操作规程中存在哪些问题？

2. 请根据案例提供材料尝试分析，为何N集团实施企业导师辅导制度会遇到那些本不该出现的问题？

3. 如何看待“导师制”对于员工个人成长和职业规划的作用？并进一步思考，知识型企业的员工培养和员工发展过程中，“企业导师制”的价值所在。

4. 请讨论究竟应该如何正确运用“导师制”来构建学习型组织？

5. 拓展思考，“企业导师制”在中国文化背景下还可能会遇到哪些问题？应该如何去化解这些问题？

二、分析思路

基于人力资源管理的相关理论，结合中国企业管理的现实实践，思考作为一种在很多跨国公司广为倡导的人才开发机制，“导师制”对中国本土企业的人力资源规划、员工培育与发展和员工激励等人力资源管理环节所起到的积极作用。案例分析过程中，引导学生准确理解“导师制”的内涵与其实践价值的正确考量，把握“导师制”的操作规程和实施工具，认识“导师制”对于企业构建学习型组织的正面影响，并思考“导师制”针对不同文化背景以及不同行业属性的适用性问题。同时，还应适当关注“导师制”在企业文化传承和文化氛围营造中的正面作用。

三、理论依据与关键要点

1. 人力资源规划不仅仅是根据公司人力资源需求招聘到相应人才的过程，人力资源策略势必应该介入并帮助公司员工进行个人职业生涯规划和管理；而“导师制”正是符合这一发展趋势的人力资源综合性解决方案。针对新员工实施“导师制”有助于增强新入职员工对公司的认同感、归属感，降低新员工流失率；而针对骨干员工的导师培养计划，则可以最大限度地开发员工自身潜能，提高骨干员工综合素质和专业技能，培养出符合企业业务发展方向的优秀人才。

2. “导师制”是企业员工提升自身职业能力的新途径。公司员工职业生涯规划不仅仅是个人的问题，而应该是公司发展与个人成长互动结合的过程；导师制就是两者相结合的强有力工具。从个人职业生涯发展的角度看，“导师制”无疑开辟了员工提升自己职业能力的新途径，学员通过包括“导师制”在内的公司内部各种资源提升自身能力，让自己的职业生涯发展得更快；从企业人力资源规划和保障的角度，“导师制”可以培养满足企业发展所需要的人才，是一种依靠企业内部智力资源，缩短新员工的技能成熟期，迅速提高新员工的胜任能力，培养适合企业发展人力资源的人才培养机制。现代企业的人力资源规划与员工培训应该超越公司的暂时性业务需要，把员工个人职业生涯规划与公司发展紧密联系在一起。但是，“企业导师制”并不是企业发展员工、提升员工能力的灵丹妙药；这项制度的推行实质上需要先在组织内部营造起对于企业导师的认同——一方面，担负企业导师职责的老员工应具备企业导师的素质和技能，并对本企业的企业文化有着深刻的理解和认同；另一方面，新入职的员工应该准确理解企业导师制的内涵，把“企业导师制”当成自己技能提升和个人职业生涯规划的制度平台，而不是把“企业导师”当成谋求高职位的企业关系资源。

3. 推行“导师制”有助于企业文化建设，体现并传承各企业的独特文化。在“导师制”实施过程中，公司通过向导师的言传身教，向新员工渗透公司的经营理念、发展战略、团队建设等方面文化特色，促进员工认同并融入公司的企业文化；并会让企业保持着浓厚的文化氛围。同时，导师辅导学员本身就是一种开放的、分享的文化特色，有利于通过内部无障碍交流提高工作效率，形成“坦诚开放、互动学习”的氛围，体现以人为本的现代企业文化。

4. “导师制”是现代企业构建学习型组织的重要工具。MIT 教授彼得·圣吉在其《第五项修炼——学习型组织的艺术与实物》中强调在现代企业应该营造个人学习与组织学习相融合的气氛，把不断学习作为企业发展的一个基本原则，通过建立学习型组织不断提升员工个体和组织整体的胜任力。“导师制”显然有助于完善公司的学习型组织，发挥团队竞争优势。一方面，员工通过导师的指导，快速地提高技能和知识水平，体现自己的价值；另一方面，导师通过指导新人也可以提升自身的业务水平和管理技能，实现教学相长。实际上，“导师制”是双向学习关系；可以使教学双方实现分享经验和互动学习，从而为企业的未来发展造就一批既懂技术又懂管理的优秀队伍。

5. “导师制”在人力资源管理实践中能否被正确执行有赖于参与者对“导师制”内涵的准确理解和“导师制”辅导工具的合理利用。“导师制”参与者中任何一方对导师制的误读、误解都可能会影响“导师制”的实施效果。更重要的是，“导师制”有分散化和非正式化的特点，如何根据企业实际情况定制具有可行性的导师计划和有效的导师辅导工具是“导师制”成功的关键。虽然一些企业已经针对“导师制”开发出一系列导师辅导工具，但这些工具的效用如何还有待实践检验。

四、建议课堂计划

本案例可以作为专门的案例讨论课来进行。要求学员课前阅读案例材料，课上 120 分钟以内完成本案例的讨论；案例讨论可以采取分组辩论的形式进行。

以下是按照时间进度提供的课堂计划建议，仅供参考。

授课前：提出启发思考题，要求学员在授课之前完成案例阅读和初步思考，并查阅补充与案例相关的其他背景资料，各小组制作课堂发言 PPT 初稿。

授课中：介绍相关理论，明确案例主题　　　　（10 分钟）

分组开展组内讨论，明确发言要求　　　（30 分钟）

各案例小组发言　　　　　　　　　　（45 分钟）

各小组提问及组间辩论　　　　　　　（30 分钟）

教师总结　　　　　　　　　　　　　（5 分钟）

授课后：要求学员以组为单位提交案例分析的书面报告。

五、相关附件

附件 1　致导师的第一封信：关于“好自为之”哲学

亲爱的导师：

企业文化中，有一套奇怪的用人哲学：员工像棋子一样，被摆布到各个位置上，接着就再也不闻不问了。是出人头地或惨遭灭顶，一切好自为之，全凭个人造化。在公司里，认同这套哲学的还大有人在，认为这是最快的方法，可以判断新人是否胜任工作，“何况，我们都是这样‘活’过来的”，他们说。

当然，他们的理由无可反驳，这的确是最快的评估方式。但是，我们的目标是“尽快”判断出某人的潜力？还是希望他能“发挥”潜力、为公司效劳？如果公司的目标只是前者，那么即使忽略了员工长期的发展潜力，这套方法不免有待修正。

您想想看一个新人或刚转调新单位的同事所面临的困境——受完“新生训练”后，别人便等着看他们的工作表现。向老同事请教是唯一的学习之道（因为他们不敢问主管，否则不是自暴其短吗?）。结果，有些较资深的员工被迫中断不停地来应付新人，不论他们是否因此熟悉工作内容，您能说这是很有效率的学习方式吗？

但即使“好自为之”的用人哲学有太多漏洞，为什么仍然行之有年？因为这的确是一种简单明确的考验方式。新人不是力争上游就是惨遭灭顶，成功或失败一目了然，过来人便会因为自己曾经发挥耐力、熬过痛苦的适应期而沾沾自喜。

然而，是否主管之所以放任员工自生自灭，真正原因在于逃避责任，不论部属适应与否，主管都可以全身而退？如果有人不幸被淘汰了（这是常有的事），主管便可以堂而皇之地表示：“幸好我们发现得早。”或干脆推给人事部门：“怎么老是找些不管用的家伙?”

我们若能一开始就多多参与照顾，新同事适应环境的情况会好得多，但相对地，您必须投注时间和心力，并且扛起部分的责任。

您愿意这么做吗?

附件 2　致导师的第二封信：发挥同事的爱

亲爱的导师：

帮助新人认识公司文化是时间的双重损失吗？不仅工作同时受到干扰，原本已嫌人手不足，还要拨出时间人力带领新人认识？结果，这个珍贵的沟通机会往往流于虚应故事。

但想想看，您再也找不到更好的时刻和新人畅所欲言了！他们刚进公司大门，尚未被“同化”，对工作、公司或主管也还没有任何成见，更一心想取悦新主管（别急！旧同事很快就会泼他冷水），不正是坦诚、双向沟通的大好时机吗？

藉着介绍公司文化，聪明的您更可以使新人全盘接受他对这份工作的看法。例如，您可以一方面解释工作的性质和内容，同时强调公司对效率、品质和安全的重视，而不至于让新人觉得饱受压力。

就新人而言，熟悉新环境能帮助他进入情况，减少他对新工作和人际关系的焦虑。只要不安的情绪愈少，新人愈能把心力投注在工作领域，大大降低“水土不服”而离职的比例。

还有，您可以趁着带领新人认识环境的机会，很快地赢得他们的向心力秘诀是塑造一种温暖亲密的工作氛围，让他感受到同事的欢迎热忱。要做到这一点，您只要私底下“拜托”大家多关照某人，协助他们进入情况即可。对于您的“请托”，大家受宠之余，自然戮力以报，尽量让新人觉得有安全感，这种同事爱的付出，远比用一些教条来宣导、灌输要有效得多！

我们可以利用介绍新环境的机会，消弭新人的焦虑，并塑造温暖的工作环境，增加新人的认同感，然后辅以在职训练，耐心地解决他们的问题，相信这些努力，都会使新同事很快地度过适应期，发挥工作能力。

请掌握好的开始！

附件 3　致导师的第三封信：从“基本”做起

亲爱的导师：

经过导师培训的激荡与启发，您是否已经跃跃欲试，准备好好的迈向“成功导师”的形象之路？

新员工可能也正期待着，您受完训回来，是否有些奇妙的改变……是的！再大的学问，再重要的道理，没有行为的信心是死的；没有行动的改变是假的——何况，可能只要一小步的行动，就与停在原地的方位有极大的不同。

当然，改变要从基本做起，从最直接、最明显看得见的地方开始。它可能是你认为很简单的事，但没错，人最容易失误的，不正是他们认为最简单的事吗？人最容易忽略的，不正是他们朝夕相处的家人吗？

如果你手上已经在带新员工，什么是他们马上体会得到的一项改变？

——这个星期，写张卡片给你的新员工吧！

想赞扬的，你可以具体的描述肯定他的行为，鼓励他继续发扬光大，内附一片“金币”巧克力以兹鼓励。

想指正的，你可以运用三明治法，并具体的描述希望他改善的行为，内附一包“咖啡”鼓励他打起精神，加油上路。

如果你正准备迎接新员工，千万别忘了!!

——新员工到职的第一天，一定要带他去吃饭哦！（当然，如果你愿意请他，老师更是给你拍手赞成哦!)

切记……有关系，就没关系；没关系，就有关系!! 加油!!!

（案例作者：李世杰）

案例2 某省电信企业的员工发展问题的解决

一、前言

电信行业的员工收入几年来一直位居社会平均收入排行榜的前列，是人才市场上的热门行业，但是近几年电信行业竞争日益激烈，行业利润趋薄，加入WTO后，外资运营企业的进入，将使电信运营行业内的人才争夺愈演愈烈。2001年美国AT&T公司在中国物色3 600名优秀软件工程师。以赴美轮训的方式分批派往美国工作，其中部分人员与AT&T公司签订了至少三年的工作合同。与此同时，电信行业内电信企业之间的人才战也在走向白热化局面，电信、网通、移动、联通等运营商纷纷在移动技术、客户服务、数据业务、经营管理等方面下大力重金挖掘与培养人才，为即将到来的市场大战做出准备。

二、概况

某省级电信企业分公司中的很多主管经理都是技术出身。网络运维部小张工作积极肯干，勤于思考，深得省公司企业发展部赵总的赏识，一年前赵总力将小张从其所在市公司借调到省公司工作，支撑省公司新职能战略管理的力度。小张工作十分努力用心，仅在一年中，就深入参与省公司年度战略规划的制定工作，并向省公司提交了多篇电信企业竞争环境的分析报告，工作获得了不小的成绩。

小张的直接主管刘经理是一位精通业务的技术骨干，但却对下级工作挑剔，经常不分场合地批评员工，对于本是借调并且内向寡言的小张更是多番指责。刘经理苛刻的工作作风虽受到小张等多名下属的抱怨，但是大家对这位顶头上司也只能沉默屈从，小张本人更是兢兢业业、如履薄冰。

小张借调时值一年，省公司进行中层领导的竞聘上岗。在省公司职能部门任职多年的赵总要到分公司去竞聘老总，刘经理也要重新参加部门主管的公开竞聘。小张则处于职业发展何去何从选择中，自己原定两年的借调期目前时已过半，虽然工作业绩与个人能力受到赵总的赏识，但是赵总如果到地市分公司竞聘成功，小张将直接面对苛刻严厉的直接领导——刘经理，小张很难预料自己留在省公司的发展前途。如果此时小张以两地分居为由，向赵总申请缩短借调期，回到原单位继续本职工作，工作轻车熟路，既受老领导器重，又可以与家人团圆。然而如此一来，小张在省公司企业发展部的工作成绩，掌握的关于企业发展战略方面的知识与技能便失去了意义。他觉得通过参与公司战略规划项目，能够站在企业最前沿关注公司环境的变化，了解最新的技术动向、市场动向，这些是自己在网络部技术岗位所接触不到的。

小张现在很矛盾，究竟是回市公司网络部去发展，还是坚持留在省公司呢?

三、小张的决定

通过公司内部信息发布系统，小张看到了人力资源部制订的公司未来岗位管理计划。

随着电信行业竞争的加剧，公司要重点加强战略管理的职能。公司已明确小张目前任职的企业发展部是今后重点培养建设的部门，小张的工作岗位更将成为与公司发展休戚相关的关键岗位。这个消息对小张不啻是一针强力的兴奋剂，让小张感到强烈的工作荣誉感与个人价值的实现。

不久前与小梁一道来公司在人力资源部工作的小古，利用业余时间为小张作了个人事业驱动力量表分析和感知与偏好测试量表分析，结果表明对工作意义的追求是小张事业发展的最大驱动力，加上个人强烈的成就感和思考性特征，与小张在当前所在岗位的潜质需求非常吻合。如果小张回到原来的网络技术岗位，则失去了一次挖掘自身潜力的机会。

看到自己所做工作的重要性，意识到自己的潜质所在，小张决定克服各种困难在当前岗位坚持下去，克服与家人两地分居的辛劳，克服对刘经理苛刻作风的抱怨，克服……

四、刘经理的改变

正在小张对自己长期的困惑茅塞顿开时，面前电脑屏幕上的显示有领导刘经理来信："各位同仁，我将参加岗位竞聘。我相信自己对工作是尽职尽责的，但作为你们的上级，我有时忽视对你们的关心与指导，希望你们体谅。今后，我将努力改进工作作风，成为你们的朋友，希望你们支持我……"

案例使用说明

一、启发思考题

1. 小张的问题的根本原因有哪些？

2. 对于像小张这样的年轻骨干，企业应该如何解决其发展难题？

3. 对于刘经理这样的由技术提升的管理人员，企业应该如何迅速转变其职能？

4. 在管理人员选拔时，企业如何在内升和外聘之间取得平衡？

5. 企业如何才能实现员工的自身价值？

二、分析思路

小张的问题是电信企业中一个典型的年轻骨干员工不知如何确定自己职业发展方向的例子。因为对年轻的小张而言今天站在哪里并不重要，但是重要的是他下一步迈向哪里。

小张当前面临的问题可以总结为以下几个方面：

1. 公司人力资源部没有提供对员工个人的职业生涯方面的咨询与辅导，小张缺乏对个人发展与企业发展之间找到结合点的咨询建议；

2. 小张的领导赵总和刘经理缺乏关注下属职业发展的意识，仅考虑对员工工作上的要求，不考虑怎样帮助员工在完成工作的同时实现自身的价值；

3. 公司缺乏对交流借调员工生活上的关注；

4. 公司缺乏对企业发展过程中形成的空缺岗位人员进行培训引导的计划。

小张面临的问题集中体现了电信企业中年轻员工对职业生涯管理的强烈需求。像小张这样毕业于名牌大学电信技术专业，在公司基层有一定网络技术方面工作经验，在省公司发展战略部担任战略规划制定工作，对公司各个层面情况与问题有一定了解，个人勤奋好学，踏实肯干，应该说具有成为公司年轻技术骨干的潜力，是企业大力培养的对象，如果不能及时在公司发展中找到自己的位置，很可能失去不断拓展自身能力的机会，或者被成长中的竞争对手挖走，成为竞争对手的骨干力量。

因此，作为面临人才大战的电信企业，必须尽快着手实施员工职业生涯管理，关注像小张这样的年轻员工，让他们在公司内工作得有方向、有奔头。

三、理论依据与分析

1. 公司职业计划体系的建立。企业的职业发展计划是员工个人生涯计划的基础。以企业为中心的职业计划注重职务本身，它侧重铺设使员工可以在企业各种职务之间循序渐进地发展自己的各种路径，区别于员工个人的职业生涯计划，以个人为中心的职业生涯计划侧重于个人的职业生涯，员工个人的目标和技能成为分析的焦点，企业的职业生涯计划侧重明确未来企业对人员的需要。

制订企业职业发展计划的一般步骤为：（1）确认未来企业的人员需要；（2）安排职业阶梯；（3）评估公司员工潜能及培训需要，使员工能力与企业需要相匹配；（4）在严密检查的基础上为企业建立一个职业计划体系。

像小张这样的年轻技术人员大学毕业几年，在公司已经积累一定工作经验，却同其他新来的员工一样没有职务方面的差别，当不上官，借调后省公司人际关系不熟悉，自身会有挫折感。因此，电信企业应针对员工已形成在企业内部发展只有“当官”才能实现自身价值的预期，重新设计企业的职业阶梯。

2. 营造公平竞争的人才流动环境。电信企业近年来针对业务的发展和外部环境发生的变化，都不同程度地进行了机构改革及流程方面的调整。公司在组织结构扩张与变动的过程中产生了大量新增岗位、调整岗位与空缺岗位。营造公平竞争的人才流动环境，制订公平竞争的人才选拔机制，通过在企业内部公开招聘、竞争上岗的方式来选择补充人员，能够为同小张一样有志于在新岗位上发展的员工创造平等参与竞争的机会，得到公正的评价，在竞争中了解自己，完善自己，成为优秀人才脱颖而出。

3. 与员工共同制订个人职业发展目标。根据员工目前表现出的兴趣潜能，结合现有工作状况，评估与员工在企业内、外可供选择的职业路径，结合个人随着职业和生命阶段的变化在职业锚和目标方面的变化，在人力资源部专员等相关人员的辅导下，员工将逐步明确个人的长短期生活目标和工作目标，并得到实现职业生涯目标的策略性建议。

4. 直接主管应关心员工职业志向与兴趣。电信企业的主管人员大多都像赵总和刘经理那样是技术出身，他们的管理风格是重技术，轻管理，重视工作成果，忽视员工感受。作为员工的直接主管，像赵总和刘经理这样的领导应转变观念，从技术专家走向职业的管理者，承担起作为员工职业发展辅导者的角色，关心员工的职业志向与兴趣，并接受下属对自己管理工作的考核。

四、背景信息

电信企业当前处在从技术驱动到市场驱动转型的过程中，高级的技术人才与业务人才都关乎企业发展命运，因此应分离技术、业务和管理职能，在“管理晋升线”的基础上增加“技术晋升线”和“业务晋升线”，设置专业技术岗位尤其是高级技术、业务岗位，满足企业发展分工细化的趋势，为专业人才创造足够的晋升发展空间。

当前电信企业员工队伍的主体是充满新思想的新一代年轻人，他们是在知识经济时代背景下接受教育、参加工作，作为管理者的经理人员面对的不再是一群只求票子、房子、车子的员工，而是追求实现个人价值的现代人。管理者应转变观念，从技术专家走向职业的管理者，承担起作为员工职业发展辅导者的角色，关心员工的职业志向与兴趣，并接受下属对自己管理工作的考核。

五、关键要点

1. 企业员工的培训与发展是企业人力资源开发的一个重要内容。这可以帮助员工充分发挥和利用其人力资源潜能，更大限度地实现其自身价值，提高工作满意度，增强对企业的组织归属感和责任感。因此企业必须重视员工的职业生涯规划。

2. 在完成企业职业计划体系与人才竞争选拔机制后，公司应该着手收集员工方面的信息，包括目标对象的能力、兴趣、潜能等，帮助员工了解认识自我，确认其个人的能力与兴趣所在。电信企业的人力资源部门可以聘请外部咨询公司的相关专家，也可以直接引进一些实用的测评量表与工具进行内部分析。一般来说，前一种方式更加专业，后一种方式更利于人力资源专员贴近员工，并开展后期的职业辅导工作。

六、课堂计划建议

本案例可以用作相关章节讲授过程中的总结性课堂讨论。整个案例课的课堂时间宜控制在 60 ~ 70 分钟。以下是按照时间进度提供的课堂计划建议，仅供参考。

1. 课前计划。

提出启发思考题，请学员在课前完成阅读、初步思考、相关背景资料和扩展资料的查阅。

2. 课中计划。

（1） 简要的课堂前言，明确主题。3 ~ 5 分钟。

（2） 分组讨论。20 分钟。应提前告知学生发言要求。

（3） 小组发言。每组 5 分钟左右，总时间控制在 30 分钟左右。

（4） 引导全班进一步讨论，并进行归纳总结。10 ~ 15 分钟。

3. 课后计划。

如有必要，请学员采用报告形式给出更加具体的解决方案，包括具体的职责分工，为后续章节内容做好铺垫。

（案例作者：李世杰）

案例 3　中国员工在海外

一、引言

如今中国企业派驻国外的人员越来越多，而由于文化差异、风俗习惯等产生的问题也越来越多。工作环境的巨大差异、语言沟通的障碍、生活观念格格不入等知识海外员工无法融入当地工作与生活，影响工作的有效开展。

二、薇安梦醒巴黎

陈薇安已经在一家法国化妆品公司工作了8年，丈夫想去法国读MBA，她就申请调到法国总部工作两三年。申请获批后，她就来到了巴黎，丈夫则在另外一个城市读书。

到巴黎之后，薇安的工作主要是与亚洲区11个国家的国际发展团队沟通，并把它们的需求反馈给法国总部。总部帮她解决了住房和移民手续，公司也组织了一些帮助她们融入当地社会生活的活动，如野营、周末组织到巴黎周边旅游等，但法国本地的同事很少参加这种户外活动，他们把工作和生活分得很清楚。

薇安法语不好，工作、买东西、去银行甚至在外面吃饭都让她精疲力竭。她对法国的很多习俗也不了解。最终，她不但在与人沟通方面出了问题，而且由于屡屡失礼而甚是焦虑。由于语言和文化方面的差异，她根本无从进入当地的社交圈，而公司不可能给她放长假去学习法语。

这些还不是主要问题，最让她不适的是法国各种死板的规章制度，各种鸡毛蒜皮的事也要遵循极其严格的程序，而且要搞清楚各种办事程序也很花功夫。除了来回数趟为父母办居留许可证，薇安花了3~4个月的时间才接上互联网；所有的税单都出奇得长；连去银行也要预约……

除了生活中的这些细节问题外，另外一件事逐渐改变了薇安对法国生活的看法。公司对外派员工的薪水计算是基于原驻地标准加上相应的补贴。据调查，巴黎的生活成本只比上海高4%，因此她的薪水没有任何增长。但事实上，因为饮食、休闲成本都更高，她在巴黎的生活支出远远高于在上海时的支出。夫妻俩几乎入不敷出，更谈不上存钱。拮据生活使薇安明白：如果想赚钱，就不要出国。然而与多数中国同龄人一样，她要买房，想要有自己的家，那么工资起码要涨30%才行。

所以，薇安对巴黎是既爱又恨。在人生的这个阶段，她觉得没必要为了一点小小的安逸而做出这么大的牺牲，她要好好计划一下自己的家庭，3年后，薇安提请公司将她调回上海。现在，她仍然在那家公司工作。

“我的巴黎梦算是一朝永尽了，但我很高兴在上海如梦初醒！

三、龙文告别瓶颈

龙文现任上海一家欧洲跨国公司的总经理。他曾到比利时攻读博士学位，毕业后加入了一家比利时跨国公司。那是20世纪90年代，他的工资是国内同等职位收入的20倍，而且生活水准远高于中国。但一枚硬币总有两面——他的个人经历饱经风霜。

在比利时，龙文经历了极度动荡的婚姻。起初由于妻子的签证问题，他们两地分居9个月；后来团聚的喜悦又被冲淡——妻子因为不得不放弃国内的工作而越发沮丧，龙文从早忙到晚，她却只能独自在家，单调乏味。后来妻子去读了MBA，虽然走出了孤独的阴影，重振了工作的信心，但由于其他原因，两人最终还是分道扬镳。

在那段特别艰难的日子里，龙文认识道：“每个人都很忙，如果你不说出自己的真实感受，没有人会注意到你。因为没有家人的温情，所以在异国他乡工作，你必须外向一些。工作比上学时复杂得多，需要一个朋友圈子帮自己度过这些难关。”龙文住在比利时工作和生活的弗兰芒区，好友几乎都是中国人。因为语言隔阂，有些当地同事虽然也很热情，但不能成为知心朋友，多数比利时人则比较保守，不愿与外国人走得太近。龙文当时决定留下来是因为薪水不错，生活也比较舒适，工作环境更宽松。他也可以靠体育锻炼、上网排遣孤独。因为在比利时开销比国内少很多，还能存下不少钱。

龙文的职业生涯一度进展顺利，但渐渐地，他觉得进入了一种“瓶颈”状态，因为不是本地人，没法继续晋升。唯有回到中国区当总经理才能继续往上。因而出国10年以后，他又回到了家乡。

回国之后，那股热情又被新的文化冲击渐渐磨灭了。由于已经适应了欧洲的工作文化，对于国内工作生活中的点点滴滴又得从头学起。所以，他一度想要回欧洲，到说英语的国家工作，更容易融入当地生活。但龙文还是渐渐在国内建立起各种关系、学会各种规矩，同事们对于他的海外高学历也极其敬重，这与他在欧洲碰到的职业“瓶颈”形成鲜明对比。

再婚之后有了孩子，是举家到欧洲过更好的生活还是留在国内发展事业？龙文选择了后者，也离开了工作15年的那家欧洲公司。然而，龙文觉得新公司没有很好地规划他归国之后的工作，而且公司规模太小。通过最近建立起来的关系网，他从国内竞争企业得到更好的条件，觉得如果他再换一次工作，或许大有不同，也会赢得新雇主顶层管理者更多的尊重。

四、“父母在，不远游”的梅丽

曾在慕尼黑留学7年的孙梅丽迫不及待地抓住了一个外派德国的机会——取得硕士学位之后，她回国为一家德国公司工作。但国内生活远远没有大学时那样精彩，她很渴望再出国去。公司需要派一个中国员工到维斯洛赫总部，梅丽成了最合适的人选。这样，离开18个月后，梅丽又回到德国，对未来充满希望。

但这些希望很快就破灭了。维斯洛赫和大都市慕尼黑不同，它只是一个小镇，没什么娱乐设施，工业发展历史也很短。事实上，它就像一个“公司城”——70%～80%的居民直接或间接地受雇于她所在的公司。在这里，梅丽是为数不多的外国人之一。读书时，她除了上课，经常参加各种聚会，交到很多朋友；但在这里几乎交不到什么朋友。

“虽然德国同事在工作时对我很好，但下班之后大家就比较疏远，这就是德国文化。大部分同事都有车，下班回到镇外自己的家。我则买不起车。德国同事从来不会邀请我去家里共进晚餐，节假日也不例外，这时就觉得很孤单。公司从来不会在这方面给予个人任何帮助。”但梅丽的心态很积极。她参加了公司的俱乐部，还到德国各地旅游，拜访学生时代结识的朋友，坐车到最近的城市购物、吃饭。

小镇生活与大城市很不一样。在慕尼黑，当地人对外国人一点都不稀奇，平等视之。而小镇上的人就传统得多，对外国人既好奇又热情。懂德语的她和邻居们渐渐熟起来，有些人还偶尔邀请她去家里做客或参加聚会。偶尔有中国同事从国内过来，也减轻了她的孤独感。学生时代的经历使她很熟悉德国人的沟通方式，因此成了一个重要的桥梁，帮助中国同事克服文化差异导致的问题。例如，中国传统的教育体制下人往往显得不够自信，不会直截了当地把问题说清楚，所以到了最后的期限事情经常还没做完；中国人不会公开谈论自己的业绩，英语也不好。这些文化因素导致中国同事处于弱势地位。这些问题在梅丽的协调下都能一一解决，她也成为公司的一大财富。所以当她提出申请要回中国时，公司领导非常意外。

梅丽一直希望将父母接到德国，但德国移民法规定，父母过来最长的居住期是3个月。“我之所以决定回中国，是因为家庭的原因。德国不欢迎移民，而我希望能长期在父母身边照顾他们，我想做一个孝顺的女儿。”

对于公司来说，“父母在，不远游”的孝道使其失去了一个颇有潜力的员工。

五、西班牙“孤岛”上的翔宇

巴塞罗那的正式晚餐要8点左右才开始，多数同事们从没8点以前离开办公室的，而且下班后会先去酒吧。李翔宇只能忍住饥饿等上很久。

翔宇来西班牙这家出口酒品的中国公司工作已快一年了，还没完全适应当地的工作生活节奏。他们工作起来似乎很卖力，可在翔宇看来，午餐时间过长，有时离开办公桌长达两小时之久。他曾跟同事一起去吃过几次午餐，过于开放的交流方式使他受不了——和老板过分随意地交谈，未经任何权衡就提各种建议、讨论各种能想到的商业线索。翔宇则认为，在跟老板提之前必须保证这些信息对公司有利。西班牙同事们指责他不够坦诚，把信息藏起来了。

翔宇感觉，西班牙人的沟通方式和中国人大相径庭，甚至连处理邮件的方式都不一样。翔宇更多依赖的是书面文字，特别是在和外国人打交道时，为了避免误会，尤其如此。如果他收到一份Email要求回复，他会立即予以回复。西班牙同事往往用一个电话就回复了，如果没有接到翔宇的回复电话反而会很生气，而他又觉得打电话实在不合适。有时，他们就打个电话回复他的邮件，电话这头的他只能希望没有听错他们带着西班牙语腔调的英语。

他的老板、公司创始人何先生更让他一头雾水。何先生在西班牙10多年了。翔宇却越来越不知道该怎样与这位“中国”老板打交道。何先生到西班牙十多年了，慢慢地被“西化”，用翔宇的话说，已经变成了一根外黄内白的“香蕉”。正因为此，他们之间产生了不少误会，这让翔宇郁闷了很久。

当然，翔宇发现西班牙人的生活方式和中国人也存在很多相似之处。同事们晚上和周末经常在一起玩，还带着家属，他们还邀请他去参加聚会和烧烤。每当这时他就会想念妻子和8岁的女儿，当时派他到西班牙工作时，公司承诺会提供一套足够大的公寓给家属住。但考虑到女儿上学的问题，还是决定让妻女留在国内。翔宇正盼望着两年外派期早些结束，好回上海与妻女团聚。

案例使用说明

一、启发思考题

1. 薇安、龙文、梅丽、翔宇他们各自在国外遇到的问题都由哪些方面的原因造成的？

2. 针对这些状况公司应该如何帮助员工解决？

3. 企业的政策制度是否是造成这些问题的一部分原因，分析内部制度原因？

4. 分析外派公司对外派人员的战略管理策略，以及应对国际化应有的一些措施？

5. 认真理解企业员工的职业生涯规划与企业发展规划的联系，以及它们会出现的矛盾？

二、分析思路

很多企业忽略了外派员工的融入新环境遇到的各种问题，缺乏对他们的培训，其原因在于：觉得培训不起作用；缺少时间；多数外派工作属于临时性质，没有预算；缺少培训专家和专业能力；总相信技术能力是在海外成功的要素；认为“正确的人不需要培训”。

正因为感觉培训用处不大，缺少跨文化能力也没什么大不了，很少有中国公司进行外派前培训。尽管不少公司选择了以前就出国读书或工作的员工，但他们仍会面对许多心理和情感的压力。培训未必耗资巨大，但一定要和外派生活密切相关并介绍生活细节，其实一些熟悉外派工作环境的公司内部人员就能担当此任。

面对外派员工遇到的问题，公司首先要认清问题所在，从故事里可以看到，许多派驻海外的员工都有不快之感。在国际人力资源管理策略（IHRS）层面，跨国企业应对中国大陆外派员工的发展进行适当调整，而走出去的中国企业也应依照国际标准来发展自己的策略。

三、理论依据与分析

1. 员工职业生涯规划管理是在个人与组织共同努力或相互作用的结果。员工个人与组织都不能在不顾及对方的情况下制定计划。职业生涯规划就是建立一套能够识别员工发展需求和职业潜力的系统，并借助该系统引导员工的个人发展目标与组织的目标保持一致，在达到组织目标的同时帮助员工实现个人职业目标的活动。这一过程需要组织与个人的合作参与。案例中有的企业为了公司的目标派遣员工，但并未规划员工的未来发展方向以及员工可能遇到的问题，只是员工在国外陷入一种尴尬与煎熬的境地。

2. 因语言、焦虑和文化差异而导致的问题，跨文化培训和有质量的外派前指导项目会很有帮助。目前这些培训主要涵盖文化意识、语言、熟悉外派环境和职位，以及敏感度训练，还有些管理和技术的内容还没被充分认识到。培训的具体内容应根据外派目的国、工作类型、派遣期长短、目的和能利用的时间等因素来调整。

3. 筹划好归国事宜，别让员工孤独。多数中国企业的用人思路是“把对的人放对位置”，而不是“培养对的人并留住他们”，许多外派归来的员工反倒因为离开了一段而影响提升，这一点其实应该在外派之前就加以筹划，即加入员工的职业生涯规划中去。

独在异乡缺乏社交的孤独感很普遍，可采用新颖的组织方式来调节，如公司旅游、聚会等。远离家人，如果是收入原因，公司就要创造一个能让员工投入的环境，避免他们去寻求其他机会，在并非个人很想出国工作的情况下更是如此。壳牌公司人力资源部曾帮忙建立一个员工伴侣的全球网络，提供丰富的工作信息，后来还形成了完善的外派人员支持中心，还和很多当地学校合作推出员工所需要的课程，做法很值得借鉴。

4. 要努力选对人。员工本身的性格特点也会影响外派项目的成败，首先要选对人。公司经常会因为错误的原因而派人出去，如想奖励好员工或打发走没用的，更重要的是，往往派他们去解决紧急问题而忽略了长期发展。有学者提出了一些外派经理人应具备的核心能力和增强型能力：

核心能力：多维视角，熟练的现场管理能力，多谋善断，文化适应性和敏感度强，能建立团队，身体素质好，心智成熟，有好奇心和求知欲。

增强型能力：善用电脑，擅长谈判，能够促进变革，有远见，具备国际商务能力。

总之，适合工作、适应文化、渴望外派是最重要的三个选人标准。

面对这些问题，不可再继续忽视。人力资源部门的人员也要加强跨国管理能力——公司在开始国际化拓展之前，也应考虑将人力资源员工外派培训，从而准备更充分。其实很多问题都可以通过创新思维来解决，这首先要求转换思维方式，而且真正意识到真正的问题所在。

四、背景信息

随着国际化的进程，中国企业开始走向世界，世界企业也开始扎根中国。许多企业的发展越来越趋于全球化，国际化的业务比重加大，员工外派学习与工作也越来越频繁。但是由于文化差异、风俗习惯与处事方式、生活态度的不同，外派员工遇到的问题也越来越多，越来越突出，甚至给企业带来了巨大的损失和影响。针对这些问题企业应该给予足够的重视，处理好企业的战略规划与员工的职业规划之间的关系，在保证企业安全运行的条件下，努力为实现员工的个人价值和个人目标创造条件，是企业与员工都得到协调持续的发展。

五、关键要点

总体而言，中国外派人员主要会碰到这些挑战：语言、焦虑、缺少社交生活而感觉孤独、现实与期望不符、补贴不够、归国、远离家人、管理风格差异（文化差异）、用餐习惯等。可以通过分析预知员工外派后所遇到的问题，建立相应的解决机制。分析如下：

1. 薇安的困境。

语言：语言障碍加重了日常生活的困扰，带来更多压力。

文化：除了明显的文化差异（如正式晚宴的礼仪）以外，还有工作文化因素，法国同事平日里不与薇安交往，而且她不适应各种死板的规章制度——中国人除了规矩以外还会讲人情，根据具体情形有些灵活余地。

补贴：公司基于员工原驻地标准计算补贴，但忽略了在巴黎生活花销比上海更高，而更难存下钱来（薇安自己渴望去巴黎，情况往往如此）。

2. 龙文的困境：

婚姻：失败。

语言：有障碍。

归属感：难以同本地同事交往。

职业发展：看来龙文的公司主要让他处理中国业务，否则在总部的作用不大，难以上升。

回国：龙文久别回国后也遭遇了文化冲击，要重新学起，而公司并未提供学习和引导机会。

3. 梅丽的困境：

与期望的差异：小镇生活和在大城市上学的经历很不同。

归属感：德国同事很少私交，小镇也与世隔绝。

家庭：难以贴心照顾父母。

文化：并非梅丽自己的问题，而是在去德国的中国同事身上观察到这一点。

补贴：收入不够高，负担不起汽车，否则就可以住在附近的城市，过想过的生活。

4. 翔宇的困境：

文化：中国与西班牙的管理风格相当不同，中国权力距离较大，下属不会与上级太多交谈，而且翔宇也不适应当地的用餐时间等生活方式；

交流模糊：中国老板风格已经西化，很多地方与翔宇的交流有些模糊不清而发生误会。

家庭：孩子的教育在中国是首要大事，多数外派人员都很难解决这一问题。

六、建议的课堂计划

本案例可以作为专门的案例讨论课来进行。此案例适合小班化教学，班级人数最好控制在25人以内。

整个案例课的课堂时间控制在60分钟左右。

课前计划：提出启发思考题，请学员在课前完成阅读和初步思考。

课中计划：包括简要的课堂前言，明确主题；分组讨论与小组发言；引导全班进一步讨论，并进行归纳总结。

课后计划：如有必要，请学员采用报告形式给出更加具体的解决方案。总结案例分析总报告，交给任课教师。

案例4　跳槽与职业生涯规划

一、前言

三十岁的职场人又到了一个人生重要的十字路口，继续打工还是“下海”创业，很多人对此犹豫不决。张宇就是职场中的一个典型案例。

二、概况

张宇跟其他参加高考的孩子一样，大学志愿填的是图书管理类专业。大学毕业了，张宇知道这不是一个好行业，大学里过得非常不快乐。大学毕业时，他终于决定放弃自己的图书管理专业，重新寻找其他行业就业，希望能够重新发展并选择自己的职业道路。

张宇是个内向的人，不喜欢跟人争斗，只希望能够求得一份安定的工作，好让自己慢慢地实现专业转变，再谋求职业上的发展。然而，图书管理专业，找工作一点优势都没有，找心仪的工作谈何容易。不得已，为了谋生存求发展，张宇随便找了份工作安顿下来，可是工作并不尽如人意。不开心的工作做了一段时间后，张宇换了份工作，因为没有好专业，所找的第二份工作只在薪水方面有所调整，跟第一份工作一样，依然没有办法寻找到合适的职业方向。

三、张宇的困惑

转眼间，几年过去了，张宇的同学们有的当了主管，有的则当上了经理。而张宇却因为一直在更换工作，寻找职业方向，始终在办事员的职别徘徊。三十岁到了，张宇突然发现，几年过去了，自己依然没有找到职业方向，更要命的事情是，没有培养出任意一种职业技能来。

张宇感到了深深的不安，不想见自己的同学，觉得他们嘲笑自己；再看看自己，张宇认为觉得自己做事情很认真，社会对自己不公平。张宇不知道自己怎么了，也不知道下一步应该怎么办。迷惘的张宇把自己的情况仔仔细细地写下来，发给世界经理人办公伙伴，希望获得帮助，并询问自己从事的业务是否合适。

四、职业分析

根据张宇所描述的情况，对张宇的心态、职业现实情况等进行了分析。

职业心态方面：

张宇是个内向的人，渴望找一份工作稳定的工作，并逐步地培养自己的专业能力。但在过去的几年里，张宇因为专业和生存问题，勉强自己在不喜欢的工作上工作，希望通过这种经常性的跳槽的方式来摸索并找到自己的职业定位。这说明张宇渴望成功，但焦躁的心态，使得张宇不管对待什么工作，都没有足够的耐心。一个焦躁的、对任何工作都没有耐心的人，不管在哪个公司，都无法得到重用，更别提学到有用的职业技能的。

职业现实情况方面：

张宇的大学专业是图书管理，工作后并没有从事这份工作，加上工作后，几乎一年一跳地去摸索自己的职业方向，导致了张宇在过去的几年里，始终没有培养出一定的职场技能，更别提职场核心竞争力。应该说，张宇目前的情况相当糟糕，一个已经三十岁的人，在没有职场技能以及核心竞争力的情况下，希望获得发展是很困难的。

职业希望方面：

在后来与张宇的QQ聊天过程中，通过张宇焦急的、不连贯的话语，世界经理人办公伙伴还是感觉到张宇目前最期望的是希望在业务方面发展，逐步地培养自己的竞争力。因为自己的性格内向，又害怕做不好这份工作，同时也觉得业务不稳定，不能够提供一定的生存保障。

五、咨询回复

心态方面：

专家指出，张宇过去的心态一直有问题，而且目前的心态依然存在很大的问题。

张宇认为同学嘲笑自己，在自己的职业发展不好时，总觉得同学的一言一行，都是在嘲笑他，事实上这种情况并不存在，这是张宇的一种自我心理假象。

张宇觉得自己做事情很认真，社会亏待了他，事实上，张宇一年换一份工作，不管哪家公司招聘到张宇，都会因为张宇的离职而不得不重新招聘，并重新整顿这个岗位。单是这一点，就可以充分证明，张宇做事情极其不认真。

社会里，一个没有耐心的、经常换工作的人，不管在哪家公司里都不会得到重用，得不到重用，自然没有办法晋升上一个岗位，自然没有办法学习技能，也没有办法获取职场竞争力了。

从这两件事情里，世界经理人办公伙伴建议张宇先耐下心来，在目前的工作岗位上安心工作下去，不管以前如何，先把目前的这份工作做好。同时在目前的这份工作慢慢调整自己的心态，以一颗宽容的心去对待自己的同事以及社会，不要再抱有委屈心态。一个人要想把工作做好，要想获得晋升提拔，心态上就应该公平公正，一个总觉得自己很委屈的人，想不出来会有哪位领导者会给他机会。

案例使用说明

一、启发思考题

1. 张宇在大学时期就知道自己的专业就业情况，作为一名学生他应该做哪些准备？

2. 张伟决定工作后逐渐摸索出自己的职业道路，那么在工作中他应该在哪些方面做努力？

3. 张宇到三十岁还是没有找准自己的发展方向，他自身方面有哪些原因？

4. 对于类似张宇这样的员工，公司应该怎样帮助他们确定自己的职业方向？

二、分析思路

职业生涯规划是指个人和组织相结合，在对一个人职业生涯的主客观条件进行测定、分析、总结研究的基础上，对自己的兴趣、爱好、能力、特长、经历及不足等各方面进行综合分析与权衡，结合时代特点，根据自己的职业倾向，确定其最佳的职业奋斗目标，并为实现这一目标做出行之有效的安排。

制订职业生涯规划可以帮助人们明确职业道路，明晰发展方向，分析自己的优势和劣势，找到自己的兴趣所在，减少了从业之后的盲目性。张宇在毕业后一直没有很大的进步，可以看出他没有一个明确的职业生涯规划，以至于他像一只无头苍蝇一样没有方向，只会越来越焦虑。

三、理论依据与分析

制订职业生涯规划有几个前提：

1. 正确的职业理想，明确的职业目标。职业理想在人们职业生涯设计过程中起着调节和指南作用。一个人选择什么样的职业，以及为什么选择某种职业，通常都是以其职业理想为出发点的。任何人的职业理想必然要受到社会环境、社会现实的制约。社会发展的需要是职业理想的客观依据，凡是符合社会发展需要和人民利益的职业理想都是高尚的、正确的，并具有现实的可行性。职业理想更应把个人志向与国家利益和社会需要有机地结合起来。

2. 正确进行自我分析和职业分析。首先，要通过科学认知的方法和手段，对自己的职业兴趣、气质、性格、能力等进行全面认识，清楚自己的优势与特长、劣势与不足。避免设计中的盲目性，达到设计高度适宜。其次，现代职业具有自身的区域性、行业性、岗位性等特点。要对该职业所在的行业现状和发展前景有比较深入的了解，如人才供给情况、平均工资状况、行业的非正式团体规范等，还要了解职业所需要的特殊能力。

3. 构建合理的知识结构。知识的积累是成才的基础和必要条件，但单纯的知识数量并不足以表明一个人真正的知识水平，人不仅要具有相当数量的知识，还必须形成合理的知识结构，没有合理的知识结构，就不能发挥其创造的功能。合理的知识结构一般指宝塔型和网络型两种。

4. 培养职业需要的实践能力。综合能力和知识面是用人单位选择人才的依据。一般来说，进入岗位的新人，应重点培养满足社会需要的决策能力、创造能力、社交能力、实际操作能力、组织管理能力和自我发展的终身学习能力、心理调适能力、随机应变能力等。

5. 参加有益的职业训练。职业训练包括职业技能的培训，对自我职业的适应性考核、职业意向的科学测定等。

四、背景信息

张宇性格内向，由于专业和生活的原因，只能为了生存先就业，然后才寻找自己的职业方向。就业有一定的盲目性。同时，他内心焦虑，又很自我，总是认为公司没有给他很好的发展机会，心态不平衡，态度不认真。他走走停停换了几家公司，都没有确定自己的职业方向，也没有形成自己的职业能力。在社会中像张宇这样的员工有很多，他们没有明确的职业方向，公司也没有提供类似的职业培训。一方面他们为了生存从事自己根本不感兴趣的工作；另一方面，他们又内心焦虑，总想找到真正适合自己的方向，但又无从下手，最后只能在不甘和无奈下麻木地工作，导致现在所从事的工作也做不好，更加得不到公司的重视。

案例5 吴依敏的前程规划

吴依敏今年28岁，女性，刚获得企管硕士学位，并与陈震东先生一起工作，然而目前的职位并不是吴依敏所期望的，因此她正在犹豫自己是否应该留在光明投资银行。

光明投资银行具备清晰的管理结构，但并没有刻板的等级制度。其风格相对不拘形式，具有较大的灵活性，工作积极主动的人能迅速脱颖而出，具有创新意识的思路能迅速传递到银行上层。它不是一个只就备忘录所记载的事务而忙碌的公司，大量的工作是通过电话和面谈而得以完成的。这种环境并不适合所有的人。加入光明投资银行的人不要指望随波逐流，员工必须发挥主观能动性，努力寻找脱颖而出的新途径。光明投资银行引以为豪的是推崇唯才是举。在这里，公司看重的是成果，而不是其他。

不仅如此，光明投资银行历来注意拓展员工的经验范围，重视各项业务之间技能的互通性，承诺为公司内的优秀人才提供最佳发展机会。当需要专业化技能时，公司鼓励个人朝这个方向发展，但并不强求。客户交给公司的问题越来越复杂，公司认为，广博的经验和对公司运作的理解是满足他们需求的最有效的方法。参观过光明投资银行的，人都会感受到一种同事间的友谊和真诚、轻松自如、大门随时敞开的感觉。在这里，每个人都至关重要，个性得以充分发展。光明投资银行是一个倡导鲜明个性、鼓励积极主动、重视创造能力的公司。

光明投资银行个人发展的宗旨是将公司的战略目标同个人发展目标相结合，这种哲学始终是企业文化的一部分，也是公司未来计划中的一个具体组成部分。公司聘用的员工具有广泛的专业背景，以使公司人员专业能力的深度和广度都能得到拓展。他们来自世界各地，专业范围也越来越宽，从金融到哲学、从经济学到工程学。公司认识到保持技术领先地位至关重要。在为客户服务、向客户提供信息时，技术优势转化为公司的竞争优势，所以公司大力投入资源，保持这一优势。

公司能持续发展，关键是在适应环境不断变化的同时，能够保持优秀的公司文化及信念：在工作方法方面，公司重视以客户为重点、业务范围多样化、团队合作和创新；在员工相互协作方面，公司重视信守承诺、职业精神、尊严和尊重；在员工事业发展方面，公司重视岗位流动、唯才是举及提供优越的薪酬福利。公司的环境要求雇员保证充分的时间和精力进行工作。作为回报，公司也承诺为专业人员提供优越的报酬。从一开始，员工就会享受到较高的薪酬及福利。员工的年度收入一般包括基本薪金加上按业绩评定的浮动性奖金。

我们可以看出光明投资银行是一个充满活力、有大好发展前景的公司，那么为什么吴依敏要离开光明投资银行呢?

当吴依敏刚从大学取得数学学士学位之后，她进入了在上海市的大上海国际银行，担任电脑程序设计师。她晋升得很快！从程序设计师到系统分析师，她希望有机会去从事具有挑战性及重要性的工作，并且吴依敏感觉到她还需要追求一些别的。

由于吴依敏对银行方面知识十分了解，大上海国际银行派她到光明投资银行接一个计划。当然，吴依敏是设计规划小组的组长，她的责任就是帮光明投资银行开发一套自动交换机软件程序，而计划的委托人就是陈震东先生。

在吴依敏尚未与陈震东先生谋面时，她就耳闻陈震东先生在光明投资银行是最闪亮之星，他四十五岁，似乎无所不通，而且他知道该如何去激励及激发他的下属。因此她与陈震东谈得十分融洽，也花了不少次的午餐时间与陈震东先生谈到她目前的需求，她希望能拥有一个更广阔的前景，而非目前在大上海国际银行被指定的工作。陈震东先生鼓励她，并告诉她应该再去进修一些企管方面的课程，如获得企管硕士；如果她对行销有兴趣的话，陈震东先生向她保证在光明投资银行留个职位给她。因此，在吴依敏完成了这个自动变换机软件程序的计划案以后，她就辞职去攻读她的企管硕士课程，该课程是令她兴奋的，但也是十分吃力的，不过，她仍然维持着上进的努力。

当吴依敏毕业后，陈震东先生也兑现了他的诺言，给她一个十分好的职位——行销经理，负责自动交换机网络并负责建立起对新 ATM 制度行销活动，该行销活动是希望能将产品推展到郊区各角落。因此，吴依敏第一次真正尝试到她的经理经验。吴依敏通过企管硕士课程，获得有关企管方面的知识，并且使她在思考上更有信心。因此，没多久吴依敏就不再需要在办事之前先去找陈震东先生讨论，也不再需要陈震东先生的忠告。她变成要监视并检查所有她负责的工作，而且也变得十分易怒，以往的她是那么懂得感激和鼓舞他人，可是现在变得很容易干扰他人，与他人冲突并且缺乏自制。对于如何行销 ATM 的产品，她也开始与陈震东先生意见相左，处处显示出她不是一位好的工作伙伴。

一、启发思考题

1. 吴依敏目前正处于职业生涯的何种阶段?

2. 在本案例所叙述的情景下，如果您是吴依敏，是否继续留任? 为什么?

3. 如果吴依敏要在公司继续留任，她应该有些什么知识来帮助她更适应她目前的职位?

4. 作为陈震东先生，你认为他应该采取一些什么措施来帮助吴依敏?

二、参考答案

1. 吴依敏目前正处于职业生涯建立阶段的探索期。吴依敏对最初就业选定的职业不满意，希望再选择，再就职，而且对于还留不留在光明投资银行还比较迷茫。但在工作技能、社会经验上都已经日趋成熟。

2. 继续留任。因为光明投资银行不管是从组织结构，还是管理理念都是非常不错的，而且，光明投资银行重视人才的培养，只要有能力、肯努力的人员都会有很大的发展机会。光明投资银行的陈震先生很器重吴依敏，吴依敏如果继续留任，并且能改进自己，陈震先生会给吴依敏提供一个更大的发展舞台的。

3. 吴依敏如果要在公司继续留任，那么她应该进一步学习人力资源管理，因为人力资源管理是组织行为学的深化，其主要讲授为实现企业的经营战略方针，如何协调和处理人与人之间的关系以调动人们的积极性。这有助于她正确地对待工作，处理和上司的关系。

4. 首先，合理引导，想办法，使吴依敏争强好胜的一面用在开展工作上，并且对于吴依敏的工作能力给予肯定。其次，让吴依敏去进修一些人力资源管理方面的课程，让她懂得结合企业组织目标开发自己的潜能、发挥自己的能力、设计自己的职业人生。

三、理论知识要点

1. 为什么做职业生涯规划管理。

从企业层面考虑:

(1) 尊重员工和更好使用员工人;

(2) 提高员工归属感和工作效率。

从员工个人层面考虑:

(1) 具有强烈的归属感和成就感，提升工作能力;

(2) 为未来投资，对整个职业生涯有个清晰准确的定位。

2. 做好职业生涯规划三个要点:(1) 自己适合从事哪些职业;(2) 自己所在公司能否提供这样的岗位以及职业通路;(3) 在自己适合从事的职业中，哪些是社会发展迫切需要的。

3. 企业如何帮助员工做好职业规划:(1) 开展工作岗位分析;(2) 制订员工晋升、调动与配置规划;(3) 设计职业生涯发展通道;(4) 重视职业发展中的培训与开发计划;(5) 建设和优化职业管理信息系统;(6) 建立职业生涯评审制度。

4. 职业生涯规划原则：（1）清晰性原则；（2）变动性原则；（3）一致性原则；（4）挑战性原则；（5）激励性原则；（6）合作性原则；（7）实际原则；（8）可评量原则。

案例6 体育天才不同的职业规划

一、没有长远的职业规划，举重冠军做搓澡工

曾获得4枚全国举重比赛金牌，打破过一次全国纪录、一次世界纪录的邹春兰，如今在长春一家浴池做搓澡工，每一个澡收费5元，邹春兰能得1.25元，一个月下来，挣的钱不到500元。

当在比赛中再也拿不到好成绩时，邹春兰拿了8万元补偿就走了，既没有想好以后要什么，也没有做好今后要从事职业的准备，以至于退役多年后，还是“不到小学3年级的文化，拼音都不会”。

二、良好的职业规划，让自己的职业生涯始终处在辉煌期

相比之下，曾经也是运动员的施瓦辛格，却走过了健美冠军、电影明星、加州州长这样一个不断超越、持续发展的职业轨迹。为什么施瓦辛格的职业能持续发展，而没有像许许多多中外运动员那样如同一个耀眼的彗星一样迅速地陨落？

施瓦辛格在20岁获得了第一个健美冠军之后，各种荣誉纷至沓来，他没有沉溺其中而止步不前，他确立了自己下一个目标：进入电影界拍大力士影片。第二年，施瓦辛格来到美国追寻自己的梦想。他清醒地认识到健美运动员是一个“吃青春饭”的职业，健美运动员只是自己成为一个动作明星的“敲门砖”，是职业发展的第一步。

施瓦辛格在美国面临着语言不通的巨大障碍，一边继续从事自己的健美运动，一边积极寻找机会进入电影界。两年后，他史无前例地获得了三项健美冠军；同一年，他出演了第一部电影。一开始，施瓦辛格转行并不成功，最早几部影片上映后，他被影评无情地评论为：四肢发达，头脑简单，无聊的演艺界门外汉。他说“在很长的时期里，我很努力地上表演课、发音课、纠正口音、上演说课，所有这些我都非常努力”。他还一边打工，一边利用业余时间学习大学课程。

所以，真正的职业规划，不只是一纸计划，而是真正确定坚定的职业目标和长远的职业规划，还要一步一步地努力实施。

三、及时的职业转型规划，依旧闪耀动人

马艳丽被誉为中国第一名模，因为她是中国第一位国际模特大赛的冠军/中国第一位/十大冠军/中国第一家模特经纪公司的首席签约模特/中国模特界的第一位青联委员名模/评比的/中国模特创建时装品牌第一人/中国模特界成功举办个人专场时装发布会第一人……

马艳丽出生于河南省周口市郸城县一个普通的农民家庭。少年时马艳丽是个赛艇运动员，曾拿过1991年河南省赛艇比赛冠军。但毕竟运动员是吃“青春饭”，更何况她只是个省冠军，并不是什么明星运动员。她想到了转行到今后能养活自己的行业。1994年，一个偶然的机会马艳丽走上了上海的T型台。此后，她的模特事业蒸蒸日上，获得了难以计数

的荣誉和好评——一切看上去简单而顺利。然而，这个在如梦如幻的T台上焕发绚丽光彩的美丽女子，却在大红大紫之时淡出T型舞台，转向幕后，创建Maryma Design时尚女装品牌，成为该品牌的董事长及创始人。这一次的转行亦同上次一样，模特是吃“青春饭”，即使拥有多大的名气，岁月是不允许她一辈子都站在T字台上。唯一与上次不同的是，这一行是她自己非常喜欢的，这一行让她蜚声国标。

她是聪明的，选择及时转向幕后，创立品牌，与自己喜欢的时装行业续写情缘。她的忧患意识让她的职业不断超越，不断发展！

一、启发思考题

1. 如果你是邹春兰，你会怎么规划自己的职业生涯？
2. 是什么让施瓦辛格、马艳丽能够一直处于职业生涯的辉煌期？
3. 当个人职业生涯发展出现瓶颈时，我们应该怎么面对？
4. 应该怎样做好个人职业生涯规划？

二、分析思路

职业生涯规划是指客观认知自己的能力、兴趣、个性和价值观，发展完整而适当的职业自我观念，个人发展与组织发展相结合，在对个人和内部环境因素进行分析的基础上，深入了解各种职业的需求趋势以及关键成功因素，确定自己的事业发展目标。并选择实现这一事业目标的职业或岗位，编制相应的工作、教育和培训行动计划，制定出基本措施，高效行动，灵活调整，有效提升职业发展所需的执行、决策和应变技能。

邹春兰没有一个比较明确清晰的职业规划，对今后的职业走向也没有一个清楚的定位和预测，而自己本身除了体育特长外无其他优势，正是这种种因素导致了奥运冠军的迅速陨落。施瓦辛格和马艳丽在个人职业生涯达到第一个辉煌点时并没因为接踵而来的荣誉和成就冲昏头脑，而是对自己的个人职业现状和行业发展趋势做出了精准判断，合理为自己制定了职业生涯规划。正是这种准确的判断和对职业发展趋势的评估让自己一次又一次的成功转型。

个人职业规划要点：

1. 自己所处的职业发展阶段；
2. 自己的职业倾向（就是职业类型）；
3. 自己的技能（也就是我们的自身本领，如专业、爱好、特长等）；
4. 自己的职业锚（就是职业动机）；
5. 自己的职业兴趣。

案例7 王总的苦恼

某国有企业下属某省分公司的人力资源部总经理周总年初被一件事情所困扰：随着总部战略人才储备工作的开始，该单位2009～2011年度为一级部门及全辖二级经营机构通过校园招聘陆续招入近1 000名大学生。当初在招聘、培训时，人力资源部投入了很大力度，不光重金聘请第三方专业机构帮助企业进行招聘选才，而且投入较大的成本对新员工进行为期一个月的入职培训聘请了企业内外的业务专家，力求强化员工的工作能力，使其能更快适应岗位工作……但从2012年以来，随着同行业的股份制企业、外资企业雨后春笋般地出现在所辖省市地区，周总所在的企业则成了最好的“挖角”对象。近一年多，单位内入职三年以上的大学生员工流失率就一直高居25%以上，而且大学生员工离职也带动了其他骨干员工的流失，大大影响了该单位下一步要实施的规模扩张战略。企业领导要求人力资源部必须在一个月内提出解决良策，这让王总深感头疼。

经过深入了解后，王总发现：该企业虽然在员工的业务技能、专业知识等培训上投入了巨大的精力和物力，但却一直没有真正用心去识别员工职业发展的内在需求，员工则主要是被动地接受各项职业发展的安排。员工想得到发展，需要“自己搭台”“上台唱戏”，才可能脱颖而出。而随着“80后”大学生员工们逐步成为企业骨干，管理者们逐步发现：如果仅依赖培训来发展员工，只会使企业越来越成为行业内的“黄埔军校”总是在“为他人做嫁衣”。

细数“80后”大学生员工：他们大多已经基本具备熟练的工作技能和经验；他们敢于面对未知的新事物，有创新意识；在特定大环境下成长的他们独立意识较强，眼界开阔，不满足于单一的生活或工作；他们对自己的未来有很高的要求，但大部分人却看不清自己的现状和周围的环境，缺乏清晰的职业目标……这就决定了如果不能在组织中持续地获得成就感或自我满足感，他们的视线就会投向更大范围去找寻机会。因此，公司总能听到他们对目前工作的不满和抱怨，总能看到他们中一些人频繁跳槽或换岗。

根据周总的汇报和企业实际情况，智鼎咨询师提出了“企业应改变以前让员工‘自己搭台、自己唱戏’的职业发展模式，建立‘企业搭台、员工唱戏’的职业生涯管理体系”。

其核心思想就是：帮助企业构建一个集人才评估、潜能反馈、职业生涯规划、培训计划、轮岗/挂职计划、职位管理规范、选拔任用方案为一体的职业生涯管理体系作为员工职业生涯发展的平台，让员工在这个平台中不断地去经历、展示自己。让员工真正体会到“心有多大，舞台就有多大”。核心手段是：充分运用第三方专业机构的力量，帮助员工更科学地发现和认识自我，历练和完善自我，并最终实现自我。

上述方案经过该企业人力资源部及核心管理层评定认可，在企业中逐步施行。从目前运行的状况来看，所有进入该职业生涯管理体系的大学生员工从自我认知程度、工作热情、组织忠诚度方面都有了明显的提高。

迄今为止，该企业中已经有多名“80后”大学生员工走上了一线管理岗位，也带动了其他同事历练、发展和完善自我的热情。令王总和领导一直以来的头疼的问题也终于得到了妥善解决。

一、启发思考题

1. 请阐述此案例中导致员工离职率较高，企业在员工职业生涯管理中存在的问题。

2. 请结合案例阐述在职业生涯管理中组织管理和自我管理的特点和区别？

3. 结合此案例，请描述建立一个科学的职业生涯管理体系实施步骤有哪些。

4. 一个有效的职业生涯管理体系有哪几方面的评价标准？

5. 针对案例中塑造能上能下、能左能右、能前能后的复合型人才的发展通道，具体描述传统职业路径、行为职业路径、横向职业路径、双重职业路径等职业路径设计方式在案例中的具体表现形式。

二、分析思路

1. 员工职业生涯管理中企业内部竞争机制应为“赛马不相马”，但往往企业在实践中重相马，而忽略赛马机制的建立。

2. 要实行有效的职业管理，必须了解员工在实现职业目标过程中会在哪些方面碰到问题？如何解决这些问题？员工的漫长职业生涯是否可以分为有明显特征的若干阶段？每个阶段的典型矛盾和困难是什么？如何加以解决和克服？组织在掌握这些知识之后，才可能制订相应的政策和措施帮助员工找到内部增值的需要。

三、理论依据与分析

1. 职业生涯管理是企业帮助员工制订职业生涯规划和帮助其职业生涯发展的一系列活动，职业生涯管理应看作是竭力满足管理者、员工、企业三者需要的一个动态过程。

主要特征：

（1）职业生涯管理是组织为其员工设计的职业发展、援助计划，有别于员工个人制订的职业计划。职业生涯管理带有一定的引导性和功利性，它帮助员工完成自我定位，克服完成工作目标中遇到的困难挫折，鼓励员工将职业目标同组织发展目标紧密相连，尽可能多地给予他们机会。

（2）职业管理必须满足个人和组织的双重需要。与组织内部一般的奖惩制度不同，职业生涯管理着眼于帮助员工实现职业计划，即力求满足职工的职业发展需要。一方面全体员工的职业技能的提高带动组织整体人力资源水平的提升；另一方面在职业管理中心的有意引导可使同组织目标方向一致的员工个人脱颖而出，为培养组织高层经营、管理或技术人员提供人才储备。

2. 员工职业生涯管理一般包括职业通道管理、员工职业生涯设计、能力开发、检查评估和反馈修正等步骤。

四、背景信息

人员流失是每个企业一直所存在的问题之一，正常的人力资源流动是一种社会的正常现象，是劳动力市场成熟的标志之一，然而企业员工流失过度，而且流动的速度过于频繁，这不仅对企业员工的心理和企业整体工作氛围造成不利影响，而且也对企业的正常发展产生一定风险。如何留住人才，避免成为行业的“黄埔军校”“为他人作嫁衣”是不少企业急需解决的问题。

1. 该单位2009～2011年度为一级部门及全辖二级经营机构通过校园招聘陆续招入近1 000名大学生。近一年多，单位内入职三年以上的大学生员工流失率就一直高居25%以上，而且大学生员工离职也带动了其他骨干员工的流失，大大影响了该单位下一步要实施的规模扩张战略。

2. 企业通过引入外部专业咨询机构，建立科学的员工职业生涯管理体系。核心思想是把企业未来人力资源战略需求和当前人才潜能现状、职业发展倾向相结合，提供一个塑造能上能下、能左能右、能前能后的复合型人才的发展通道。

五、关键要点

1. 很多企业在成长的过程中，不注重有效的职业管理，员工的流动率很高，造成人力资源枯竭。对于任何成功的企业，只有企业员工的才能和潜力能得到充分发挥，企业的生存成长就有了取之不尽的源泉。职业生涯管理如不能有效地抑制企业的发展目标与员工发展需求的偏差，将直接影响到员工工作的主动性、积极性等因素。

2. 很多企业人力资源管理在专业管理上认识片面，大部分人力资源管理的人员只是把职业生涯管理简单归结为个人的职业定位与职业发展，这是静态的认识。而真正的职业生涯管理完全是动态和互动的关系，它至少应该包括：明确驱动绩效的关键职业生涯发展路径；员工晋升的特定路径，企业需要的关键岗位按照角色明确划分；取得成功所必需的技术和行为素质；每个职业路径的“入口”和“出口”；获得技术和行为经验所需的培训和发展项目；管理人士和员工为了做出明智的决策、执行正确的职业行动所需的工具、信息和支持。

3. 职业生涯管理有效性标准。

（1）达到个人或组织目标。

（2）考察项目所完成的活动。

（3）绩效指数变化。

（4）态度或知觉到的心理变化。

第九章　劳动关系管理

第一节　劳动关系管理实务概述

一、判定事实劳动关系的三个标准

（1）用人单位和劳动者符合法律规定的主体资格；

（2）用人单位依法制定的各项劳动规章制度适用于劳动者，劳动者受用人单位的管理，从事用人单位安排的有报酬的劳动；

（3）劳动者提供的劳动是用人单位业务的组成部分。

二、判定事实劳动关系常见的法律凭证

（1）工资支付凭证或记录；

（2）职工工资发放花名册；

（3）缴纳各项社会保险费的记录；

（4）“工作证”“服务证”等证件；

（5）“登记表”“报名表”等招用记录；

（6）考勤记录；

（7）其他劳动者的证言。

三、劳动关系与劳务关系的本质区别

提供劳动的一方是不是单位的成员、是不是以单位职工的身份参加劳动、是否遵守单位的内部规章制度。

（一）执行合同期间

1. 劳务关系只有报酬；

2. 劳动关系还有保险、劳动保护、福利等。

（二）合同结束

1. 劳务关系无经济补偿金、医疗补助金等；

2. 劳动关系还有经济补偿金、医疗补助金等。

（三）工作出现意外的时候

1. 劳务关系雇主无责任或有限责任；

2. 劳动关系雇主承担全部责任。

四、标准劳动关系与非标准劳动关系

（1）标准劳动关系。

重劳动关系、全日制劳动——适用全部劳动基准。

（2）非标准劳动关系。

弹性、灵活——适用部分劳动基准。

五、企业劳动关系管理实务的基本内容

1. 劳动合同管理；2. 企业用工管理；3. 劳动标准管理；4. 社会保险；5. 集体协商与集体合同；6. 劳动争议处理；7. 非标准劳动关系。

第二节　劳动合同管理

一、劳动合同概述

1. 劳动者主体资格。

（1）就业年龄：16 周岁，文艺、体育和特种工艺单位经批准后例外。

《禁止使用童工规定》第四条："用人单位招用人员时，必须核查被招用人的身份证；对不满 16 周岁的未成年人，一律不得录用。"

《禁止使用童工规定》第六条："用人单位使用童工的，由劳动保障行政部门按照每使用一名童工每月处 5 000 元罚款的标准给与处罚。"

（2）退休年龄：男年满 60 周岁，女工人年满 50 周岁，女干部年满 55 周岁；特殊工种男年满 55 周岁，女年满 45 周岁。

2. 用人单位在招用职工时，应查验终止、解除劳动合同证明以及其他能证明该职工与任何用人单位不存在劳动关系的凭证，方可与其建立劳动关系。

3. 用人单位招用尚未解除劳动合同的劳动者，对原用人单位造成经济损失，该用人单位应当依法承担连带赔偿责任，其连带赔偿的份额应不低于对原用人单位造成经济损失总额的 70%。

二、劳动合同的订立

1. 建立劳动关系，应当订立书面劳动合同。已建立劳动关系，未同时订立书面劳动合同的，应当自用工之日起一个月内订立书面劳动合同。

2. 劳动合同对劳动报酬和劳动条件等标准约定不明确，引发争议的，用人单位与劳动者可以重新协商；协商不成的，适用集体合同规定；没有集体合同或者集体合同未规定劳动报酬的，实行同工同酬；没有集体合同或者集体合同未规定劳动条件等标准的，适用国家有关规定。

3. 法定条款。

（1）单位名称、地址、法人；

（2）劳动者姓名、身份证号码；

（3）劳动合同期限或终止条件；

（4）工作内容和工作地点；

（5）工作时间和休息休假；

（6）劳动报酬；

（7）其他法律、行政法规的规定纳入事项。

4. 约定条款。

（1）试用期限；

（2）培训：培训条件、培训期工资、费用支付办法、服务期限；

（3）保密事项：劳动过程涉及的商业机密；

（4）补充保险和福利；

（5）当事人协商约定的其他事项。

5. 用人单位与劳动者协商一致，可以订立无固定期限劳动合同。有下列情形之一，劳动者提出或者同意续订、订立劳动合同的，除劳动者提出订立固定期限劳动合同外，应当订立无固定期限劳动合同：

（1）劳动者在该用人单位连续工作满十年的；

（2）用人单位初次实行劳动合同制度或者国有企业改制重新订立劳动合同时，劳动者在该用人单位连续工作满十年且距法定退休年龄不足十年的；

（3）连续订立二次固定期限劳动合同，且劳动者没有《劳动合同法》第三十九条和第四十条第一项、第二项规定的情形，续订劳动合同的。

此外，用人单位自用工之日起满一年不与劳动者订立书面劳动合同的，视为用人单位与劳动者已订立无固定期限劳动合同。

6. 用人单位有过错的。

（1）造成劳动者工资收入损失的，按劳动者本人应得工资收入支付给劳动者，并加付应得工资收入25%的赔偿费用；

（2）造成劳动者劳动保护待遇损失的，应按国家规定补足劳动者的保护津贴和用品；

（3）造成劳动者工伤、医疗保险待遇损失的，除按国家规定为劳动者提供工伤、医疗待遇外，还应支付劳动者相当于医疗费用25%的赔偿费用；

（4）造成女职工和未成年工身体健康损害的，除按国家规定提供治疗期间的医疗待遇外，还应支持相当于其医疗费用25%的赔偿费用；

7. 劳动者有过错的。

劳动者应当按照实际损失原则，承担赔偿责任，赔偿因其过错而对用人单位的生产、经营和工作造成的直接经济损失。

三、劳动合同的解除

（一）协商一致解除

1. 由用人单位向劳动者提出解除：用人单位支付经济补偿金。

2. 由劳动者向用人单位提出解除：用人单位无须支付经济补偿金。如果是由劳动者提出解除劳动合同的，须保留相关证据。

（二）劳动者单方解除

1. 劳动者提前通知解除劳动合同。

（1）劳动者在试用期内提前3日通知用人单位，可以解除劳动合同。

（2）劳动者在试用期外提前30日以书面形式通知用人单位，可以解除劳动合同。用人单位均无须支付经济补偿金。

2. 劳动者随时通知解除劳动合同。

（1）未按照劳动合同约定提供劳动保护或者劳动条件的。

（2）未及时足额支付劳动报酬的。

（3）未依法为劳动者缴纳社会保险费的。

（4）用人单位的规章制度违反法律、法规的规定，损害劳动者权益的。

（5）用人单位以欺诈、胁迫的手段或者乘人之危，使劳动者在违背真实意思的情况下订立或变更劳动合同，致使劳动合同无效的。

这是因用人单位的过错致使劳动者解除劳动合同，劳动者不必提前通知和书面通知，但须履行告知义务。用人单位均须支付经济补偿金，并补偿相关损失；用人单位不得要求劳动者支付培训服务期约定的违约金。

3. 劳动者无须通知立即解除劳动合同。

（1）用人单位以暴力、威胁或者非法限制人身自由的手段强迫劳动者劳动的。

（2）用人单位违章指挥、强令冒险作业危及劳动者人身安全的。

用人单位均须支付经济补偿金，并补偿相关损失，甚至追究刑事责任。

（三）用人单位单方解除

1. 过失性辞退情形。

（1）在试用期间被证明不符合录用条件；

（2）严重违反用人单位的规章制度的；

（3）严重失职，营私舞弊，给用人单位造成重大损害的；

（4）劳动者同时与其他用人单位建立劳动关系，对完成本单位的工作任务造成严重影响，或者经用人单位提出，拒不改正的；

（5）劳动者以欺诈、胁迫手段或乘人之危，使用人单位在违背真实意思的情况下订立或变更劳动合同，致使劳动合同无效的；

（6）被依法追究刑事责任的。

用人单位可立即解除合同，不须支付经济补偿金，但依据要充分。

2. 非过失性辞退情形。

非过失性辞退，用人单位可提前30天书面通知或支付一个月代通知金解除劳动合同，用人单位均须支付经济补偿金。

（1）劳动者患病或者非因工负伤，医疗期内劳动者停工治疗并享受病假工资和医疗待遇。在规定的医疗期满后不能从事原工作，也不能从事由用人单位另行安排的工作的。用人单位还须支付医疗补助费；对工伤职工，还须支付一次性工伤医疗补助金和伤残就业补助金等。

（2）劳动者不能胜任工作，经过培训或者调整工作岗位，仍不能胜任工作的。

（3）劳动合同订立时所依据的客观情况发生重大变化，致使劳动合同无法履行，经用人单位与劳动者协商，未能就变更劳动合同内容达成协议的。

其中的客观情况发生重大变化包括：企业迁移；企业分立或被兼并；资产转移；企业改制；部门撤并或做重大调整；企业经营战略调整；企业产品结构调整。

3. 经济性裁员情形。

经济性裁员指企业由于经营不善等经济性原因，需要裁减人员20人以上或者裁减不足20人但占企业职工总数10%以上的情形。

（1）依照企业破产法规定进行重整的；

（2）生产经营发生严重困难的；

（3）企业转产、重大技术革新或经营方式调整，经变更劳动合同后仍需裁减人员的；

（4）其他因劳动合同订立时所依据的客观经济情况发生重大变化，致使劳动合同无法履行的。

4. 经济性裁员需要履行哪些程序？

（1）提前30日向工会或者全体职工说明情况，提供有关生产经营状况的资料；

（2）提出裁减人员方案，包括被裁减人员名单、裁减时间、实施步骤、所依据的法律法规规定、经济补偿办法等；

（3）将裁员方案征求工会或全体职工的意见；

（4）向当地劳动保障行政部门报告裁减方案和工会或全体职工的意见，听取劳动保障行政部门的意见；

（5）公布裁减方案，与被裁减人员办理解除劳动合同手续，支付经济补偿金，出具裁减人员证明书。

四、劳动合同的终止情形

（一）劳动合同期满

（二）劳动合同主体的资格消亡

1. 劳动者开始依法享受基本养老保险待遇；

2. 劳动者死亡，或者被人民法院宣告死亡或者宣告失踪；

3. 用人单位被依法宣告破产；

4. 用人单位被吊销营业执照、责令关闭、撤销或者用人单位决定提前解散。

五、用人单位不得解除和逾期终止的情形

不得以非过失性辞退和经济性裁员的理由解除下列劳动者的劳动合同。

1. 从事接触职业病危害作业的劳动者未进行离岗前职业健康检查，或者疑似职业病病人在诊断或者医学观察期间的；

2. 在本单位患职业病或者因工负伤并被确认丧失或者部分丧失劳动能力的；

3. 患病或者非因工负伤，在规定的医疗期内的；

4. 女职工在孕期、产期、哺乳期的；

5. 在本单位连续工作满十五年，且距法定退休年龄不足五年的。

六、经济补偿金的计算及支付

1. 经济补偿按劳动者在本单位工作的年限，每满一年支付一个月（不足半年算半个月）工资标准向劳动者支付。工资标准以劳动者在劳动合同解除或者终止前 12 个月的平均工资；如劳动者工作不满 12 个月的，按照实际工作的月数计算平均工资（试用期除外）。

一般劳动者经济补偿金的计算公式：

$$经济补偿金 = 工作年限 \times 月工资$$

2. 劳动者月工资高于用人单位所在地区上年度职工月平均工资 3 倍的，按该地区职工月平均工资 3 倍的数额支付，且封顶 12 年。劳动者月工资低于用人单位所在地区最低工资标准的，按当地最低工资标准计算。

高收入劳动者（月工资高于企业所在直辖市、设区的市上年度职工月平均工资 3 倍的）经济补偿金的计算公式：

$$经济补偿金 = 工作年限(\leqslant 12) \times 当地上年度职工月平均工资 3 倍$$

3. 在办结工作交接时一次性支付经济补偿金。未按规定支付经济补偿金的：补足差额 50% ~100% 赔偿金。

七、违法解除或终止劳动合同的法律后果

（一）用人单位违法解除或终止

1. 劳动者要求继续履行劳动合同的，用人单位应当继续履行；

2. 劳动者不要求继续履行劳动合同或劳动合同已经不能继续履行的，用人单位应当按经济补偿标准的2倍向劳动者支付赔偿金。

（二）劳动者违反规定或劳动合同约定解除劳动合同

对用人单位造成损失的，劳动者应赔偿下列损失：

1. 用人单位招收录用其所支付的费用；

2. 用人单位为其支付的培训费用；

3. 对生产经营和工作造成的直接经济损失；

4. 劳动合同约定的其他赔偿费用。

第三节　企业用工管理

一、员工招聘管理

（一）招聘过程中用人单位的权利和义务

1. 用人单位招用劳动者时，应当如实告知劳动者工作内容、工作条件、工作地点、职业危害、安全生产状况、劳动报酬，以及劳动者要求了解的其他情况；用人单位有权了解劳动者与劳动合同直接相关的基本情况，劳动者应当如实说明。

2. 用人单位招用劳动者，不得扣押劳动者的居民身份证和其他证件，不得要求劳动者提供担保或者以其他名义向劳动者收取财物。

（二）员工招聘的操作要点

1. 招聘阶段进行背景调查。

2. 入职时进行个人基本信息登记。

3. 注重单位诚信建设。

4. 停止使用担保和缴纳押金等违法手段，设计替代机制保护自身权益。

二、试用期管理

（一）试用期的约定

1. 试用期最长不得超过六个月。

2. 试用期的期限根据劳动合同期限的长短确定。

3. 同一用人单位与同一劳动者只能约定一次试用期。

表 9-1 员工招聘管理

劳动合同的种类		试用期间
非全日制用工的劳动合同		不得约定
以完成一定工作任务为期限的劳动合同		不得约定
固定期限的劳动合同	期限不满 3 个月的	不得约定
	3 个月以上不满 1 年的	1 个月以内
	1 年以上不满 3 年的	2 个月以内
	3 年以上的	6 个月以内
无固定期限的劳动合同		6 个月以内

（二）试用期解除劳动合同

劳动者在试用期间被证明不符合录用条件的，用人单位可以随时解除劳动合同，且用人单位不必支付经济补偿金。但需同时满足以下四个条件：

1. 试用期约定必须合法。
2. 有明确的录用条件并告知劳动者。
3. 对于劳动者在试用期间不符合录用条件的，用人单位必须提供有效证明。
4. 解除劳动合同的决定必须在试用期内做出并送达劳动者本人。

（三）试用期报酬

劳动者在试用期的工资不得低于本单位相同岗位最低档工资的 80% 或者不得低于劳动合同约定工资的 80%，并不得低于用人单位所在地的最低工资标准。

用人单位违反本法规定与劳动者约定试用期的，由劳动行政部门责令改正；违法约定的试用期已经履行的，由用人单位以劳动者试用期满月工资为标准，按已经履行的超过法定试用期的期间向劳动者支付赔偿金。

三、员工培训与服务期管理

（一）职业培训

1. 劳动者有职业培训权。
2. 用人单位依法提供职业培训的义务。
3. 职业培训的种类。

（1）法定职业培训：对劳动者的基本劳动技能进行的培训，企业法定义务。

（2）专业技术培训：可与劳动者订立协议，约定服务期和违约金。

（二）培训协议与服务期

1. 设定培训服务期的前提和原则。
2. 服务期的年限。
3. 违反服务期约定的违约金。

（三）服务期的违约金问题

1. 违约金的数额不得超过用人单位提供的培训费用。

2. 要求劳动者支付的违约金不得超过服务期尚未履行部分所应分摊的培训费用。

3. 试用期内劳动者可以不支付违约金。

（四）违约金的计算

（培训总费用/约定合同月份）×未履行的月份=违约应支付的费用

四、商业秘密与竞业限制管理

（一）劳动者违反保密义务需承担哪些法律责任?

1. 损失赔偿；

2. 违约金；

3. 直接经济损失50万元以上的，构成商业秘密罪，7年以下有期徒刑并处罚金。

（二）竞业限制

为避免用人单位的商业秘密被侵犯，规定在劳动关系存续期间或劳动关系结束后的一定时期内，劳动者不得到生产同类产品或经营同类业务且具有竞争关系的其他用人单位兼职或任职，也不得自己生产与原单位有竞争关系的同类产品或经营同类业务。

《劳动合同法》第二十三条第二款规定：对负有保密义务的劳动者，用人单位可以在劳动合同或者保密协议中与劳动者约定竞业限制条款，并约定在解除或者终止劳动合同后，在竞业限制期限内按月给予劳动者经济补偿。劳动者违反竞业限制约定的，应当按照约定向用人单位支付违约金。

第四节　集体协商与集体合同

一、集体合同内容

（一）劳动标准条款

如劳动报酬、工作时间、休息与休假、企业补充保险、生活福利、职业培训、劳动纪律、劳动保护等。劳动标准条款是集体合同的核心内容，它对个人劳动合同起制约作用。

（二）劳动权利条款

如职工参与企业管理和利润分配的规定。

（三）制约性规定

主要包括因签订或履行集体合同发生争议的解决措施，以及集体合同履行情况的监督检查办法等。

（四）集体合同效力条款

如集体合同的有效期限，变更、解除条件等。

二、集体协商和签订集体合同的程序

（1）提出书面要约。

（2）协商前的准备。

（3）拟订协商议案。

（4）召开协商会议。

（5）集体合同草案的审议和签字。

（6）集体合同的审核备案和公布。

三、集体合同的变更、解除和终止

（一）可以变更或解除集体合同的情形

1. 双方协商代表协商一致；

2. 用人单位因被兼并、解散、破产、转产、停产等原因，致使集体合同或专项集体合同无法履行的；

3. 因不可抗力等原因致使集体合同或专项集体合同无法履行或部分无法履行的；

4. 订立集体合同所依据的法律、法规和政策被修改或废止；

5. 订立集体合同所依据的国家宏观调控的政策措施被修改或取消；

6. 集体合同或专项集体合同约定的变更或解除条件出现的；

7. 法律、法规、规章规定的其他情形。

（二）集体合同的终止

集体合同或专项集体合同期限一般为 1 ~3 年，期满或双方约定的终止条件出现，即行终止。集体合同或专项集体合同期满前 3 个月内，任何一方均可向对方提出重新签订或续订的要求。

四、集体合同的法律责任和争议处理

（一）集体合同的法律效力

1. 集体合同对签约双方的成员都具有约束力。

2. 集体合同所确定的劳动标准为劳动合同的签订提供了一个基本标准。

（二）违反集体合同的法律责任

由当事人在集体合同中约定违约责任，责任形式包括继续履行、解除合同、支付违约金、赔偿损失、赔礼道歉等。

（三）集体合同的争议处理

1. 集体协商过程中发生的争议处理。

（1）集体协商过程中发生争议，双方当事人不能协商解决的，当事人一方或双方可以书面向劳动保障行政部门提出协调处理申请。

（2）未提出申请的，劳动保障行政部门认为必要时也可以进行协调处理。

（3）关于协调人员，根据《集体合同规定》第50条的规定：劳动保障行政部门应当组织同级工会和企业组织等三方面的人员，共同协调处理集体协商争议。如果协商不成，根据《集体合同规定》第55条的规定：因履行集体合同发生的争议，当事人协商解决不成的，可以依法向劳动争议仲裁委员会申请仲裁。

2. 因履行集体合同发生的争议处理。

因履行集体合同发生的争议涉及企业、行业或地区的共同劳动待遇和劳动条件。因此，因履行集体合同的争议一旦发生，很容易在企业内外扩散蔓延，引致同情行为，其社会影响和经济损失都比较大，应当积极预防，及时处理。

第五节 劳动争议处理

一、劳动争议概述

（一）劳动争议的受案范围

1. 因确认劳动关系发生的争议。
2. 因订立、履行、变更、解除和终止劳动合同发生的争议。
3. 因除名、辞退和辞职、离职发生的争议。
4. 因工作时间、休息休假、社会保险、福利、培训以及劳动保护发生的争议。
5. 因劳动报酬、工伤医疗费、经济补偿或者赔偿金等发生的争议。
6. 法律、法规规定的其他劳动争议。

（二）劳动争议的处理原则

1. 着重调解，及时处理。
2. 在查清事实的基础上，依法处理。
3. 当事人在适用法律上一律平等。

（三）劳动争议的举证责任

用人单位负举证责任的事项：

1. 工资支付凭证或者记录（职工工资发放花名册）、缴纳各项保险费的纪录，劳动者填写的用人单位招工招聘“登记表”“报名表”等招用记录，以及考勤记录等证明是否存在劳动关系的争议。

2. 因用人单位做出的开除、除名、辞退、解除劳动合同、减少劳动报酬、计算劳动者工作年限等决定而发生的劳动争议。

3. 用人单位与劳动者或者劳动者直系亲属对于是否构成工伤发生争议的，由用人单位承担举证责任。

二、劳动争议的调解

（一）劳动争议的调解机构

1. 企业劳动争议调解委员会。

（1）职工代表：由工会成员担任或者由全体职工推举产生；

（2）企业代表：由企业负责人指定，不得超过调解委员会成员总数的1/3。

2. 依法设立的基层人民调解组织。

3. 在乡镇、街道设立的具有劳动争议调解职能的组织。

（二）劳动争议调解的程序

1. 申请。

自知道或应当知道其权利被侵害之日起30天内提出。

2. 受理。

征询对方当事人的意见，不愿调解的，3日内通知申请人；4日内作出受理或不受理申请的决定。

3. 调查与调解。

4. 调解协议书。

自申请之日起15日内未达成调解协议的，当事人可以依法申请仲裁。

5. 履行协议。

不履行调解协议的，另一方当事人可以依法申请仲裁。

因劳动报酬、工伤医疗费、经济补偿或者赔偿金事项达成调解协议而不履行的，向人民法院申请支付令。

三、劳动争议的仲裁

（一）劳动争议仲裁组织机构的构成及其职责

1. 仲裁委员会及其办事机构。

（1）仲裁委员会由劳动行政部门代表、工会代表和企业方面代表组成，组成人员必须是单数。

（2）劳动行政主管部门的劳动争议处理机构即仲裁委员会的办事机构，负责办理仲裁委员会的日常事务。

2. 仲裁庭。

（1）一案一庭制。

（2）一般情况：一名首席仲裁员、两名仲裁员；简单案件：指定一名仲裁员独任处理；特别仲裁庭：三名以上仲裁员。

（二）劳动争议仲裁的原则

1. 强制性原则；2. 先调解后裁决原则；3. 及时、迅速原则；4. 回避原则；5. 少数服从多数原则；6. 一次裁决原则；7. 裁审衔接制原则。

（三）劳动争议仲裁的管辖

双方当事人分别向劳动合同履行地和用人单位所在地的劳动争议仲裁委员会申请仲裁的，由劳动合同履行地的劳动争议仲裁委员会管辖。

（四）劳动争议仲裁的程序

1. 申请。

自当事人知道或应当知道其权利被侵害之日起 1 年内。劳动关系存续期间因拖欠劳动报酬发生争议的，劳动者申请仲裁不受仲裁时效期间的限制；但是，劳动关系终止的，应当自劳动关系终止之日起一年内提出。

2. 受理。

收到仲裁申请之日起 5 日内作出受理或不受理的决定；受理后 5 日内将仲裁申请书副本送达被申请人，被申请人 10 日内提交答辩书（也可不提交）；5 日内将答辩书副本送达申请人。

3. 和解与调解。

4. 开庭和裁决。

（1）应当自受理之日起 45 日内结束，经批准延长期限不得超过 15 日。

（2）可以就部分先行裁决。

（3）部分案件可以裁决先予执行。

（4）逾期未裁决，当事人可提起诉讼。

（五）一裁终局制度

1. 一裁终局的对象。

是用人单位，劳动者不服裁决的，可起诉！

2. 一裁终局的案件。

仅限于小额和标准明确的案件！

（1）追索劳动报酬、工伤医疗费、经济补偿或者赔偿金，不超过当地月最低工资标准十二个月金额的争议；

（2）因执行国家的劳动标准在工作时间、休息休假、社会保险等方面发生的争议。

四、劳动争议的诉讼

（一）劳动争议诉讼的原则

1. 以事实为根据，以法律为准绳的原则。

2. 独立行使审判权的原则。

3. 回避原则。

4. 着重调解的原则。

（二）劳动争议诉讼的管辖

1. 劳动争议诉讼由用人单位所在地或者劳动合同履行地的基层人民法院管辖；

2. 劳动合同履行地不明确的，由用人单位所在地的基层人民法院管辖；

3. 当事人双方就同一仲裁分别向有管辖权的人民法院起诉的，后受理的人民法院应当将案件移送给先受理的人民法院。

（三）劳动争议诉讼的程序

1. 起诉。

对仲裁裁决不服的，自收到裁决书之日起 15 日内，可以向人民法院起诉。

2. 受理。

收到起诉后 7 日内作出受理决定，原告对决定不服的，可以提起上诉。

3. 准备与调查。

送达起诉状副本和答辩状副本；告知当事人诉讼权利和合议庭组成人员；认真审核诉讼材料，调查收集必要的证据。

4. 调解与审判。

先行调解，调解成功的，制作法院调解书；调解不成的，及时判决（法庭调查、法庭辩论和法庭判决），当庭宣判或定期宣判。

5. 二审与判决执行。

当事人不服一审判决的，可在一审判决书送达之日起 15 日内向上一级即中级人民法院提起上诉。

第六节 《劳动合同法》修正案修改条文解读

十一届全国人大常委会第三十次会议表决通过了《劳动合同法》修正案，提高了劳务派遣单位设立条件，对劳务派遣中的“同工同酬”“三性”岗位等规定进行了细化。此次修改共四条内容，分别是第五十七条、六十三条、六十六条和九十二条，都是关于劳务派遣方面的。

将第五十七条修改为：“经营劳务派遣业务应当具备下列条件：

（一）注册资本不得少于人民币二百万元；

（二）有与开展业务相适应的固定的经营场所和设施；

（三）有符合法律、行政法规规定的劳务派遣管理制度；

（四）法律、行政法规规定的其他条件。

经营劳务派遣业务，应当向劳动行政部门依法申请行政许可；经许可的，依法办理相应的公司登记。未经许可，任何单位和个人不得经营劳务派遣业务。”

原劳动合同法第五十七条规定，劳务派遣单位应当依照公司法的有关规定设立，注册资本不得少于 50 万元。修改后的条款对劳务派遣单位的成立与运营大大提高了准入的门槛，不仅在注册资本上大幅提高到 200 万元，而且对于劳务派遣单位的场所、设施及管理制度都有要求，特别强调了经营劳务派遣业务，应当向劳动行政部门依法申请行政许可，并且还要以公司的形式进行登记，从而强化了劳务派遣单位的责任负担能力。其目的是避免一些劳务派遣单位经营不规范，规章制度不健全，侵害被派遣劳动者的合法权益。即在于限制劳务派遣公司的数量，提高质量。

将第六十三条修改为："被派遣劳动者享有与用工单位的劳动者同工同酬的权利。用工单位应当按照同工同酬原则，对被派遣劳动者与本单位同类岗位的劳动者实行相同的劳动报酬分配办法。用工单位无同类岗位劳动者的，参照用工单位所在地相同或者相近岗位劳动者的劳动报酬确定。

劳务派遣单位与被派遣劳动者订立的劳动合同和与用工单位订立的劳务派遣协议，载明或者约定的向被派遣劳动者支付的劳动报酬应当符合前款规定。"

原劳动合同法第六十三条规定，被派遣劳动者享有与用工单位的劳动者同工同酬的权利。用工单位无同类岗位劳动者的，参照用工单位所在地相同或者相近岗位劳动者的劳动报酬确定。

本次对这条修改实际上是增加了用工单位应当有对被派遣劳动者与本单位同类岗位的劳动者实行相同的劳动报酬分配办法及以派遣单位为中间层次同时与劳动者和用工单位要有对同工同酬明确的约定两项内容。这么规定的理由在于要彻底落实被派遣劳动者同工同酬的权利。深层原因是本来同工同酬是劳动合同法规定的一项重要原则，但有些单位对被派遣劳动者与本单位劳动合同制职工实行不同的工资福利标准和分配办法，有的被派遣劳动者的劳动报酬、社会保险、企业福利等与用工单位的劳动合同制职工相比差距较大导致纠纷较多。

这一条的修改在于，同工同酬细则化，同工同酬并非是相同工资，而是相同分配办法，这才避免被误解。

将第六十六条修改为："劳动合同用工是我国的企业基本用工形式。劳务派遣用工是补充形式，只能在临时性、辅助性或者替代性的工作岗位上实施。

前款规定的临时性工作岗位是指存续时间不超过六个月的岗位；辅助性工作岗位是指为主营业务岗位提供服务的非主营业务岗位；替代性工作岗位是指用工单位的劳动者因脱产学习、休假等原因无法工作的一定期间内，可以由其他劳动者替代工作的岗位。

用工单位应当严格控制劳务派遣用工数量，不得超过其用工总量的一定比例，具体比例由国务院劳动行政部门规定。"

原劳动合同法第六十六条规定，劳务派遣一般在临时性、辅助性或者替代性的工作岗位上实施。这条修改是本次修改内容最多、影响最大的一项。首先，是将模棱两可的"一般"改成了内涵确定的"只能"。两个字的改动，消除了模糊认识，即明确了劳务派遣用工是补充形式；其次，对三性工作岗位进行了法律上的界定，明确了三性岗位的性质；最后，对劳务派遣用工数量的比例放权给国务院劳动行政部门。

之所以这么修改，是因为劳动合同法实施以来，劳务派遣用工数量快速增长，部分企业突破"三性"岗位范围，在主营业务岗位和一般性工作岗位长期大量使用被派遣劳动者，某种程度上甚至有成为主流用工形式趋势。本次修改对"三性"的定义，进一步界定出劳务派遣用工形式的适用范围。这为劳务派遣今后的正常健康发展定了基调，还国家法律以权威的重要调整。

将第九十二条修改为："违反本法规定，未经许可，擅自经营劳务派遣业务的，由劳动行政部门责令停止违法行为，没收违法所得，并处违法所得一倍以上五倍以下的罚款；没有违法所得的，可以处五万元以下的罚款。

劳务派遣单位、用工单位违反本法有关劳务派遣规定的，由劳动行政部门责令限期改正；逾期不改正的，以每人五千元以上一万元以下的标准处以罚款，对劳务派遣单位，吊销其劳务派遣业务经营许可证。用工单位给被派遣劳动者造成损害的，劳务派遣单位与用工单位承担连带赔偿责任。"

原劳动合同法第九十二条规定，劳务派遣单位违反本法规定的，由劳动行政部门和其他有关主管部门责令改正；情节严重的，以每人 1 000 元以上 5 000 元以下的标准处以罚款，并由工商管理部门吊销营业执照；给被派遣劳动者造成损害的，劳务派遣单位与用工单位承担连带赔偿责任。

本次修改，增加了未经许可，擅自经营劳务派遣业务的处理内容；在第二款增加了用人单位，明确了劳务派遣单位、用工单位违反本法有关劳务派遣规定的，限定是由劳动行政部门责令限期改正；并提高了处罚的数额；还明确了双方负连带赔偿责任的条件是用工单位给被派遣劳动者造成损害的情况。修改内容在于加重对违法经营劳务派遣业务，明确处罚的内容、处罚的额度及吊销其劳务派遣业务经营许可证的条件。从而达到进一步规范劳务派遣单位和用人单位合理、合法用工的目的。

（《劳动合同法》修正案于 2013 年 7 月 1 日生效）

【人力资源管理师应试真题范例】

1.（　　）是由企业职工经过民主选举产生的、代表全体职工实行民主管理权利的机构。

（A）工会　（B）董事会　（C）监事会　（D）职工代表大会

【答案】 D

【解析】 职工代表大会（职工大会）是由企业职工经过民主选举产生的职工代表组成的，代表全体职工实行民主管理权利的机构。

2.（　　）是根据企业责权分配的管理层级结构，建立指挥、命令、执行、反馈的信息系统。

（A）纵向信息沟通　（B）综合信息沟通　（C）横向信息沟通　（D）标准信息载体

【答案】 A

【解析】 纵向信息沟通是根据企业的责权分配的管理层级结构，建立指标、命令，执行、反馈信息系统。横向沟通是企业组织内部依据具体分工，在同一级机构、职能业务人员之间的信息传递。

3.（　　）是指劳动者为履行劳动给付义务，在用人单位从事工作时间或生产的时间。

（A）标准工作时间　（B）工作时间

（C）计件工作时间　（D）综合计算工作时间

【答案】B

【解析】工作时间又称法定工作时间，是指劳动者为履行劳动给付义务，在用人单位从事工作或生产的时间，即法律规定或劳动合同、集体合同约定的，劳动者在一定时间（一天、一周、一个月等）内必须用来完成其所担负工作的时间。标准工作时间是指由国家法律制度规定的，在正常情况下劳动者从事工作或劳动的时间。计件工作时间以劳动者完成一定劳动定额为标准的工作时间，是标准工作时间的转化形式。

综合计算工作时间是指因用人单位生产或工作特点，劳动者的工作时间不宜以日计算，需要分别以周、月、季、年等为周期综合计算工作时间长度的工时制度。

4. 非因劳动者本人造成用人单位停工、停业的，在一个工资支付周期内，用人单位（　　）支付劳动者工资。

（A）无需　　（B）部分

（C）酌情　　（D）按照提供正常劳动

【答案】D

【解析】非因劳动者本人原因造成用人单位停工、停业的，在一个工资支付周期内，用人单位应当按照提供正常劳动支付劳动者工资；超过一个工资支付周期的，可以根据劳动者提供的劳动，按照双方新约定的标准支付工资，但不得低于当地最低工资标准；用人单位没有安排劳动者工作的，一般应当按照不低于当地最低工资标准的70%支付劳动者基本生活费；如果集体合同、劳动合同另有约定的，可按照约定执行。

5. 以下关于集体合同的说法，不正确的是（　　）。

（A）集体合同的法律效力等同于劳动合同

（B）集体合同不可以由劳动者个人与企业签订

（C）现实劳动关系的存在是集体合同存在的基础

（D）集体合同经劳动行政部门审核后才具有法律效力

【答案】A

【解析】集体合同除具有一般协议的主体平等性、意思表示一致性、合法性和法律约束性外，还具有以下特点：（1）集体合同是整体性规定劳动条件的协议。集体合同反映的是以劳动条件为实质内容的关系，整体性地规定劳动者与企业之间的劳动权利与义务，现存劳动关系的存在是集体合同存在的基础。（2）工会或劳动者代表职工一方与企业签订。集体合同的当事人一方是企业，另一方当事人不能是劳动者个人或劳动者中的其他团体或组织，而只能是工会组织代表劳动者，没有建立工会组织的，则由劳动者按照一定的程序推举的代表为其代表。（3）集体合同是定期的书面合同，其生效需经特定程序。根据劳动法的有关规定，集体合同文本须提交政府劳动行政部门审核，经审核通过的集体合同才具有法律效力。

6.（　　）是指造成30人以上死亡，或者100人以上重伤（包括急性工业中毒）或者1亿元以上直接经济损失的事故。

（A）重大事故　　（B）较大事故　　（C）特别重大事故　　（D）一般事故

【答案】C

【解析】根据生产安全事故造成的人员伤亡或者直接经济损失，事故一般分为以下等级。(1) 特别重大事故，造成 30 人以上死亡，或者 100 人以上重伤（包括急性工业中毒，下同），或者 1 亿元以上直接经济损失的事故。(2) 重大事故，造成 10 人以上 30 人以下死亡，或者 50 人以上 100 人以下重伤，或者 5 000 万元以上 1 亿元以下直接经济损失的事故。(3) 较大事故，造成 3 人以上 10 人以下死亡，或者 10 人以上 50 人以下重伤，或者 1 000 万元以上 5 000 万元以下直接经济损失的事故。(4) 一般事故，造成 3 人以下死亡，或者 10 人以下重伤，或者 1 000 万元以下直接经济损失的事故。国务院安全生产监督管理部门可以会同国务院有关部门，制定事故等级划分的补充性规定。

7. 职工代表大会依法享有（　　）。

(A) 审议建议权　(B) 审议通过权　(C) 审议决定权　(D) 评议监督权

(E) 推荐选举权

【答案】ABCDE

【解析】职工代表大会的职权是该机构依法享有的、对企业行政生产经营管理事务进行咨询、建议或决定的权力。具体表现为审议建议权、审议通过权、审议决定权、评议监督权、推荐选举权。

8. 员工满意度调查的内容包括（　　）。

(A) 员工薪酬　(B) 组织规划　(C) 晋升机会　(D) 岗位工作

(E) 劳动环境

【答案】ACDE

【解析】企业进行员工满意度调查可以对公司管理进行全面审核，保证企业工作效率和最佳经济效益，减少和纠正低生产率、高损耗率、高人员流动率等紧迫问题。员工满意度调查将分别对薪酬、工作、晋升、管理、环境 5 个方面进行全面评估或针对某个专项进行详尽考核。

9. 限制延迟工作时间的措施包括（　　）。

(A) 条件限制　(B) 支付延长工作时间的报酬

(C) 时间限制　(D) 订立缩短工作时间的制度

(E) 人员限制

【答案】ABCE

【解析】限制延迟工作时间的措施包括：(1) 条件限制。用人单位由于生产经营需要，与工会和劳动者协商可以延长工作时间。(2) 时间限制。用人单位延长工作时间，一般每日不得超过 1 小时。因特殊原因需要的，在保证劳动者身体健康的条件下，每日不得超过 3 小时，但每月不得超过 36 时。(3) 报酬限制。用人单位应当以高于劳动者正常工作时间的工资标准支付延长工作时间的劳动报酬。(4) 人员限制。怀孕 7 个月以上和哺乳未满一周岁婴儿的女职工，不得安排其延长工作时间。

10. 编制劳动安全卫生费用预算的方法有（　　）。

(A) 固定预算法　(B) 弹性预算法　(C) 经验预算法　(D) 比例预算法

(E) 滚动预算法

【答案】 ABE

【解析】 编制费用预算按照企业选择确定的财务预算方法进行，即可以选用固定预算法、滚动预算法或弹性预算法进行编制。

【案例分析】

案例1 公司搬迁，我的权益谁做主？

提要： 本案例以公司搬迁引发的一系列劳动争议事件为背景，从多个侧面呈现AP公司在签约管理、岗位管理、纪律管理、离职管理、员工手册等人力资源管理风险节点控制方面的实践举措，揭示AP公司在劳动关系处理过程中的适当和不当做法，以启发公司各方在维护各自权益方面的深刻警省和思考。

关键词： 人力资源管理 劳动纠纷 用工解除 合同解除 公司搬迁

一、引言

“搬迁啦，搬迁啦，所有部门都迁到位于另一个城市的厂区……”

2010年11月27日，AP公司人力资源部向全体员工发出一纸公司搬迁通知，计划12月31日前由海南省的海口市搬迁至海南省洋浦经济开发区，并宣布近期裁员和相关人事政策调整。

二、公司发展及现状

AP公司为某外资跨国集团的子公司，1998年于海南省海口市（省府所在地）注册登记，办公地点亦设于工商注册地；2000年因业务需要搬迁到海南省洋浦经济开发区办公，2002年回迁至海口市；2010年12月31日因集团管理需要再次迁往海南省洋浦经济开发区。现有员工1 500多人。

AP公司经营业务遍及海南省全部市县，各市县均设有办事处，员工因公司业务需要而内部调动。AP公司全体员工劳动合同中工作地点均为海南省，未注明具体城市。员工社会保险于海南省洋浦经济开发区社保局缴纳；用工名册也于海南省洋浦经济开发区劳动部门备案。

2010年12月8日，人力资源部发出公司搬迁调查问卷，征询员工随迁意愿。

2010年12月31日，AP公司正式迁往海南省洋浦经济开发区。

三、辞退“临时工”

（一）事件背景信息

2006年3月，彭华与肖雪以临时工的身份加入AP公司从事保洁工作，每天早晨7点负责打开公司大门，并为员工擦拭办公桌，每天下午临下班前清扫所有办公室卫生。一周工作5天，两班倒制，早班时间为7～15点，午班为10～18点，需本人打卡记录考勤，日常工作归总务部门管理。

初入公司时，口头约定月收入 800 元，而后 2007 年 6 月调为 1 000 元/月，2009 年 6 月调为 1 200 元/月，均高于当地最低工资标准，公司不为其缴纳五险一金，但可加入工会，并享受工会福利。

临时工的收入都是公司总务每月从总务备用金中代付，彭华与肖雪签收后，总务再填制费用单向财务核销。

彭华与肖雪自进入 AP 公司工作以来，公司从未与其签署任何劳动或劳务合同。

在随迁意愿书上，彭华与肖雪注明不愿意随迁。2010 年 12 月 12 日公司人力资源部以不愿意随迁辞退了彭华与肖雪。

（二）纷争

彭华与肖雪咨询某律师后，2010 年 12 月 15 日向 AP 公司提出如下补偿请求：

（1）用工关系已构成劳动关系，但未签劳动合同，公司应自用工次月起予以两倍工资补偿。补偿金额 =800 元 ×14 +1 000 元 ×24 +1 200 元 ×19。

（2）自用工满一年起未签合同的，视同已订立无固定期限合同，解除合同应补偿，每一年工龄补一个月。补偿金额 =1 200 元 ×5。

（3）补缴应纳社会保险与公积金，自 2006 年 3 月起算。

公司则主张：

（1）当年公司只希望雇请临时劳务工提供清洁服务，并无意将保洁员视同正式劳动用工管理，对其实施的管理行为，非公司之过，属总务部门的工作失误。

（2）2006 ~2009 年的纠纷已超出一年仲裁时效，不予协商。

（3）鉴于彭华与肖雪为公司服务多年，基于感情因素，给予每人 1 万元的生活补贴并解除双方所有关系。

四、解聘孕期女职工

（一）事件背景信息

女职员鲁小宁一年前在与 AP 公司签订劳动合时，已阅读并签署了员工手册。AP 公司的员工手册中明确指出：“公司员工若有两次严重违纪行为，公司有权与其解除劳动关系。”鉴于鲁小宁五次无故旷工数天，两次被人力资源部门当场抓到使用公司设备干私活，鲁小宁的行为严重违反了该公司员工手册中的公司规章制度，也严重耽误了公司生产进度。按照企业的规章制度，公司对鲁小宁进行了警告和处罚共计七次，同时，在每次的违纪处罚单上，也有鲁小宁的签字认可。公司最终在公司搬迁期间的 2010 年 12 月 16 日决定与其解除劳动关系。此时，鲁小宁通知公司自己已怀孕并提供了相应证明，以此为由拒绝与公司解除劳动关系。

（二）争议

2011 年 1 月 5 日公司仍按原定方案与鲁小宁解除了劳动关系。鲁小宁不服，于 2011 年 1 月 6 日以《女职工劳动保护规定》规定了在女职工怀孕期、产期、哺乳期不得解除劳动合同，而且没有规定其他例外条件，诉至海口劳动争议仲裁委员会申请仲裁。2011 年 1 月 7 日，公司则向用工名册所在地和公司现用工所在地海南省洋浦经济开发区劳动争议仲裁委员会提起劳动仲裁，以解除与鲁小宁的劳动关系。

五、中止承包合同

（一）事件背景信息

为了改善员工的伙食和确保食品安全，AP公司于2006年3月建了一个小型养鸡场，养了几百鸡，公司每年只与养鸡场的管理人员签订《劳动合同》，并为其缴纳社会保险费，而与何琼生、刘学平、蔡万宁等三位饲养员签订的是《承包合同》，没有为其缴纳社会保险费。《承包合同》约定，饲养员必须遵守养鸡场的规章制度，公司根据其喂养鸡的增重和产蛋量向其发放效益工资，发生疫情时，饲养员仍有保底的收入，并同养鸡场管理人员一样享受公司节日补贴的福利。

2010年12月18日公司宣布中止此《承包合同》。

（二）纷争

2010年12月20日，AP公司养鸡场饲养员何琼生、刘学平、蔡万宁等三人向海口市劳动争议仲裁委员会提起了劳动仲裁，提供AP公司与其签订的有关于其工资、工作时间、工作纪律和发生疫情时仍有保底收入约定的《承包合同》，并提供工资发放表、工作证、先进工作者荣誉证书等相关证据。三人的仲裁请求主要有三项：一是确认与AP公司的劳动关系；二是AP公司为其补缴工作期间的社会保险费；三是要求AP公司因未签订书面劳动合同向其支付2008年1月至2010年12月期间的双倍工资。

AP公司认为，公司与何琼生等三人之间签订的是《承包合同》，双方之间是民事关系，未建立劳动关系。并辩称：工资发放表是财务为了入账方便，就没有做详细区分；工作证仅仅是为了进出鸡场的管理便利而发；先进工作者是为了鼓励何琼生等三人养好鸡，创造更好效益的一种鼓励，不代表公司承认何琼生、刘学平、蔡万宁等三人是其员工。

六、裁减老员工

（一）事件背景信息

2010年12月19日，林峰（老林）像往常一样高高兴兴地到公司上班，下午公司人力资源部经理钱猛突然来到他所在的部门，宣布公司搬迁裁员，并告知老林被列入裁员名单，限他2天内离开公司，同时承诺公司将按照高于法定标准，以“N+2”的方式支付经济补偿金。所谓“N”即给予每工作一年补偿一个月工资的经济补偿金。老林在这家公司工作了将近5年，前十二个月平均工资约为5 000元，照此计算可得到经济补偿金为35 000元。

（二）纷争

老林很享受在AP公司目前这个岗位工作，也愿意随迁海南省洋浦经济开发区相同岗位上班，这突然的变故还是让老林无法接受，老林向AP公司人力资源部交涉未果，遂向海口市劳动争议仲裁委员会提出了申诉主张。

七、变更劳动合同引发的解除劳动合同事件

（一）事件背景信息

王军于2000年5月8日入职AP公司，2008年7月1日与AP公司签订无固定期限劳动合同，工作岗位为行政主管。

鉴于公司搬迁引起的王军岗位工作内容变动，2010 年 12 月 19 日 AP 公司人力资源部向王军送达书面《变更劳动合同通知书》，当天，王军向该公司书面回执，不同意变更劳动合同。后经双方协商，2010 年 12 月 21 日签署《解除劳动合同协议书》，并办理了工作交接。双方在《解除劳动合同协议书》中对解除劳动合同的日期、解除经济补偿金、代通知金及工资支付的日期和办理工作交接等事宜进行了约定，双方一致同意，履行本协议约定的内容之后，不再向对方提出任何要求，即就劳动关系事宜不再存在任何纠纷。2010 年 12 月 22 日，该公司履行了《解除劳动合同协议书》中的约定义务。

（二）纷争

2010 年 12 月 24 日王军向 AP 公司提出权益诉求，要求支付违法解除劳动合同的赔偿金；补发 2008 年 7 月 1 日至 2010 年 12 月 21 日加班工资。遭拒后，向海口市劳动仲裁委员会提出诉讼申请。

AP 公司认为，公司依法与王军协商解除劳动合同，无须向其支付解除劳动合同赔偿金；另根据该公司《加班调休管理制度》《加班审批制度》和《员工手册》等相关内容，王军不应享受 2008 年 7 月 1 日至 2010 年 12 月 21 日加班工资，且在《解除劳动合同协议书》中已约定，就劳动关系事宜不再存在任何纠纷。

八、出台新的特殊人才招聘管理办法

（一）事件背景信息

由于企业集团国际商务业务的发展需要，2009 年 12 月 2 日 AP 公司从深圳聘请经验丰富的国际商务专业人才魏学清，并在 12 月 7 日签订为期 3 年的劳动合同，试用期为 3 个月，合同约定魏先生的薪酬福利：

（1）目标年收入为人民币 12 万元，月薪为 1 万元。

（2）带薪年假：在公司连续工作满 1 年后，可享受带薪年假。第 1 年为 5 天（不含双休日和法定节假日），以后每年增加 1 天，但最多不超过 15 天。

（3）社会保险：公司按国家和本省的有关规定，在本地区办理有关社会保险手续，并承担相应社会保险义务。

（4）住房：工作期间，公司提供集体宿舍，房屋租金及管理费免缴，但水电气网络费用需自理。

（5）探亲：配偶不在工作地期间，在不影响正常工作的前提下，公司负责提供每月 1 次往返深圳探亲的交通费用，交通工具不限。

A. 手机通讯费用报销标准：300 元/月。

B. 其他常规福利按公司相关规定执行。

魏学清按照合同约定，入住 AP 公司提供的宿舍，按时缴纳水电气费用。试用期工作也很出色，3 个月顺利转正。在 1 年时间内，在不影响工作前提下，魏先生有时 1 个月、有时 2 个月回深圳探亲，相关交通费、通讯费用报销正常、工资发放也正常。

由于公司搬迁到另一城市的特殊性，2010 年 12 月 20 日金光集团 APP 林务事业总部出台并执行《特殊人才招聘管理办法》，其中规定：

（1）试用期间，公司提供临时集体宿舍，转正后，员工必须搬离公司提供的集体宿舍，否则，按2 000元/月收取租金。

（2）执行协议薪酬的特殊人才，一经（与公司）协商确定薪酬总额后，公司不再承担其他任何费用。

（二）纷争

在魏学清搬迁到洋浦经济开发区企业新的集体宿舍刚满半个月，2011年1月16日AP公司人力资源部在未与魏学清沟通协商的情况下，就强制魏学清从集体宿舍搬出，并通知他在2011年1月开始实际发生的探亲往返深圳的交通费、手机通讯费等费用都不予报销。魏学清在与人力资源部沟通未果的情况下，于2011年1月18日向海南省洋浦经济开发区劳动争议仲裁委员会提出申诉，要求企业继续履行合同约定。

九、尾声

公司搬迁的近2个月内劳动关系纷争不断。AP公司总经理郭松林和人力资源部经理钱猛本想通过此次公司搬迁之机，裁减不重要的岗位雇员和问题员工，调整公司相关人事管理政策，旨在精兵简政，清淤除障，适当缩减公司开支，轻装上阵，但由于对《劳动合同法》和《劳动合同法实施条例》把握得还不够透彻，公司与雇员双方缺乏充分的沟通，没有达成共识和谅解，引起了一些不必要的劳动关系纠纷案，增加了公司不必要的经济补偿和劳资双方冲突，或多或少损害了公司形象和凝聚力。当然，过去为了规避劳动合同埋下的劳动纠纷隐患在公司搬迁中集中爆发，也深刻教育了公司的广大管理层要与公司雇员进行换位思考，兼顾各方利益，协商解决争议，达成双赢。

同时，AP公司较完善的人力资源管理制度和较扎实的人事管理工作规范在处理问题员工和维护企业合法权益方面发挥了重要作用，进一步坚定了郭总和人力资源部钱猛经理将要吃透《劳动法》《劳动合同法》《劳动合同法实施条例》和《劳动争议调解仲裁法》的精髓，完善公司相关人力资源管理制度和人事管理工作规范的决心和信心。

十、图表

相关程序如图9－1、图9－2和图9－3所示。

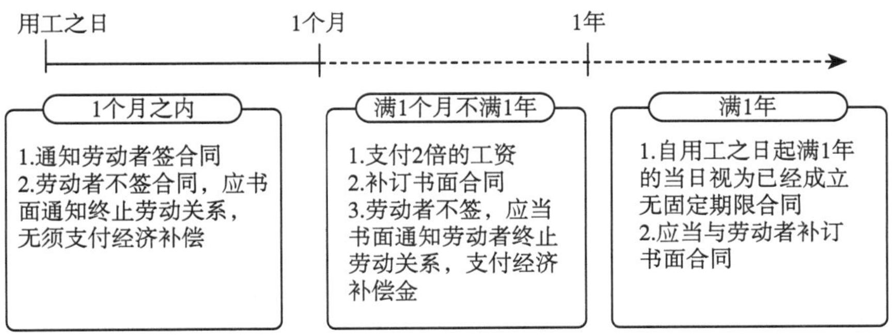

图9－1 合同签订的落实

	合同工 固定期限合同	项目以完成一定 工作任务为期限	小时工 非全日制用工	终身工 无固定期限合同
合同期限	双方约定	宽泛约定	可不设期限	无期限
试用期	1～6月	无	无	1～6月
解除条件	解除、终止	解除、终止	随意	解除、法定终止 （无到期终止）
经济补偿	一年一个月	一年一个月	无	一年一个月
灵活度	★★	★★★	★★★★★	★
一般适用	一般岗位	项目化、一次性、 季节性岗位	辅助性岗位	核心岗位

图9－2　合同种类和期限的选择

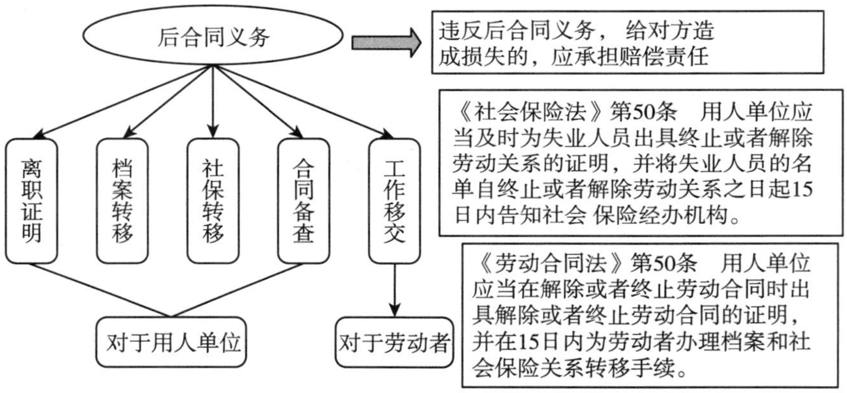

图9－3　离职手续的办理

一、启发思考题

1. 请问“辞退临时工”事件可否调解，会有怎么样的结果？劳动仲裁结果又会怎样？

2. 请问“解聘孕期女职工”劳动仲裁最终由那个地方的劳动争议仲裁委员会管辖，仲裁结果会怎样？纪律管理风险节点控制要点有哪些？

3. 请问“中止承包合同”劳动仲裁前是否要先行调解，会有怎么样的结果？劳动仲裁结果又会怎样？

4. 请问“裁减老员工”劳动仲裁前可否自行调解，会有怎么样的结果？劳动仲裁结果又会怎样？

5. 请问“变更劳动合同引发的解除劳动合同事件”的劳动仲裁结果会怎样？你该如何评析？

6. 请问“出台新的特殊人才招聘管理办法”事件暴露出什么问题，仲裁前可否自行调解，会有怎么样的结果？

二、分析思路

教师可以根据自己的教学目标（目的）来灵活使用本案例。这里提出本案例的分析思路，仅供参考。

1. 辞退“临时工”事件的分析思路：非全日制用工的劳动者在同一用人单位一般平均每日工作时间不超过四小时，每周工作时间累计不超过二十四小时的用工形式。因此，彭华与肖雪实质上并不是非全日制用工或“临时工”，由于两位文化层次较低，不清楚用工还需签合同，且不了解未签合同已损害自身利益，直至公司解除用工时才听别人说起。仲裁时效应从2010年12月起算。

2. 解聘孕期女职工事件的分析思路：劳动争议由劳动合同履行地或者用人单位所在地的劳动争议仲裁委员会管辖。双方当事人分别向劳动合同履行地和用人单位所在地的劳动争议仲裁委员会申请仲裁的，由劳动合同履行地的劳动争议仲裁委员会管辖。

虽然《劳动法合同法》第四十二条规定了不得解除劳动合同的几种情形，其中包括“女职工在孕期、产期、哺乳期的”这种情形，但该条规定适用的范围，是依据《劳动合同法》第四十条、第四十一条规定的条件解除合同之情形，不包括第三十九条规定的解除劳动合同的情形。也就是说，劳动者有第三十九条规定的解除劳动合同情形的，不受第四十二条所规定的条件的限制。

另外，《女职工劳动保护规定》确实规定了在女职工怀孕期、产期、哺乳期不得解除劳动合同，而且没有规定其他例外条件，但该规定是在1988年发布的；而《劳动合同法》是在2008年1月1日起开始施行的，根据后法优于先法的原则，应当按《劳动合同法》的规定来解释本案。

3. 中止“承包合同”事件的分析思路：工资发放表、工作证、先进工作者荣誉证书均只有在劳动关系管理中才存在，签订的《承包合同》有关于其工资、工作时间、工作纪律和发生疫情时仍有保底收入的约定，实质属于《劳动合同》约定内容，而无一般民事承包合同关于承包人承担承包风险的约定。

《劳动合同法》第十七条规定了劳动合同必须具备的内容，但是对劳动合同的具体名称并未做明确要求。

《劳动争议调解仲裁法》第二十七条规定，劳动争议申请仲裁的时效期间为一年。仲裁时效期间从当事人知道或者应当知道其权利被侵害之日起计算。

4. 解聘老员工事件的分析思路：如果公司没有法定理由或者没有与员工协商一致，就算给了经济补偿后实施解除，也会构成违法解除劳动合同。对于违法解除劳动合同，《劳动合同法》有明确规定：劳动者要求继续履行劳动合同的，用人单位应当继续履行；劳动者不要求继续履行劳动合同或者劳动合同已经不能继续履行的，用人单位应当按照经济补偿金标准的两倍向劳动者支付赔偿金，赔偿金的计算年限自用工之日起计算。

5. 变更劳动合同引发的解除劳动合同事件的分析思路：按《劳动法》《劳动合同法》规定，签订、变更、履行及解除劳动合同，应当遵循平等自愿、协商一致原则。根据《最高人民法院关于审理劳动争议案件适用法律若干问题的解释（三）》第十条规定："劳动者与用人单位就解除或者终止劳动合同办理相关手续、支付工资报酬、加班费、经济补偿或者赔偿金等达成的协议，不违反法律、行政法规的强制性规定，且不存在欺诈、胁迫或者乘人之危情形的，应当认定有效。"此外，基于劳动关系而产生的劳动者权利，劳动者享有处置权。本事件中，《解除劳动合同协议书》中明确约定：双方一致同意，履行本协议约定的内容之后，不再向对方提出任何要求，即就劳动关系事宜不再存在任何纠纷。

6. 出台新的特殊人才招聘管理办法事件的分析思路：《劳动合同法》明确规定，用人单位在制定、修改或者决定直接涉及劳动者切身利益的规章制度或者重大事项时，应当经职工代表大会或者全体职工讨论，提出方案和意见，与工会或者职工代表平等协商确定；用人单位应当将直接涉及劳动者切身利益的规章制度和重大事项决定公示，或者告知劳动者；如果这些规章制度违反法律、法规的规定，给劳动者造成损害的，用人单位还要承担赔偿责任。公司制定的上述规章制度已经严重违反相关的程序规定，侵犯了劳动者的众多合法权益（住房、探亲费用、手机通讯费用等），应当被认定为无效。

三、理论依据与分析

1. 利益相关者管理理论：与传统的股东至上主义相比较，该理论认为任何一个公司的发展都离不开各利益相关者的投入或参与，企业追求的是利益相关者的整体利益，而不仅仅是某些主体的利益。企业的经营管理者需要为综合平衡各个利益相关者的利益要求而进行科学有效的管理活动，尤其是要兼顾核心利益相关者企业员工的权益。

2.《劳动争议调解仲裁法》第二十一条规定，劳动争议由劳动合同履行地或者用人单位所在地的劳动争议仲裁委员会管辖。双方当事人分别向劳动合同履行地和用人单位所在地的劳动争议仲裁委员会申请仲裁的，由劳动合同履行地的劳动争议仲裁委员会管辖。解聘孕期女职工劳动仲裁最终由劳动合同履行地的海口劳动争议仲裁委员会管辖。

3.《中华人民共和国劳动合同法》第六十八条规定，非全日制用工，是指以小时计酬为主，劳动者在同一用人单位一般平均每日工作时间不超过四小时，每周工作时间累计不超过二十四小时的用工形式。因此，彭华与肖雪实质上并不是非全日制用工或"临时工"。

4.《中华人民共和国劳动争议调解仲裁法》第二十七条规定，劳动争议申请仲裁的时效期间为一年。仲裁时效期间从当事人知道或者应当知道其权利被侵害之日起计算。劳动关系存续期间因拖欠劳动报酬发生争议的，劳动者申请仲裁不受 1 年仲裁时效期间的限制。因此，针对彭华与肖雪的劳动仲裁申请时效应从 2010 年 12 月起算。

5.《中华人民共和国劳动合同法》第三十九条规定，即便是在女职员的孕期、产期或哺乳期，如果劳动者严重违反用人单位的规章制度，用人单位仍可与其合法解除劳动合同。因此，该企业可以解聘孕期女职工鲁小宁。

6. 后法优于先法的原则："前法"与"后法"的区分在于两法生效施行时间之先后。适用于"同一机关"制定的法之间；适用于法律规范之间"不一致"的情形；适用于性质相同的生效制定法之间。因此，该企业可以解聘孕期女职工鲁小宁。

7.《中华人民共和国劳动合同法》第八十二条规定，用人单位自用工之日起超过一个月不满一年未与劳动者订立书面劳动合同的，应当向劳动者每月支付两倍的工资。用人单位违反本法规定不与劳动者订立无固定期限劳动合同的，自应当订立无固定期限劳动合同之日起向劳动者每月支付两倍的工资。鉴于《劳动合同法》于2008年1月1日才生效实施，如果劳动仲裁，辞退“临时工”和中止“承包合同”中的两倍工资应该从2008年1月1日起算。

8.《中华人民共和国劳动合同法》第十七条规定，劳动合同应当具备以下必备条款：（1）用人单位的名称、住所和法定代表人或者主要负责人；（2）劳动者的姓名、住址和居民身份证或者其他有效身份证件号码；（3）劳动合同期限；（4）工作内容和工作地点；（5）工作时间和休息休假；（6）劳动报酬；（7）社会保险；（8）劳动保护、劳动条件和职业危害防护；（9）法律、法规规定应当纳入劳动合同的其他事项。因此，该公司与养鸡场饲养员何琼生等所签定的所谓《承包合同》应该视作为《劳动合同》。

9.《最高人民法院关于审理劳动争议案件适用法律若干问题的解释（三）》第十条规定：“劳动者与用人单位就解除或者终止劳动合同办理相关手续、支付工资报酬、加班费、经济补偿或者赔偿金等达成的协议，不违反法律、行政法规的强制性规定，且不存在欺诈、胁迫或者乘人之危情形的，应当认定有效。”因此，该公司依法与王军协商解除劳动合同，不存在非法解除劳动合同赔偿问题。

10.《中华人民共和国劳动合同法》第三十六条规定，用人单位与劳动者协商一致，可以解除劳动合同。本案例“变更劳动合同引发的解除劳动合同事件”中，《解除劳动合同协议书》中明确约定：双方一致同意，履行本协议约定的内容之后，不再向对方提出任何要求，即就劳动关系事宜不再存在任何纠纷。因此，该公司依法与王军协商解除劳动合同，无须向其支付解除劳动合同赔偿金。

11.《中华人民共和国劳动合同法》第四条规定：用人单位应当依法建立和完善劳动规章制度，保障劳动者享有劳动权利、履行劳动义务。用人单位在制定、修改或者决定有关劳动报酬、工作时间、休息休假、劳动安全卫生、保险福利、职工培训、劳动纪律以及劳动定额管理等直接涉及劳动者切身利益的规章制度或者重大事项时，应当经职工代表大会或者全体职工讨论，提出方案和意见，与工会或者职工代表平等协商确定。在规章制度和重大事项决定实施过程中，工会或者职工认为不适当的，有权向用人单位提出，通过协商予以修改完善。用人单位应当将直接涉及劳动者切身利益的规章制度和重大事项决定公示，或者告知劳动者。因此，魏学清有权利要求企业继续履行合同约定。

12.《中华人民共和国劳动争议调解仲裁法》第十条规定：发生劳动争议，当事人可以到下列调解组织申请调解：（1）企业劳动争议调解委员会；（2）依法设立的基层人民调解组织；（3）在乡镇、街道设立的具有劳动争议调解职能的组织。企业劳动争议调解委员会由职工代表和企业代表组成。职工代表由工会成员担任或者由全体职工推举产生，企业代表由企业负责人指定。企业劳动争议调解委员会主任由工会成员或者双方推举的人员担任。因此，“临时工”彭华与肖雪可以到企业劳动争议调解委员会要求劳动争议调解。

13.《中华人民共和国劳动争议调解仲裁法》第四十一条规定：当事人申请劳动争议仲裁后，可以自行和解。达成和解协议的，可以撤回仲裁申请。因此，企业在老林申请劳动争议仲裁后，可以同老林自行达成和解，达成和解协议，老林可以撤回仲裁申请。

14.《中华人民共和国劳动争议调解仲裁法》第四十二条规定：仲裁庭在作出裁决前，应当先行调解。调解达成协议的，仲裁庭应当制作调解书。调解书应当写明仲裁请求和当事人协议的结果。调解书由仲裁员签名，加盖劳动争议仲裁委员会印章，送达双方当事人。调解书经双方当事人签收后，发生法律效力。最终，仲裁庭在作出裁决前，先行调解并促成该公司同养鸡场饲养员何琼生等三人达成相关补缴补偿协议。

15.《中华人民共和国劳动合同法》第五十条规定：用人单位应当在解除或者终止劳动合同时出具解除或者终止劳动合同的证明，并在十五日内为劳动者办理档案和社会保险关系转移手续。用人单位对已经解除或者终止的劳动合同的文本，至少保存两年备查。

16.《中华人民共和国社会保险法》第五十条规定：用人单位应当及时为失业人员出具终止或者解除劳动关系的证明，并将失业人员的名单自终止或者解除劳动关系之日起十五日内告知社会保险经办机构。失业人员应当持本单位为其出具的终止或者解除劳动关系的证明，及时到指定的公共就业服务机构办理失业登记。失业人员凭失业登记证明和个人身份证明，到社会保险经办机构办理领取失业保险金的手续。失业保险金领取期限自办理失业登记之日起计算。

四、关键要点

企业可通过学习有关人力资源管理理论知识和劳动关系管理的法律法规，加强与雇员的沟通协调，并不断完善自身管理，以减少解除劳动关系时与员工之间的劳动争议：

1. 劳动关系管理的基本原则：兼顾各方利益原则；协商解决争议原则；以法律为准绳的原则；劳动争议以预防为主的原则。

2. 企业规章制度是国家法规政策的延伸和补充，是“用人单位内部的法律”；企业规章制度与集体合同、劳动合同互相配合、相辅相成，共同构成企业劳动用工管理的主要依据；通过民主程序制定的规章制度，不违反国家法律、行政法规及政策规定，并已向劳动者公示的，具有法律效力，可以作为劳动仲裁和人民法院裁判劳动争议案件的依据。不完善的规章制度成为劳动争议的诱因，甚至成为企业在劳动争议案件中败诉的关键。

3. 人力资源制度的形成过程是一个极其漫长的无止境的过程，是经过吸收了不同企业管理失误、裁决案例而不断修正建立起来的。人力资源制度中的每一句话中都将暗示着某个曾经发生仲裁的案例或法律条款。人力资源管理者就必须思考，凭借自己的阅历，将常规性的、可程序化的工作与问题，形成企业的用人管理规范，形成法制，以减少许多人治的风险。

4. 人力资源管理风险节点控制包括：招聘管理风险节点控制、签约管理风险节点控制、试用管理风险节点控制、岗位管理风险节点控制、纪律管理风险节点控制、离职管理风险节点控制、员工手册风险节点控制。

5. 纪律管理风险节点控制要点包括：对违纪行为的分类；不同违纪种类的明确处理标准；违纪种类之间的逻辑结构；违纪处理流程。

6. 人力资源管理法律风险防范要点：制度完善、流程完备、表单齐全。

7. 吃透《劳动法》《劳动合同法》《劳动合同法实施条例》和《劳动争议调解仲裁法》的精神，建立较完备的公司规章制度。确保员工了解公司的规章制度和处罚措施。可将公司的规章制度及处罚措施写进员工手册，在员工入职时，将员工手册发放给员工，令其务必阅读并在回执上签字，并举行员工手册知识竞赛或考核。

8. 透明化、公开化执行企业违纪处罚，妥善保管违纪处罚的证据。人力资源部对员工的任何处罚记录都要有当事人的签字认可，并做好档案资料的保存和管理，如考勤纪录等员工迟到早退或旷工的凭证，以备举证。

9. 让劳动者体面离职，应成为企业管理的基本文化。企业辞退员工优先使用劳动合同终止、协商解除合同、引导员工辞职，有条件使用过失性辞退、非过失性辞退、经济性裁员，谨慎使用违法解除合同、违法终止合同。

10. 因企业搬迁，欲解除与部分员工的《劳动合同》，应尽量与员工协商解决，如无法协商，则司法实践通常是由企业支付补偿金。

11. 用人单位应当及时为失业人员出具终止或者解除劳动关系的证明，并将失业人员的名单自终止或者解除劳动关系之日起15日内告知社会保险经办机构，并在15日内为劳动者办理档案和社会保险关系转移手续。用人单位对已经解除或者终止的劳动合同的文本，至少保存二年备查。

12. 失业人员应当持原单位为其出具的终止或者解除劳动关系的证明，及时到指定的公共就业服务机构办理失业登记。失业人员凭失业登记证明和个人身份证明，到社会保险经办机构办理领取失业保险金的手续。失业保险金领取期限自办理失业登记之日起计算。

13. 制订合法有效控制加班费的方案：运用工时制度，控制加班时间；科学设计工资结构，明确加班费计算基数；规范调休制度，节约加班费支出；建立加班审批制度，制约考勤记录的证据作用；设计完善的工资单，分清工资与加班工资；保管考勤和工资记录，避免举证不能的风险；

14. 发生劳动争议，当事人可以到企业劳动争议调解委员会、依法设立的基层人民调解组织或在乡镇、街道设立的具有劳动争议调解职能的组织等调解组织申请调解。

15. 当事人申请劳动争议仲裁后，可以自行和解，达成和解协议的，可以撤回仲裁申请。仲裁庭在作出裁决前，应当先行调解。调解达成协议的，仲裁庭应当制作调解书。调解书应当写明仲裁请求和当事人协议的结果。调解书由仲裁员签名，加盖劳动争议仲裁委员会印章，送达双方当事人。调解书经双方当事人签收后，发生法律效力。

16. 开展员工的劳动争议管理需要对劳动争议的范围、处理方式和预防方法进行了解，具体如图9-4所示。

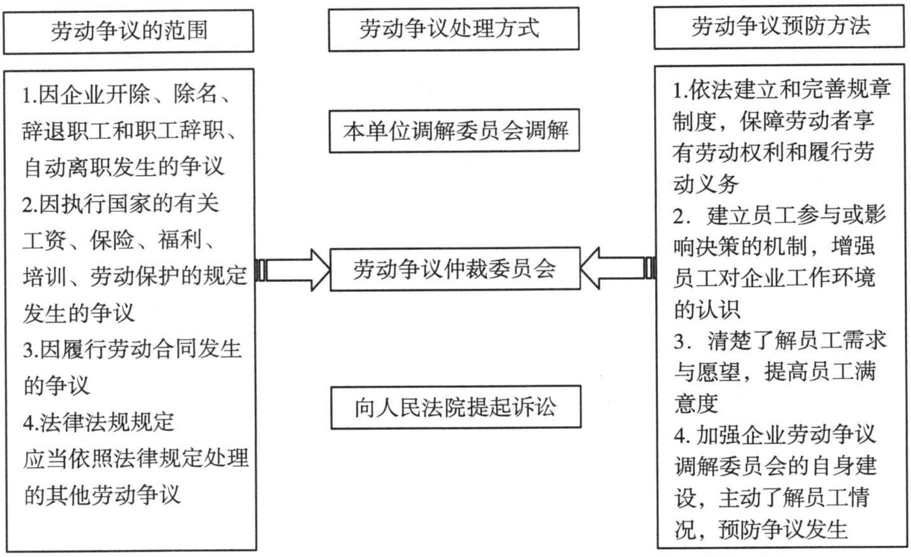

图 9－4　劳动争议管理

五、课堂计划建议

本案例可以作为专门的案例讨论课来进行。整个案例课的课堂时间控制在 120 分钟，课后组织学生实施本案例第二课堂实践。以下是按照时间进度提供的课堂计划建议，仅供参考。

课前计划：提出启发思考题，要求学员课前阅读案例材料，并查阅补充与案例相关的其他背景资料，各小组制作课堂发言 PPT 初稿。案例讨论可以采取分组辩论的形式进行。

授课中：介绍人力资源管理相关理论知识和劳动关系管理的相关法律法规，明确案例主题　（10 分钟）

6 个小案例分 6 组开展组内讨论，明确发言要求　（24 分钟）

各案例小组发言（各 6 分钟）　（36 分钟）

各小组提问及组间辩论　（30 分钟）

引导全班进一步讨论，并进行归纳总结　（20 分钟）

授课后：要求学员以组为单位提交整个系列事件案例分析的书面总报告。

第二课堂实践，学员根据本系列事件情节进行角色扮演，谈判主张各自权益，并力求实现交易成本最小的双赢多赢局面。

六、案例的后续进展

1. 辞退“临时工”事件的后续结果是彭华与肖雪到企业劳动争议调解委员会申请调解，最终通过调解，双方达成谅解，公司辞退彭华和肖雪，给予每人 2 万元补偿。

如果按照《劳动合同法》的相关法律条款进行劳动仲裁的结果则为：

①用工关系已构成劳动关系，但未签劳动合同，公司应自用工次月起予以二倍工资补

偿。鉴于《劳动合同法》于2008年1月1日才生效实施，补偿金额计算公式 =1 000 元 × 17 +1 200 元 ×19 =39 800 元。

②自用工满一年起未签合同的，视同已订立无固定期限合同，解除合同应补偿，每一年工龄补一个月。补偿金额 =1 200 元 ×5。

③补缴应纳社会保险与公积金，自2006年3月起算。

2. 解聘孕期女职工劳动仲裁最终由劳动合同履行地的海口市劳动争议仲裁委员会管辖。劳动仲裁结果为解除劳动合同，公司解除双方所有关系。出于人道主义，公司给予女职员鲁小宁2 000元的孕期营养费。

公司及时为女职员鲁小宁出具解除劳动关系的证明，并将其名单自解除劳动关系之日起15日内告知社会保险经办机构，并在15日内为鲁小宁办理档案和社会保险关系转移手续。

3. 中止承包合同事件的后续结果是仲裁庭在作出裁决前，先行调解并达成协议，公司为何琼生、刘学平、蔡万宁等三人补缴工作期间的社会保险费，5年工龄给予每人5个月工资的经济补偿金额。调解书由仲裁员签名，加盖劳动争议仲裁委员会印章，经双方当事人签收后，发生法律效力。

如果按照《劳动合同法》的相关法律条款进行劳动仲裁的结果则为：

（1）AP公司为其补缴工作期间的社会保险费；

（2）AP公司因未签订书面劳动合同向何琼生、刘学平、蔡万宁等三人支付2008年1月至2010年12月期间的双倍工资。

（3）AP公司为辞退何琼生、刘学平、蔡万宁等三人给予每人5年工龄5个月工资的经济补偿金额。

4. 裁减老员工事件后续结果是老林申请劳动争议仲裁后，公司同老林自行达成和解，让老林随迁海南省洋浦经济开发区相同岗位上班，老林撤回仲裁申请。

如果调解未果进行劳动仲裁的结果则为：非法解除合同，公司给予老林5年工龄5个月工资的双倍补偿金额为5 000 ×5 ×2 =50 000 元；或老林随迁海南省洋浦经济开发区相同岗位上班。

5. 变更劳动合同引发的解除劳动合同事件的劳动仲裁结果为：根据该公司《加班调休管理制度》《加班审批制度》和《员工手册》等相关内容，王军加班未经过公司相关审批流程批准，不应享受2008年7月1日至2010年12月21日加班工资，且劳动者与用人单位就解除劳动合同办理相关手续、支付工资报酬、经济补偿等达成的协议，双方一致同意，履行本协议约定的内容之后，不再向对方提出任何要求，即就劳动关系事宜不再存在任何纠纷。因此，该公司依法与王军协商解除劳动合同，无须向其支付解除劳动合同赔偿金。

6. 出台新的特殊人才招聘管理办法事件的最终结果是魏学清申请劳动争议仲裁后，公司同魏学清自行达成和解，魏学清继续享有与公司所签《劳动合同》约定的相关薪酬福利待遇，魏学清撤回仲裁申请。

案例2　变更劳动者岗位和工资的规定

一、案情简介

宁某与公司签订了无固定期限劳动合同，合同中约定宁某任公司部门经理一职。今年，公司进行内部结构重大调整，重组公司的各个机构。宁某在公司整改中被调至行政管理部后勤主管岗位，工资待遇也随新岗位调整下调了许多，宁某对公司的安排感到非常愤慨。他找到公司，公司认为调整他的岗位和工资符合相关法律规定。宁某想咨询，公司是否可以任意变更他的工作岗位和工资?

二、启发思考题

1. 什么是无固定期限的劳动合同?

2. 公司是否可以任意改变他的工作岗位?

3. 变更无固定期限劳动合同中的岗位有什么规定?

三、分析思路

1. 什么是无固定期限的劳动合同。

无固定期限劳动合同，是指用人单位与劳动者约定无确定终止时间的劳动合同。这里所说的无确定终止时间，是指劳动合同没有一个确切的终止时间，劳动合同的期限长短不能确定，但并不是没有终止时间。

劳动者在同一用人单位连续工作满十年以上或连续签订了2次固定期限合同，双方当事人同意延续劳动合同的，如果劳动者提出订立无固定期限劳动合同，应当订立无固定期限劳动合同。

2. 无固定期限劳动合同的变更条件。

如果用人单位单方面变更劳动合同是在一定的前提条件下进行的，其变更的四个理由必须符合法律规定。

第一个理由可以证明在签订劳动合同时，宁某已经同意在一定情况下，公司可以调动其工作岗位；

第二个理由可以证明宁某严重违反了公司的规章制度，给公司造成了巨大的损失，属于《员工手册》中可以调岗的情形；

第三个理由可以证明宁某不具有公司目前要求的相应的专业知识和知识技能，不能胜任原工作岗位；

第四个理由可以证明公司对宁某进行调薪是严格按照既有制度执行的，是因岗位设定工资，而不是因人而设定工资，具有合理性。

案例3　双重劳动关系纠纷

一、案情简介

近日，天津市河北区人民法院审理了付某起诉第二个与其有“劳动关系”的工作单位一案。法院判令被告给付原告因未签订书面劳动合同而产生的双倍工资4.3万余元，以及解除劳动关系的补偿金 6 675 元。

今年 53 岁的付先生过去是张家口一家建设公司的员工，1989 年他离开了这家公司，但并未办理辞职手续。

1990 年，付先生来到天津。十多年过去了，他的关系仍在张家口的单位。2008 年 4 月，付先生来到天津一家公司担任顾问："我当时要求与这家公司签订劳动合同，但由于工作忙，就耽误下来。"2008 年 10 月，公司辞退了他。

付先生遂向劳动仲裁部门提出了仲裁申请。请求被驳回后，又提起了诉讼，要求给付其因未签订劳动合同而产生的双倍工资，并给付解除劳动关系的经济补偿金。被告则提出，付先生的劳动关系在张家口市，他在公司担任顾问期间，不具有员工身份。

法院开庭审理了此案，并做出判决。法院认为，付先生虽然是张家口某建设公司在册不在岗的职工，但自 2008 年 4 月起与被告建立了劳动关系，而被告未与原告付先生签订劳动合同，因此法院认定双方未签订劳动合同的原因在被告。被告应给付付先生 2008 年 5 月至 10 月因未签订书面劳动合同而产生的双倍工资。2008 年 10 月，被告无故辞退了付先生，亦应给付其解除劳动合同的经济补偿金。

二、启发思考题

1. 如何认定"事实劳动关系"是否成立？据此请分析付先生和公司是否存在"事实劳动关系"？

2. 应当如何判定劳动者是否存在双重劳动关系？双重劳动关系的存在应当如何处理才能保护劳动者合法权利？

3. 应当如何针对"双重劳动关系"产生的风险进行合理规避？

三、分析思路

1. 根据案例结合相关的劳动法律、法规认定付先生虽然是张家口某建设公司在册不在岗的职工，但自 2008 年 4 月起与被告建立了劳动关系，故判定付先生与建设公司存在事实劳动关系；

2. 付先生于工作期间要求与公司签订劳动合同，公司方面没有予以回应。结合案例和相关法律判定被告未与原告付先生签订劳动合同，因此双方未签订劳动合同的原因在被告。

3. 经过分析认为虽然付先生在意义上是双重劳动关系，但是与原单位已不具备事实劳动关系成立条件，所以对于双重劳动关系中第一个劳动关系以外的关系，应认定为事实劳动关系，才能更好地保护劳动者权利。

4. 付先生与建设公司存在"事实劳动关系"，且未签订劳动合同责任在建设公司，则按照相关法律规定对原告及被告进行合理的宣判，被告应给付付先生 2008 年 5 月至 10 月因未签订书面劳动合同而产生的双倍工资。2008 年 10 月，被告无故辞退了付先生，亦应给付其解除劳动合同的经济补偿金。

5. 企业做好双重劳动关系的管理，应注意以下几点：

第一，避免某些双重劳动关系的产生。

(1) 要求员工在入职时提交与其他用人单位解除劳动关系的证明。

(2) 通过劳动合同声明、劳动合同约定等方式，要求员工保证其不存在其他劳动关系。

(3) 对员工的工作经历作适当的了解和调查。

第二，合法解除双重劳动关系的情形。

(1) 劳动者同时与其他用人单位建立劳动关系，对完成本单位的工作任务造成严重影响的。建议用人单位通过规章制度对“严重影响”做出量化、细化的规定。

(2) 劳动者同时与其他用人单位建立劳动关系，经用人单位提出，拒不改正的。用人单位在发现劳动者的其他劳动关系后积极主张权利，包括要求其解除与前单位的劳动关系或者解除现劳动关系。

第三，降低成本。

用人单位在聘用企业停薪留职人员、未达到法定退休年龄内退人员、下岗待岗人员以及企业经营性停产放长假人员等类型劳动者时，应让其提交与原单位劳动关系存续证明，社会保险与住房公积金缴纳证明，用人单位不用为此类人员缴纳社会保险(工伤保险)与住房公积金，从而降低了一定的用工成本。但此类人员与单位的关系为劳动关系而非劳务关系，单位一定要与此类员工签订书面劳动合同，且为其缴纳工伤保险。

第四，非全日制。

用人单位在使用非全日制用工时，要调查了解员工其他工作的情况，后订立的劳动合同（书面或口头）不得影响先订立的劳动合同履行。

案例4　如何判断劳动关系已经确立

一、案情简介

郭某与崔某两人均系外来从业人员，2009年6月9日郭某丈夫崔某于送货途中发生车祸，经抢救无效死亡。郭某称其丈夫生前一直为本市某汽车运输公司工作，但双方并未签订劳动合同，同时，单位也从未为其缴纳过综合保险。郭某想为其丈夫申请工伤认定，但因无法提供与单位存在劳动关系的有效证明而未果。故而，郭某申请了劳动仲裁，要求确认2008年12月5日至2009年6月9日期间，其丈夫崔某与该汽车运输公司之间存在劳动关系。

[案件庭审]

郭某称2008年12月5日起，其丈夫崔某一直受聘于该汽车运输公司，并提供了该公司的货物托运单复印件。

运输公司辩称，公司与崔某之间不存在劳动关系。崔某只是于2008年12月5日在公司承包汽车运输业务，故双方是承包关系，而非劳动关系。

庭审中，双方均提供了证人，为自身辩白。郭某提供了一份《证明》原件，该《证明》于2009年6月18日由运输公司所出具，其上载明“崔某，身份证号：×××××(与崔某的身份证号码一致，笔者注)，安徽某市某县某村人，于2008年12月5日在本汽车运输有限公司驾驶：沪A×××车（与崔某所驾驶车辆的车牌号码一致，笔者注）。每月工资人民币5 000元。于2009年6月9日在某地送货停车被浙×××车倒车撞死。此证明仅由某区交警事故处使用!"该《证明》上加盖了该运输公司的公章，运输公司亦承认系其所出具。郭某另提供了《交通事故认定书》，其上记载了2009年6月9日因浙×××车倒车时未确保安全，导致崔某当场死亡的事实。

二、启发思考题

1. 若用人单位与招用的劳动者未订立书面劳动合同，那么哪些情形是属于劳动关系成立的范畴？劳动者提供的哪些凭证可以作为确认双方存在劳动关系的参考？

2. 请运用所学的相关知识，判断本案例中的崔某与该汽车运输公司之间是否存在劳动关系？并说明原因。

3. 在劳动争议仲裁审理案件中，因工伤认定而确认劳动关系的案件日趋增多，为了减少类似的劳动纠纷案件，你有什么好的建议？

三、分析思路

1. 劳动关系的三要素。

三要素分别是：用人单位和劳动者符合法律、法规规定的主体资格；用人单位依法制定的各项劳动规章制度适用于劳动者，劳动者受用人单位的劳动管理，从事用人单位安排的有报酬的劳动；劳动者提供的劳动是用人单位业务的组成部分。在用人单位与劳动者未签订书面的劳动合同时，若是劳动者能够拿出证据，证明自己的情况已符合劳动关系三要素，那么就可以确认劳动者与用人单位之间是存在事实劳动关系的。首先，案例中崔某与该运输的汽车公司主体资格是合格的；其次，崔某在该运输公司从事汽车运输，是公司给安排的工作，并且公司有付给崔某工资5 000元，从这几点来看，崔某是存在实际用工行为的。

2. 认定劳动关系的凭证。

《关于确立劳动关系有关事项的通知》中规定认定双方存在劳动关系时可以参考下列凭证：工资支付凭证或记录、缴纳各项社会保险的费用、工作证、服务证、登记表、报名表、考勤记录、其他劳动者的证言等。崔某的妻子郭某，在庭审时提供的一份《证明》原件。在这份《证明》上记载着各种信息，其中就有工资支付凭证以及崔某工作的信息，这些符合《关于确立劳动关系有关事项的通知》的规定。所以劳动争议仲裁委员会认定崔某与单位之间符合劳动关系的三要素，为仲裁的胜利打下了基础。

3. 劳动关系确立的时间。

《劳动合同法》第七条规定，用人单位自用工之日起即与劳动者建立劳动关系；其第十条规定，用人单位与劳动者在用工前订立劳动合同的，劳动关系自用工之日起建立。这表明我国明确规定，产生劳动关系的基本法律事实是"用工"，而不是订立劳动合同。只要存在用工行为，劳动者即享有劳动法律规定的权利。那么在此案例中，郭某拿出的证据足以证明崔某与该汽车运输公司存在用工行为，可以判断他们之间的劳动关系是确立的，也就可以进行后面的工伤认证程序，并且用人单位应该与劳动者补签劳动合同，等待工伤认定后的结果，再按法规进行一定的补偿。

案例5 “拒绝给流产员工放产假”案例

一、案情简介

赵女士因身体不适而长期服药，由于担心会影响腹中的胎儿，不得已做了人流。术后，她向公司申请产假，而公司则认为她属于自行终止妊娠，不应享受产假的待遇。

二、启发思考题

1. 请问单位观点是否正确？为什么？

2. 请思考目前我国企业在女职工劳动特殊保护上可能存在的问题？并思考形成原因？

3. 请从作为劳动者的女职工和作为用人单位的企业两方面就双方如何按照法律法规维护彼此合法权益、履行双方应尽义务提出合理化建议？

三、主要背景信息

《女职工劳动保护特别规定》已于2012年4月18日通过，由国务院于同年4月28日颁布执行，对原有《女职工劳动保护规定》予以废止，新规定中明确了女职工权益保护的相关举措，对女职工在怀孕、生育、哺乳期、流产、产假以及相关津贴、费用发放上做了明文规定，进一步规范了用人单位女职工用工管理，在女性职工权益保护上迈出了一大步。

四、关键要点总结

1. 用人单位不能因女职工怀孕、生育、哺乳降低其工资、予以辞退、与其解除劳动或者聘用合同，同时用人单位不得安排劳动者从事《劳动法》《女职工劳动保护特别规定》附录中的劳动禁忌工作

2. 女职工生育享受98天产假，其中产前可以休假15天；难产的，增加产假15天；生育多胞胎的，每多生育1个婴儿，增加产假15天。

3. 女职工怀孕未满4个月流产的，享受15天产假；怀孕满4个月流产的，享受42天产假。

4. 女职工产假期间的生育津贴，对已经参加生育保险的，按照用人单位上年度职工月平均工资的标准由生育保险基金支付；对未参加生育保险的，按照女职工产假前工资的标准由用人单位支付。同时女职工生育或者流产的医疗费用，按照生育保险规定的项目和标准，对已经参加生育保险的，由生育保险基金支付；对未参加生育保险的，由用人单位支付。

5. 对哺乳未满1周岁婴儿的女职工，用人单位不得延长劳动时间或者安排夜班劳动。用人单位应当在每天的劳动时间内为哺乳期女职工安排1小时哺乳时间；女职工生育多胞胎的，每多哺乳1个婴儿每天增加1小时哺乳时间。

案例6 某电子公司年休假工资计算

一、案情简介

张某是某电子公司的员工，入职一年多公司都未安排休年休假，由于公司性质为制造业，经常加班，张某月薪标准为3 000元，另外每月加班工资约1 000元，后因个人原因，张某离职，离职后申请仲裁要求公司支付未休年休假工资报酬。庭审中，张某主张月薪

3 000 元，加班费 1 000 元，工资合计每月 4 000 元，在职期间应享受 5 天年休假但公司未安排，要求仲裁委按照月工资 4 000 元的标准作为计算基数，并按照 300% 计算五天未休年休假的工资报酬。裁决时，仲裁委未采纳张某关于年休假的计算方式，未按照月薪 4 000元而是按照每月 3 000 元的工资标准确定日工资标准，并按照日工资的 200% 计算公司应当支付的年休假工资报酬，仲裁委为什么这样裁决？

资源来源：http：//www. ldht. org/html/shiwu/czsw/3180. html.

二、启发思考题

1. 入职一年，该电子公司都未安排张某休年休假是否合理？
2. 未休年假工资报酬是日工资的 200% 还是 300%？
3. 计算未休年休假工资报酬的日工资收入按照什么标准确定？

三、分析思路

根据《企业职工带薪年休假实施办法》第十一条的规定，计算未休年休假工资报酬的日工资收入按照职工本人的月工资除以月计薪天数（21. 75 天）进行折算。前款所称月工资是指职工在用人单位支付其未休年休假工资报酬前 12 个月剔除加班工资后的月平均工资。在本用人单位工作时间不满 12 个月的，按实际月份计算月平均工资。职工在年休假期间享受与正常工作期间相同的工资收入。实行计件工资、提成工资或者其他绩效工资制的职工，日工资收入的计发办法按照本条第一款、第二款的规定执行。本案中张某月薪 3 000 元，加班费每月 1 000 元，按照《企业职工带薪年休假实施办法》的规定，计算日工资时需剔除每月的加班工资，因此张某要求将加班工资计入计算基数不会得到支持。由于实践中劳动者未休假期间，用人单位是按照正常月薪支付工资，也就是说已经支付了 100% 的工资，因此在核算的时候，另行支付 200% 的工资即可。从该规定可以看出，带薪年休假的 300% 工资报酬和法定节假日加班的 300% 加班工资含义不同。带薪年休假的 300% 工资报酬中已包含了用人单位支付职工正常工作期间的工资收入部分，实际为另付 200%，而法定节假日加班工资是纯粹的 300%。

案例 7　某机械有限公司劳动关系

一、案情简介

高先生于 2011 年 2 月 23 日进入上海某机械有限公司工作，岗位是操作工，双方签订了期限为 2011 年 2 月 23 日至 2012 年 10 月 31 日的劳动合同。2011 年 7 月 31 日，高先生在工作时被掉落的汽车铝圈砸中头部，此后便一直在家休养，并于 2011 年 8 月底、9 月底、11 月底分别给单位寄过三次病假单。

高先生 2012 年 2 月份回老家过春节时，收到了家人转交给他的一封信件。原来公司在 2011 年 10 月 16 日向高先生老家寄了一份劳动合同解除通知书，公司认为，高先生提交的病假单到 2011 年 10 月 10 日结束，之后高先生一直没有到公司上班，也未再向公司提供任何病假证明。

公司根据《员工手册》，以高先生 2011 年 10 月 11 日、12 日、13 日连续旷工三天为由，于2011年10月14日起解除劳动合同。

高先生则认为自己因工作负伤，处于停工留薪期，根本不存在旷工的问题，公司的解除行为违法。故提起仲裁，要求公司恢复劳动关系，补发仲裁期间的工资，补缴仲裁期间的社会保险。

裁判结果

劳动争议仲裁委员会认为，公司的《员工手册》中有关于连续旷工三天即可解除的规定，劳动者知道该规定，所以公司解除劳动合同的行为并无不当，对高先生的请求不予支持。高先生不服，起诉至法院。一审法院认为，工伤员工在停工留薪期内或者劳动能力鉴定结论尚未做出前，用人单位不得与其解除或者终止劳动关系。公司以旷工为由解除劳动关系的行为属于非法解除，支持了高先生的请求。公司不服，提起上诉，二审法院维持原判。

二、启发思考题

1. 用人单位单方面解除劳动合同的条件有哪些？
2. 劳动者工伤期间有关权利与义务？
3. 单位不得对患职业病或非因工负伤职工终止或解除劳动合同的情况？
4. 劳工纠纷的正常解决途径？

三、分析思路

劳动合同的解除，必须遵循以下条件：（1）双方自愿；（2）平等协商；（3）不得损害一方利益。

劳动者在用人单位从事劳动，与用人单位建立了劳动关系，用人单位便有义务为劳动者缴纳工伤保险。

工伤员工在停工留薪期内或者劳动能力鉴定结论尚未做出前，用人单位不得与其解除或者终止劳动关系。

高先生在与用人单位发生纠纷后，先是提请仲裁委员会仲裁，在不服从仲裁结果的情况下，到法院提起诉讼，法院两审终审，符合争议处理的一般流程，过程合法。

需要说明的，高先生未及时向用人单位寄发病假单也实属不妥，具有很大的法律风险，应当及时给用人单位寄发病假单，避免之后可能产生的法律风险。

参考文献

［1］［美］雷蒙德·A. 诺伊. 员工培训与开发. 中国人民大学出版社，2002.

［2］《企业人力资源管理师》一、二、三、四级教程第三版.

［3］《企业人力资源管理师基础知识》第三版.

［4］陈维政. 劳动关系管理. 科学出版社，2010.

［5］陈瑜艳. 浙江教育厅回应幼儿园"虐童"案：将严格教师准入门槛. 新浪网 2012－10－26.

［6］单俊楠. 青岛1.6万幼师六成无资格证入职门槛将提高. 狐网教育频道2012－10－26.

［7］董克用，李超平. 人力资源管理概论. 中国人民大学出版社，2011.

［8］方振邦，罗海元. 战略性绩效管理. 中国人民大学出版社，2011.

［9］冯光明，徐宁. 人力资源管理. 北京理工大学出版社，2010.

［10］傅萍. 三亚学院教师激励机制研究. 海南大学MBA硕士学位论文，2013.

［11］葛玉辉. 员工培训与开发实务. 清华大学出版社，2011.

［12］郭小川. 江苏南通城管遭摊贩刺死被认定为因公殉职. 新华报业网2010－8－31.

［13］侯光明. 人力资源管理. 高等教育出版社，2009.

［14］空中客车首席人力资源官巴利（Thierry Baril）被授予"年度最佳人力资源负责人"称号，空中客车公司（Airbus）官方网站（中国）2013年6月4日新闻稿.

［15］李超. 涉嫌寻衅滋事虐童幼师刑拘. 新浪网，2012－10－26.

［16］李燕萍. 培训与发展. 北京大学出版社，2007.

［17］练情情. "万里长征图"走红记. 广州日报，2013－8－14，AII8版.

［18］刘昕编著. 薪酬管理. 中国人民大学出版社，2011.

［19］罗宾斯. 组织行为学（第12版）. 中国人民大学出版社，2008：284－285，483.

［20］潘珊菊. 湖南临武县城管被曝打死瓜农受害者曾是劳模. 新华网，2013－7－18.

［21］企业人力资源管理师三级往年真题.

［22］企业三级人力资源管理师考试往年历题.

［23］乔瑞，樊智勇. 人力资源管理. 人民邮电出版社，2010.

［24］上海市人才发展"十二五"规划，上海市人力资源和社会保障网.

［25］唐志红，骆玲. 人力资源：招聘·培训·考核. 首都经济贸易大学出版

社，2003.

［26］汪向勇．人在企业．辽宁人民出版社，2001.

［27］项恒．空中交通管制员工作任务分析．空中交通管理，2008（9）.

［28］萧鸣政．工作岗位分析的方法与技术（第三版）．中国人民大学出版社，2010.

［29］徐庆文，裴春霞．培训与开发．山东人民出版社，2004.

［30］姚泽有，张建国．人力资源管理．北京理工大学出版社，2012.

［31］于桂兰，于楠．劳动关系管理．清华大学出版社，2011.

［32］赵曙明．人力资源战略与规划（第三版）．中国人民大学出版社，2012.

［33］《企业人力资源管理师》一、二、三、四级教程第三版．

［34］企业人力资源管理师三级往年真题．